WIDMUNG

In Dankbarkeit widme ich dieses Buch allen Jenseitigen, die zu meinem Leben & Reifen beigetragen haben: meinen Großeltern, meiner Kusine Felicitas Wettig, meinem Vater Carl Albert Wettig, meinem blinden ersten Ehemann, Dr. Mahdi El-Ouni, meinem Musiklehrer und Jugendfreund, dem blinden Kirchenmusiker, Hans Bruns, meinem Doktorvater, Professor Dr. Wolfgang Boetticher - mögen Ihre Seelen in himmlischem Frieden den Engelschören lauschen, während sie mich mit ihrer Liebe und ihrem Wohlwollen weiterhin auf meinem Weg begleiten!

Belcanto in Theorie & Praxis
Gesang, Stimme, Körper, Atem

Handbuch für Gesang & Bühne

Dr. Anna Sophia Karin Wettig
www.personalitystyling.com

Bibliografischer Eintrag in der Deutschen Nationalbibliothek
unter http://dnb.dnb.de
Photos: Douglas Weers & Ursula Sutor-Valentin
Publisher and Author: Dr. Karin Wettig – PersonalityStyling Muenchen
Copyright © April 2013 by Dr. Karin Wettig
All rights reserved
ISBN-13: 978-3-9815954-0-6

INHALTSVERZEICHNIS

Meine Abenteuerreise von der verlorenen
Sprechstimme zum Koloratursopran   10

Historische Wurzeln des Belcanto   38

Farinelli – Kastrat, Sopranist und wahrer   46
Verfechter des Belcanto
Geheimnisse des Belcanto-Stimmtrainings,   52
& die berühmten italienischen A
APPOGGIO – die Stimmstütze   58
ATTACCA – Anfang & Ende des Tons   62
AVANTI – Vordersitz der Stimme   69
ALTO IN PALATO – der weiche Gaumen   74
Enrico Caruso & Luisa Tetrazzini –   76
goldene Kehlen oder perfekte Stimmtechnik?
Singen mit natürlichem Körpereinsatz –   86
Unterricht, Therapie, Selbstbeobachtung

Körper – Instrument der Seele   90

Körperhaltung – korrekt statt lässig –   91
Kopf, Nacken und Schultern
Aktiviere Deinen Beckenboden   95
Nabellift für die schlanke Linie   98
Vom Nagellift zum Waschbrett   100
Vom Liegen zum Stehen mit Ovationen   102
Die Marketender – Hocke   110
Mannequin - Trick für den Kopf: Kissen oder Buch   112

Sängerkehle - Vogel ohne Schnabel 117

Kehlkopf – Wunder der Schöpfung, die Anatomie der Stimme	117
Körpersymmetrie & Kehlkopfbalance	128
Zunge, Zungenwurzel, Kiefer & Kinn – im Chor für den Ton	132
Massage, Dreher & Zungenbeißer – Abhilfe für Zungenknödel	138
Moshe Feldenkrais & der Zungendreher	139
Kristin Linklater & der Zungenbeißer	142
Korken, Radiergummi & Schlüsselanhänger - Zaubertricks zur Kieferentspannung	144
weicher Gaumen – die Sängerkuppel	153
Fingernagelbeißer statt Schnuller	156
Avanti, Avanti – Vordersitz der Stimme & der Balkon der Diva	161
Motorradbrummer mit Flatterlippen & Schmollmund für Legato	164
Facelifting durch Vibrationen – spann' den Schirm auf	169
Caruso's Ei gegen widerspenstige Zungen - eine Zeitungsente	171
Stimmbandschluss statt Schluckauf	173
Missverständnisse über Körper & Stimme	176
Gesunde Stimme im gesunden Körper – Leichtigkeit statt Forcieren	188
Anatomie & Physik: Obertöne, Formanten und die Ästhetik der Stimme	190

Atem – tönendes Leben & die tonlose Stimme — 192

Atme, und ich sage Dir, wer Du bist!	194
Chi – Fu, Buddha's langer Atem gegen das Lampenfieber	197
Buteykos Atmung für die freie Nase – Sinusitis & Asthma ade!	200
Nasensog & Nasenclip Test – der Tonsitz	207
Das Zwerchfell, Dein Stimm-Trampolin	212
Tenöre auf der Folter – Bauchpresse	213
Intercity zum Zwerchfell	214
Yoga - Atmung & Stimmstütze aus dem Hara	214

Romantische Hochzeit - Wort & Ton — 218

Sprechen, Singen oder Deklamieren? Rezitativ & Arie	220
Bauchreden & Belcanto sind Zwillinge, Micky Maus Training	224
Messa di Voce – der ultimative Stimmtest	227
Stimmbruch, Registerwechsel, Passaggio	228
Emotionen, Leidenschaft & Charisma	231
Skala der Emotionen & emotionales Loslassen beim Singen	234
Vokal Ausgleich – Bella Italia lässt grüßen!	243
Vibrato, Tremolo oder Wackelpeter	245
Charisma & Stimme: Maria Callas Aris Christofellis & Iwan Rebroff	247

Bedeutende Gesanglehrer & die Wissenschaft von der Stimme 253

Wahrer Belcanto – die geheime Verschwörung der Renaissance 255
Lodovico Zacconi's Prattica Musica 256
Manuel García I, seine Kinder & das Laryngoskop 259
Francesco & Giovanni Battista Lamperti 263
Mathilde Graumann Marchesi 267
Emma Diruf Seiler 268
John Franklin Botume 270
Frederick Husler, moderne Stimmforschung 273

Belcanto - von der Theorie zur Praxis 279

Meisterklassen – Katalysator für Karriere oder Katalysator für Karriere oder Foltermethode? 280
Stimmfächer & dramatische Stimmwechsel 281
Tägliche Stimmpraxis: Tipps & Grundregeln 285

Buchtipps mit Kurzkommentaren 294

MEIN DANK

gebührt all meinen Lehrern auf dem Weg zur authentischen Stimme. Einen riesengroßen roten Luftballon voller Dankbarkeit schicke ich zu allen, die mich bewusst oder unbewusst auf dem Weg zu meiner authentischen Stimme und der Publikation dieses Buches gefördert haben: Meisterklassen, Bücher, Schüler, Pianisten, Korrepetitoren, Chorleiter, Freunde und Familie. Ein herzliches Dankeschön geht an Ursula Sutor-Valentin für ihren Einsatz beim Fotografieren der Körperübungen. Besonders zu Dank verpflichtet bin ich meinem Seelengefährten, Douglas Weers, der die englische Fassung Korrektur las und die meisten Fotos aufnahm. Ohne seine nimmermüde Geduld hätte diese erweiterte Ausgabe der Erstauflage von „Singen wie Callas und Caruso" nicht den Weg in die Buchläden gefunden. Zu guter Letzt möchte ich meiner Familie und engen Freunden danken für die Toleranz, die sie meiner Belcanto-Leidenschaft mit nächtlichen Eskapaden in spärlich beleuchteten, kalten Kirchen, entgegenbrachten.

Meine Abenteuerreise von der verlorenen Sprechstimme zum Koloratursopran

Tief in meinem Herzen, wusste ich schon immer, dass ich zum Singen geboren bin. Obwohl ich weder berühmt, noch ein Opernstar wurde, hat meine Seele sich stets in klangvollen Worten und Tönen ausgedrückt. Meine Mutter hatte in meiner frühen Kindheit die wunderbare Angewohnheit, abends vor dem Einschlafen das Gebet an die 14 Engel von Humperndinck aus der Oper „Hänsel und Gretel" an meinem Bettchen zu singen. So fühlte ich mich als Kind über Nacht stets beschützt und bin bis heute felsenfest von der Existenz der Engel und ihrem Beistand überzeugt. Singen war und ist für mich der lebendige Zugang zur Seele. Als ich vier war, nahm Vater meine Mutter und mich oft auf lange Geschäftsreisen im Auto mit. Unterwegs lag ich auf den Rücksitzen mit einer warmen Decke und der Kuschelkatze im Arm, schaute in die Sterne am Himmel und sang alle Abendlieder, die ich auswendig kannte. Meine Eltern waren dann mucksmäuschenstill in der vorderen Reihe, um die heilige Atmosphäre nicht zu stören.

Als ich zehn war, rannte ich aus dem Wohnzimmer und hielt mir die Ohren zu, wenn mein Vater begeistert seine Shellackplatten von Caruso und Callas anhörte: Oper war nicht mein Ding, zu laut, zu pathetisch und zu tragisch. Ich spielte lieber Chopin auf dem heißgeliebten Klavier, für dessen Anschaffung ich drei Jahre die väterliche Autorität unterminiert hatte. Ich solle lieber Unterhaltungsmusik auf dem Akkordeon machen, war die Ansicht meines Vaters. Seinetwegen spielte ich auch Akkordeon und E-Orgel. Als ich 11 Jahre alt war, nahmen die Eltern mich zu einer Weihnachtsfeier in die Firma mit, wo Eltern und Kinder versammelt waren, um vom Nikolaus auf der Bühne ein kleines Geschenk entgegenzunehmen. Als ich nach vorn gerufen wurde, fragte der Nikolaus freundlich, ob ich denn singen könnte, was ich unumwunden bejahte. „Was singst Du denn jetzt für uns?" war gleich die nächste Frage. „Stille Nacht, heilige Nacht!" kam wie aus der Pistole geschossen. Zum Nachdenken kam ich nicht mehr, da die Violine und ein kleines Kammerorchester sofort mit dem Vorspiel einsetzten. Die süße Melodie forderte mich zum Mitsingen auf und ich sang aus tiefstem Herzen wie ein kleiner Engel auf eine vorüberschwebenden Wolke. Das Publikum und der ganze Saal waren dabei für mich wie verschwunden, auch die Schweißperlen auf der Stirn meines Vaters, der mich noch nie hatte öffentlich singen hören, nahm ich nicht wahr. Als dann ein begeisterter heftiger Applaus einsetzte, zuckte ich erschrocken zusammen und war zurück in der Wirklichkeit. Ich nahm meine Weihnachtsgebäcktüte entgegen, machte den Anstandsknicks und verschwand schnell auf meinen Platz. Später beim Herausgehen, fragte mich ein weißhaariger Herr an der Garderobe, ob ich denn Mitglied im örtlichen Kinderchor des Opernhauses Aachen sei, was ich verneinte, weil ich nicht einmal wusste, was eine Oper ist.

Meine ersehnte Musikerkarriere kam nie zustande. Bevor ich die Aufnahmeprüfung für Klavier machen konnte, für die ich 6 Stunden täglich nach der Schule trainierte, starb mein Musiklehrer, ein blinder Organist und Kirchenmusiker. Als extrem scheues junges Mädchen trauerte ich um den einzigen väterlichen Freund während meiner Gymnasialzeit und warf den Klavierdeckel zu, weil ich monatelang in Tränen ausbrach. Die „Macht des Schicksals" hatte meine Musikleidenschaft gebrochen. Aus diesem Grund begann ich dann mein Übersetzerstudium in Germersheim. Doch, sobald ich meine Musikbegeisterung ad acta gelegt hatte, schien diese sich durch die Hintertür wieder in mein Leben zu schleichen. Musik war einfach nicht wegzudenken. In der großen Aula der Universität staunte ich mit großen Augen über den schwarzen Steinway Flügel auf der Bühne. Ich erfuhr vom freundlich lächelnden Pförtner nicht nur, dass einer der Dozenten Konzertpianist war, sondern auch, dass er mir den Schlüssel für die Aula abends aushändigen könne. So konnte ich dort ungestört Klavier spielen, soviel ich wollte. Das ließ ich mir nicht zweimal sagen. Mein späterer Mann, den ich dort kennenlernte, saß häufig auf den kleinen Stufen zu dieser Bühne, um Chopin, Mozart, Beethoven und Brahms zu lauschen. Nach dem Studienabschluss gingen wir gemeinsam nach Göttingen und fanden heraus, dass die Universität über eine Fakultät für Musikwissenschaft verfügte. Auf Anraten meines Mannes landete ich in der Sprechstunde einer freundlichen, gesprächigen Professorin, die mit großer Freude feststellte, dass ich außer Englisch auch Französisch, Spanisch, sowie etwas Italienisch und sogar Arabisch lesen und verstehen konnte. Sie hatte keine Mühe, mich zu überzeugen, dass Musikwissenschaft absolut das Richtige sei und einer späten Karriere nichts im Weg stehe, denn sie sei auch erst mit 55 in ihrem Lieblingsfach Professorin geworden. Sie war begeistert, dass ich die wissenschaftliche Literatur in so vielen Sprachen würde lesen können. An der Karriere zweifelte ich selbst noch, doch die Musik hatte mich wieder in ihren Fängen. Mit dem Halbtagsjob in der Notenabteilung eines nahegelegenen Musikhauses und Auftritten als Dolmetscherin und Übersetzerin im Landgerichtsbezirk sowie auf Messen in Hannover finanzierte ich mein weiteres Studium. Alle neuen Noten und Bücher gingen im Musikladen durch meine Hände, oft hatte ich Zeit zum Schmökern.

Die Studenten der Musikwissenschaft waren Individualisten und zugleich eine kleine Familie. Mein Doktorvater, Prof. Dr. Wolfgang Boetticher, kurz von den Studenten „Bö" genannt, war als Klavierwunderkind und Organist aufgewachsen und hatte seine Künstlerkarriere mit 20 für die Musikwissenschaft an den Nagel gehängt. Als Quellenforscher wurde er ebenfalls weltberühmt, bis die Entdeckung seiner angeblichen Naziaktivitäten seiner Karriere ein trauriges Ende setzte, da ihm Konfiszierungen von wertvollen Musikquellen aus jüdischem Besitz vor dem Krieg von ausländischen Kollegen vorgeworfen wurden. Damit wurde seine Weltkarriere jäh beendet und seine aufrichtige Hingabe an die Musik und die zahlreichen

Doktorandenschützlinge, die er regelmäßig in seine Wohnung zum gemeinsamen Schlemmen einlud, geriet in Vergessenheit. Er landete im unbekannten Grab auf dem Göttinger Nordfriedhof. Mit einer Kommilitonin zusammen, die zur gleichen Zeit wie ich bei ihm promoviert hatte, legten wir seinerzeit bei strömendem Regen an der Stelle, wo wir das Grab vermuteten, eine rote Rose ab, um uns für väterlich-wissenschaftliche Betreuung in all den Jahren zu bedanken. Professor Bötticher's charismatische Bühnenausstrahlung hatte immer ein Grüppchen weißhaariger alter Damen aus der Volkshochschule in die Vorlesungen gelockt. Sie saßen jedes Mal in der ersten Reihe und hingen wie gebannt an seinen Lippen, wenn er die Musikgeschichte auf mitreißende Art lebendig werden ließ.

Nach einem kurzen Ausflug in die klassisch arabische Musik, leider wurde mir das Stipendium dafür nicht genehmigt, schrieb ich dann meine Dissertation über Carlo Gesualdo, den berühmt-berüchtigten Fürsten von Venosa, einen genialen Renaissancekomponisten, der seine erste Frau in flagranti ertappte und dann gemeinsam mit dem Liebhaber erstach. Nach der Promotion kam mit der Scheidung ein Hurrikan in mein Leben und zerstörte alle geordneten Bahnen und die begonnene Karriere als Farb- und Stilberaterin, die ich mir neben meinen staubtrockenen Musikstudien als kommunikationsfreudiger und schönheitsorientierter Mensch aufgebaut hatte.

Als ich allein vor der Scheidungsrichterin saß und für mich und meinen Mann in Vertretung das Urteil entgegennahm, bemerkte ich beim Herausgehen aus dem Saal, dass meine Sprechstimme nicht mehr die gleiche war. Ich klang zitterig, unsicher und. Wenn dann Kunden zu mir kamen, schienen sie meine junge äußere Erscheinung nicht mit der Stimme einer alten zerbrechlichen Dame zusammenbringen zu können. Oft standen sie verwirrt und ungläubig in der Haustür, wenn sie zum Termin kamen. Die Sprechstimme löste sich dermaßen auf, dass sogar das Sprechen mir einfach zu anstrengend wurde und ich lieber schwieg. Damit war meine Zeit als Geschäftsfrau beendet. Ich ließ meine Studienjahre, die Uni, mein Geschäft, meine Karriere und alles, was mir lieb gewesen war hinter mir, um in Nürnberg eine Umschulung zum Rundfunkredakteur zu beginnen. Die Ironie des Schicksals wollte, dass ich wegen meines Talentes zur Moderation genommen wurde, nur weil ich so erkältet war, dass meine wirkliche Stimme ohnehin kaum zu erkennen war. Später fiel der Stimmbruch dann dem Sprechtrainer auf und er schickte mich in die Logopädie, um die fehlende Mikrofonstimme herauszulocken. Die Übungen brachten nichts und so suchte ich auf eigene Faust eine Lösung. Singen, war meine Idee, würde die verlorene Sprechstimme reparieren. Als der Sprechtrainer mich auslachte, musste ich an das Sprichwort denken – wer zuletzt lacht, lacht am besten – und so war es auch. Das war der Start meiner heimlichen Belcanto-Karriere, die zwar nicht auf die Opernbühne, doch zu Konzerten und Büchern führte.

Der Lebenslauf meiner Stimme ist zugleich eine Abenteuerreise von der Stimme zur Seele, voller verrückter Stories und unentwegter Hindernisse. Nach mehr als zwei Jahrzehnten voll abenteuerlicher Erfahrungen kann ich sagen, dass es mit meiner persönlich entdeckten Methode möglich ist, die vielen unterschiedlichen Wege zum Rom des Belcanto wirklich auf der kürzesten Route zu beschreiten, obwohl diese Reise für mich persönlich zu einer langwierigen Pilgerfahrt zur singenden Seele wie auf dem St. Jakob's Weg wurde.

Ich will hier nur einige der komischen Episoden auf dem Weg zum Rom des Belcanto berichten, um alle, die nach der authentischen Stimme streben, vor den typischen Fallen zu bewahren, in die der naive Singlustige unterwegs stolpern kann. Meine Stimmreparatur gestaltete sich buchstäblich wie eine 20 Jahre dauernde Wanderschaft auf den Knien rutschend, nur um endlich das Heiligtum des Belcanto und meiner authentischen Stimme zu erreichen. Seit der Veröffentlichung meines ersten Buches – Sänger ABC- Belcanto, singen kann doch jeder! 2007, sind mir so viele herzzerreißende Geschichten von Sänger/innenträumen zu Ohren gekommen, die mit gebrochener Stimme und gebrochenem Herzen auf der Strecke blieben. Allein schon aufgrund der Schamgefühle, die viele Gesangsstudenten, die die Karriere an den Nagel gehängt haben, anscheinend davon abhält, weiter nach der richtigen professionellen Hilfe zu suchen, gewann ich den Eindruck, es sei geradezu eine moralische Pflicht, dieses Buch zu Papier zu bringen, um jedem Stimmbesitzer zu zeigen, dass etwas Beobachtungsgabe und ein paar simple Tricks ausreichen, sich von den kleinen Unvollkommenheiten zu befreien, die den Stimmklang mindern und das Herz so unglücklich machen. Falscher oder halbherziger Unterricht ist dabei auch ein Thema, denn leider habe ich die üblen Folgen falscher Anleitung wiederholt am eigenen Leib zu spüren bekommen und werde häufig Zeuge, an welchen Stellen manche Opern- und Profistimmen einfach klemmen.

Zwar kann ich jetzt aus der Rückschau über manche meiner Erfahrungen lächeln, doch dienen sie hier nicht zur Belustigung oder gar Bloßstellung bestimmter Lehrer. Ich empfinde sie als großes rotes Warnsignal an alle, was durch fehlgeleiteten Unterricht so alles schiefgehen kann. Überall lernt jeder etwas, doch leider sind oft die Trümmer größer als der Gewinn. Meine erste Lehrerin am Nürnberger Konservatorium war eine argentinische Jüdin mit einer wunderbaren Altstimme. Als ich mich bei ihr vorstellte, betonte sie, dass sie nur talentierte Sängerinnen mit vielversprechenden Stimmen nehmen würde. Mir sank das Herz in die Hose, ich wagte nicht einmal, mein Stimmproblem zu äußern und redete kaum. Sie ließ mich ausgiebig Skalen und Läufe singen, während ihre Finger über den Flügel tanzten. Mit tiefernstem Gesicht bezeichnete sie mich als tiefen Mezzosopran, gratulierte mir zu meinem musikalischen Ohr und fragte mich dann, ob ich sie als Lehrerin denn akzeptieren würde. Mit einem Seufzer erstaunter Erleichterung bejahte ich das erfreut. Das Vergnügen altitalienische Arien zu singen, hielt jedoch nur wenige Wochen an, da meine Gesangslehrerin unerwartet auf Japantournee verschwand. Wir verabschiedeten uns herzlich nach einem jüdischen Gottesdienst, zu dem sie und ihr Mann, der Rabbiner, mich eingeladen hatten. In der Nürnberger Synagoge hatte ich zum ersten Mal im Kreise orthodoxer Juden die schönsten altjüdischen Choräle und Gesänge erlebt: eine unvergessliche Erfahrung.

Danach stand ich wieder als Suchende auf der Straße zum Rom des Belcantos. Ein Bekannter empfahl mir eine italienische Sängerin, einen dramatischen Sopran. Sie hatte sich schon vor Jahren von der Bühne zurückgezogen und unterrichtete in ihrem Haus. Später erzählte sie mir, dass sie aus Entsetzen über die Bühnengepflogenheiten, Operndivas in transparenten Negligés auftreten zu lassen, sich mit dem Regisseur entzweit und ihre Karriere an den Nagel gehängt hatte. Maria war eine begabte Pädagogin mit Herz, doch als Künstlerin zutiefst enttäuscht. Ihre Stimme klang so melancholisch beim Singen, dass sogar ihre Katze voller Mitgefühl herbeigelaufen kam und tröstend um ihre Füße strich.

Zu meinem allergrößten Erstaunen definierte sie meine Stimme in der ersten Stunde als hohen und sehr leichten Sopran. Ich sang nun die gleichen altitalienischen Arien in der Ausgabe für hohe Stimme anstatt für Mezzo. Mozartarien sang ich nun auf eigenen ausdrücklichen Wunsch, obwohl das Maria zu früh erschien. Sie war so geduldig, mich mit Vaccai in die Feinheiten des Belcanto einzuweihen. Die Zusammenarbeit war auch von kurzer Dauer, da ich aufgrund eines neuen Jobs nach München umzog. Mit Tränen in den Augen verabschiedete ich mich, doch da eröffnete mir Maria, dass wir uns sicherlich wiedersehen würden in München, weil man ihr eine Professur für Gesang an der Hochschule angeboten hatte. Sie hatte vor, dort jeweils drei Tage zu unterrichten. Mit großer Freude traf ich sie dann einige Monate später in diesem denkwürdigen alten Gebäude, das einmal in Deutschlands schwärzesten Zeiten das Hauptquartier von Hitler beherbergt hatte und nun der Musentempel für junge

Musikstudenten war. Wenig später fand ich mich Montagabend regelmäßig zu den Proben des Münchner Bach-Chores ein.

So glücklich ich mich fühlte, meinem Rom des Gesanges näher zu kommen, so unglücklich war ich über meine Kehle. Während des Unterrichtes begann meine Kehle und die Kiefermuskulatur zu schmerzen und nach der Stunde fühlte ich mich so richtig miserabel, während Maria glücklich strahlte und sagte: „Jetzt singst Du wirklich!" Sie ermutigte mich, mehr klassische Lieder zu singen, doch als ich sie zu meinen schmerzhaften Erfahrungen befragte und meine körperlichen und emotionalen Beschwerden ansprach, hatte sie dazu keine Antwort.

Selbst der Medizinprofessor, den ich konsultierte, ein ausgebildeter Tenor, mit einer Sängerin verheiratet, hatte keinen blassen Schimmer, wie man das Problem lösen sollte. Er verschrieb mir Logopädie gegen verspannte Muskeln. Aufgrund meiner ausgeprägt langen Stimmbänder meinte er, ich müsse ja ein Alt sein, Sopran könne er sich gar nicht vorstellen. Bestürzt über die gebrochene Stimme und die Perspektiven ging ich heim und unterbrach den Unterricht. Schmerz und Kummer wurden überwältigend, sobald ich versuchte zu singen. Meine Stimme drückte den Überlebenskampf aus, der sich seit der Scheidung wie eine Dunstglocke über den Alltag gesenkt hatte. In einer fremden Stadt, ohne Freunde, Familie, soziales Leben mit einem Job mit netten Kollegen, jedoch leider meist unsympathischen Vorgesetzten, war es nicht leicht, typische Vereinsrivalitäten und Eifersucht im Münchner Bach-Chor auszuhalten, wo die Ellbogen mancher Sopranistinnen spitzer waren als ihre Stimmen: im ersten Konzert am Gasteig konnte ich mich nur mit Mühe davor bewahren, nach links in den Orchestergraben abzustürzen, weil ich als neuer Sopran den letzten Platz in dieser Reihe hatte. Doch, da der Opernvirus mich so heftig infiziert hatte, wollte ich meine Gesangsausbildung nicht aufgeben. Als ich sonntags im Gottesdienst einer amerikanischen Kirche saß, trat ein Solist auf und sang eine Tenorarie. Ich lauschte wie gebannt und bekam Gänsehaut bei den großen Tönen, die jeden Zuhörer warm einzuhüllen schienen, eine himmlische Erfahrung. Flüsternd fragte ich meinen Nachbarn, wer das sei und, ob er wohl Unterricht geben würde. „Er ist Solotenor am Opernhaus!" war die Antwort, „wir können ihn nachher gemeinsam fragen. Nach dem Gottesdienst wurde ich dem dunkelhaarigen hochgewachsenen Tenor vorgestellt, der gleich wissen wollte, wo ich denn schon überall gesungen hätte. Rot vor Scham, bekannte ich mich als Neuling im praktischen Gesang und erzählte von der Musikwissenschaft und meiner Chormitgliedschaft.

"So, dann bist Du also keine Sängerin! Und ich bin kein Gesangslehrer!" kam in heftigem amerikanischem Akzent mit einem breiten Lächeln zurück. „Wir könnten es trotzdem einfach versuchen!" Wir vereinbarten ein Treffen am Bühneneingang der Bayerischen Staatsoper für den kommenden Samstag vor der Vorstellung. Nachdem ich meinen ersten Schritt in diese heiligen Hallen durch die Personal-Glastür getan hatte, lieferte mir Jim einen weiteren Beweis für seinen unwiderstehlichen amerikanischen Humor. Er nahm meinen Arm und zog mich durch einen schmalen engen Korridor im Dunkeln über mehrere Holzstufen. Ich konnte kaum die Hand vor Augen sehen und hatte keine Ahnung, was er im Sinn führte. Plötzlich stoppten wir und standen mitten auf der Bühne. Ich starrte wie angewurzelt in den riesigen Zuschauerraum mit den leeren Sitzreihen und hörte ihn lachend sagen: „ So sieht die Bühne aus der Perspektive der Sänger aus. Du stehst jetzt auf diesen Brettern, die für uns die Welt bedeuten!" Ich nickte schweigend und sog die Erfahrung wie verzaubert in mich auf. In einem der kleinen Probenräume mit Piano starteten wir mit Übungen und sprachen über mein Faible für Mozartarien. In der zweiten Unterrichtsstunde wollte Jim in einem winzigen Raum im alten Probengebäude wissen, ob mein Interesse am Gesang definitiv größer wäre als das persönliche Interesse an einem attraktiven Tenor und sang ein paar bezaubernde Worte, die mich erröten ließen, jedoch nicht daran hinderten, mein totales Engagement für das Singen zweifelsfrei kundzutun. Das war der Beginn einer wunderbaren, offenen Freundschaft.

Sein Unterricht hatte mit nichts Ähnlichkeit, was ich vorher als Gesangsunterricht genossen hatte. Wir machten keine langatmigen Übungen, sondern nahmen Phrasen von altitalienischen Arien und Mozartarien. Seine Demonstrationen glichen eher einer Anatomieklasse für Gesang. Ich musste in seinen weitgeöffneten Rachen schauen, seine Zunge beobachten, während er sang, seine Rippenmuskulatur ertasten und mir die Muskelarbeit des Bauches demonstrieren lassen, wobei er bekräftigte: „Der Sänger singt von Kopf bis Fuß!" Er führte mir den weichen und harten Glottis-Schluss vor, die wichtigste Funktion beim Singen überhaupt und tat sein Bestes, mir alles in gebrochenem Deutsch zu erklären, da wir leider kein Laryngoskop hatten, um nach innen zu schauen. Natürlich bekam ich oft seine Familienkarten, da seine Frau schon die meisten Opern oft gesehen hatte. So saß ich in den ersten Reihen, wo ich in den Orchestergraben hätte spucken können und bei den Sängern die ganze Körperarbeit sehen konnte. Nach dem Applaus vergaß er nie, lächelnd zu mir ins Publikum zu winken, bevor er von der Bühne ging.

Seine Empfehlungen für Körpertraining setzte ich im Fitnesscenter um, während nächtliche Gesang-Marathons die Stimme formen sollten. Leider besaß ich weder Körper noch Resonanz in meiner naturgegebenen Stimme. Ich klang eher wie ein vom Himmel gefallener Engel, der nur Flügel jedoch keinen Klangkörper besaß. Zu meiner Freude ließen die starken Spannungsschmerzen nach. Trotz Fitness, Gewichtheben und Yoga, schien es zu nicht mehr als einem stimmlichen Moutainbike anstelle eines Opernporsche zu reichen. Trotzdem wollte ich wissen, warum. Die Schmerzen beim Singen waren nun weg, doch in einer der Samstagsklassen brach ich unerwartet in Tränen aus, als ich die ersten Töne einer Mozartarie sang. Ich konnte nirgendwo einen Grund für diese Tränen finden. Eigentlich ging es mir gut. Beschämt und verwirrt, war ich sprachlos. Jim blieb unerschüttert, verzog keine Miene und sagte. „Macht nichts, lass' das einfach raus! Wir machen weiter." Als ich erneut versuchte, kam ein ganzer Schwall von Tränen wie ein kleiner Gewitterregen und ich konnte nicht aufhören zu schluchzen. Jim sagte mir, dass das oft bei Sängern in der Ausbildung vorkomme und er habe auch emotionale Krisen erlebt, das sei eigentlich ein gutes Zeichen. Ich solle es einfach hinnehmen und weitermachen." Die Tränenattacken dauerten insgesamt vier Monate, doch wenn die Attacke vorüber war, sangen wir mit großem Vergnügen Rachearien oder andere emotional geladene Stücke. So lernte ich wie jede Muskelfaser in eine Emotion eingetaucht ist, die dort in der Vergangenheit abgespeichert wurde. Indem ich mein Kinn zurückbewegt hatte, hatte ich auch meinen Gefühlsausdruck blockiert. Während ich es vorstreckte in die Normalposition, pflegten sich die gestauten Emotionen einfach beim Singen zu entladen. Muskelanspannung in der Zunge oder um die Kehle herum, steife Kiefergelenke, eine Asymmetrie am Gaumen, Schiefstellungen der Zähne und Haltungsfehler an Schultern und Wirbelsäule, alles machte sich beim Singen in der Tonqualität bemerkbar.

Nach und nach wurde ich zu einem Sherlock Holmes für Verspannungen, Fehlhaltungen und Asymmetrie in meinem Körper. Es blieb mir nicht erspart, das Instrument Körper von Grund auf neu einzurichten und zu stimmen, bevor ich wirklich authentisch singen konnte. Und doch erinnerte ich mich, dass ich im Alter von 5 Jahren wunderschön gesungen hatte, als ich noch keine einzige dieser körperlichen Verbiegungen gehabt hatte. Die längste Weinkrise, die ich jemals erlebte, geschah dann nicht im Unterricht, sondern in der Kirche, während Jim wieder einmal ein Solo sang. Nach den ersten Tönen zerfloss ich in Tränen, die wie kleine Perlen die Wangen herunterliefen, ohne dass ich in der Lage war, dieses Bächlein zu stoppen. Kurz vor Ende des Gottesdienstes gelang es mir endlich, die Fassung wiederzugewinnen. Jim, der mich von der Bühne aus gesehen hatte, kam und ließ sich in den Nachbarstuhl sinken. Als er den Arm um meine Schulter legte, sagte er mit todernstem Gesicht und theatralischer Stimme: „Ich weiß, dass Tenöre Frauen im Publikum zum Weinen bringen! Das ist wirklich ein harter Job!" Darauf musste ich furchtbar lachen. Diese Szene gehört zu meinen Lieblingserinnerungen, weil er kurz darauf mit seiner Familie in die USA zurückging. Er war zu Recht enttäuscht von der Bayerischen Staatsoper, die ihre Kammersänger für die Nebenrollen einsetzte und für die Hauptrollen meist junge Stars aus dem Ausland engagierte.

Bevor er in die Staaten aufbrach, konnte ich ihn für meine NLP Master Ausbildung interviewen. Ich befragte ihn über das aufregendste Bühnenerlebnis seiner Karriere und bin glücklich darüber, diese ungewöhnliche Story hier mitteilen zu dürfen: als junger Tenor hatte er am Kasseler Staatstheater den Don José in Carmen zu singen. In der Schlussszene musste er zwei große Eisentore mit ausgebreiteten Armen offen halten, während er die letzte Arie sang. Die gefühlsgeladene Arie und der körperliche Kraftaufwand brachten ihn an den Rand eines Blackouts. Er zwang sich mit voller Kraft weiter zu singen, als er plötzlich seinen eigenen Körper auf der Bühne stehen und singen sah, aus der Perspektive eines Beobachters aus der Höhe über den Köpfen des Publikums. Im gleichen Augenblick nahm er das Orchester wie in einer Dolby Surround Aufnahme von allen Seiten wahr. Der intensive Wunsch nicht zu versagen, ließ ihn weitersingen. Wie unter Schock beendete er seine Arie und fand sich beim letzten Ton im Körper zurück, überwältigt von dieser Erfahrung und einem wild aufbrandenden Applaus. Aus Furcht für verrückt erklärt zu werden, sprach er all die Jahre mit niemand über dieses Erlebnis einer Erfahrung außerhalb des Körpers beim Singen, die sicherlich durch die emotionale Tiefe und den Körpereinsatz wie in einer Trance ausgelöst worden war. Als ich Jahre später ebenfalls bei Bühnenpräsentationen ähnliche Zustände intensiven Gewahrseins beim Singen erlebte, verstand ich erst, wie wertvoll die Arbeit mit Belcanto ist. Und doch war ich noch immer als Pilger auf der Suche nach dem Rom des Gesanges unterwegs, um meine authentische Stimme zu finden.

Entmutigt durch diverse Versuche mit Lehrern - einer Sängerin, die mich mit Übungen binnen 10 Minuten zum Einschlafen brachte und einer anderen, die mich durch heftige Kritik und Provokation versuchte, zu körperlicher Leistung anzuspornen, was meine Stimme sofort zum Streik veranlasste - hörte ich von einem japanischen Klavierprofessor, der Gesang unterrichtete und gleichzeitig auf seinem Steinway-Flügel begleitete. Sein Haus war stets überfüllt mit Sängerinnen und Sängern. Beim Warten im Entrée hörte ich Töne aus allen Räumen kommen, sogar aus der Küche. Haru, ein streng blickender, untersetzter Japaner, bat mich herein, wobei Augenkontakt vermieden wurde. Grüner Tee aus einer riesigen Teemaschine lockerte die Atmosphäre, das Glas durfte nicht leer werden, sogleich wurde nachgeschenkt. Mit Empathie und ein paar Komplimenten über meine Stimme, konnte er mich leicht als Schülerin gewinnen, indem er mir bestätigte, dass meine Stimme von vorherigen Lehrern wohl falsch behandelt worden sei. Flugs hatte er mich überzeugt, genau das richtige Rezept für die Stimme zu kennen.

Wie naiv ich doch zu diesem Zeitpunkt war! Der schüchterne Japaner entpuppte sich als hart durchgreifender Korrepetitor, indem er nicht nur am Flügel auf und ab sprang und mich mit lauter Stimme anfeuerte, wenn ich altitalienische Arien sang, sondern auch morgens um 7 Uhr in seinen ungeheizten Außenpool sprang, selbst wenn die Temperaturen nicht viel über 0 waren. Sängerinnen und Sänger, die in ihm ihre letzte Hoffnung auf eine Bühnenkarriere sahen, feuerte er schweißüberströmt an, damit sie die Schallmauer ihrer Stimme durchbrechen sollten, um die Dämonen des Gesanges zu befreien. Ich fühlte mich nach dem Unterricht wie zu Butter zertreten oder wie ein Holzboden unter dem wilden Getacker von Flamenco-Schuhen. Die japanischen Dämonen zogen überwiegend junge blonde Sängerinnen an. An Montserrat, die rassige spanische Ausnahme, erinnere ich mich noch lebhaft, denn sie hatte eine Stimme, die ein wenig an Maria Callas erinnerte. Während der Konzerte im Salon hörte ich manche schöne junge Stimme aus Wien. Auch wenn der Meister als Bariton nie die Opernbühne betreten hatte, so hatte er dazu seinen Chorleiterjob in Prag aufgegeben, um in Deutschland sein Glück als Heiler von Sängerstimmen zu suchen. Mit einer ausgewählten Gruppe junger Sängerinnen pflegte er jährlich eine Japantournee zu machen. Er war ein leidenschaftlicher Musiker und ausgezeichneter Klavierbegleiter. Meine Gutgläubigkeit und die Überzeugung, nur durch harte Arbeit über meinen Stimmbruch zu siegen, brachten den Rest meiner Stimme zur Strecke. Ich beendete meinen Unterricht bei ihm abrupt, als ich gewahr wurde, dass ich nun statt einer rauen, schmerzhaft reibenden Stimme, zwei Stimmen besaß: eine hohe quietschige Sopranstimme, der das Fundament fehlte und eine tiefe raue Hildegard Knef – Stimme. Dazwischen war, dort wo ich eigentlich sprechen wollte, war ein riesiges Loch mit heißer Luft, tonlos. Der Stimmübergang funktionierte überhaupt nicht mehr.

Wieder einmal verzweifelt auf der Suche nach einer Hilfe, konnte es beim besten Willen so nicht weitergehen. Ich fand keine Sprechstimme, die zu mir gepasst hätte. Das einzig Positive an den japanischen Dämonen war die Tatsache, dass ich mehrfach zu Meisterklassen an das Prager Konservatorium eingeladen wurde und dort erfahren konnte, dass die Qualität einer Gesangsstunde nicht nur von der Stimme des Lehrers, sondern auch der Fähigkeit, die Schüler und ihre Körperarbeit genau zu beobachten, abhängt. Wie viele Pseudo-Experten auf dem Gebiet des Gesanges unterwegs sind, konnte ich über die Jahre hinweg immer wieder mit Erstaunen feststellen. Wie gut, dass meine Kehle offensichtlich unverwüstlich wie Unkraut alle Angriffe heil überstand. In den Prager Sommerkursen traf ich Sängerinnen aus ganz Europa und

Lehrer aus verschiedenen Ländern. Während ein kanadischer Tenor seinen Schülern nur eine Summ-Übung beibrachte, die nach seiner Aussage Carusos Weg in den Sängerhimmel darstellte, zeigte mir ein japanischer Tenor und Gesangsprofessor von der Nagoya Universität, der aufgrund seiner Ausbildung in Italien fließend italienisch sprach, zum ersten Mal wie man den Körper korrekt für das Singen einsetzt. Er ließ mich die Gräfin aus Figaro's Hochzeit singen, eine Rolle, die ich sehr liebte. Bei weitgeöffneten Fenstern strömte eine sommerlich warme Brise in den Raum, als ich aus tiefstem Herzen sang und mein Bestes gab. Nach dem letzten Ton ertönte von der Straße draußen ein kräftiger Applaus und ein Blick aus dem Fenster zeigte uns eine Touristengruppe, die interessiert wissen wollte, wer denn der Nachwuchs-Opernstar sei. Ich war zu Tränen gerührt, da ich mich sonst nur als sängerische Niete erlebt hatte. Das Geheimnis des japanischen Tenors lautete: „Nimm alle Anstrengung aus Deiner Stimme heraus und bringe diese Power in Deinen Körper zur Unterstützung der Stimme!" Leider fehlten mir die finanziellen Mittel, um in Japan weiter zu studieren, sonst hätte ich das sofort getan.

Daheim, wieder unterwegs als Pilger auf der Straße des Gesanges, mischte Frau Fortuna wieder einmal neu die Karten: das Telefon klingelte eines Nachmittags in meinem Büro und am anderen Ende hörte ich eine junge Männerstimme. Er war auf der Suche nach einem Pianisten zum Begleiten. "Oh, ich auch!" stimmte ich spontan zu und fragte, wie er den auf mich komme, ich sei auch Sängerin im Hobby. Er hatte eine Internetnotiz falsch verstanden, in der ich einen Begleiter suchte. Ich wunderte mich, wie er mein Bürotelefon herausgefunden haben konnte. Dann hörte ich erstaunt zu, seine Stimmerfahrung war spannend. Er war der Enkel das berühmten Wagnertenors, Hans Hopf, und hatte von seinem Opa wohl das Stimmtalent geerbt. Deswegen trainierte er mit einem pensionierten Tenor. Doch leider besaß Hopf junior keine Noten- und Musikkenntnisse wie sein Opa. So benötigte er dringend Hilfe. Ich empfahl ihn an einen Freund aus dem Bach-Chor weiter, der Orgel und Klavier spielte und sogar selbst komponierte. Nach der ersten Probe rief mich dieser Freund ganz aufgeregt an und beschwor mich, an der nächsten Sitzung teilzunehmen, da der Lehrer des jungen Hopf eine so fantastische Stimme besaß. Der pensionierte Lehrer ließ Hopf ein paar Zeilen aus Lohengrin wieder und wieder repetieren, bis der junge Mann ganz konfus wurde. Nach dem Unterricht lud er mich ein, auch etwas zu singen. Nach ein paar Zeilen aus einer Mozartarie sah ich an seiner Miene, dass meine Töne ihm Bauchschmerzen bereiteten und brach ab. Er war so ungeniert, mir kundzutun, dass meine Stimme eine dringende Reparatur benötigte, da jeder Ton am falschen Platz sitze. Seine perfekt trainierte und äußerst leicht bewegliche Stimme faszinierte uns alle und so glaubte ich ihm, dass er wisse, wo es langgehen sollte, denn er hatte bei Professor Frederick Husler studiert, dem berühmten Schweizer Stimmprofessor, der lange das Berliner Konservatorium geleitet hatte.

So kam ich unerwartet zu einem Stimmtraining dreimal wöchentlich für die darauffolgenden zwei Jahre, bei dem mir meine Arien und Lieder sämtlich ausgeredet und verboten wurden. Mein neuer Lehrer schwor auf Husler, hatte aufgrund seiner persönlichen Erfahrung einen regelrechten Hass auf deutsche Musikhochschulen, da man ihm an einem renommierten Institut die Stimme kaputtgemacht hatte, während er bei Husler dann die Reparatur erfuhr. Warum ich nun nichts außer Stimmübungen, Tiergeräuschen, ungewohnten Tönen und ein paar kurzen Sätzen produzieren durfte und diese Übungen jeden Abend machen sollte, war mir nach 1,5 Jahren immer noch nicht klar. Ich bat oft um ein kleines Lied oder eine Arie, die mich faszinierten, doch das wurde strikt abgelehnt mit der Begründung, dass ich noch nicht so weit sei mit meiner Stimmtechnik. Offensichtlich unterrichtete er nach dem Vorbild der Gesangspädagogen der Renaissancezeit, die den jungen Kastraten jahrelang nur das Singen von Vokalisen und Stimmübungen erlaubten. Nun war ich jedoch kein Knabe vor dem Stimmbruch, sondern eine erwachsene Person, die musikalisch völlig verhungerte. Meine Stimmreparatur erwies sich als nicht endendes Debakel. Manchmal brachte er zu allem Überfluss eine hübsche, junge Blonde mit in die Kirche, von deren Stimme er immer schwärmte. Sie sang jedoch nie etwas außer Pop mit Mikrophon.

Da ich in der Zwischenzeit schon als Solistin in ein paar Bachkantaten in unserer Kirche mitgewirkt hatte, wurde ich allmählich ungeduldig und zweifelte daran, ob wir jemals das Ziel meiner authentischen Stimme erreichen würden: erstaunlich, wie viele Sänger sich als Vocal Coach betätigen und Studenten illusorische Hoffnungen machen. Irgendwann probierte ich eine Unterrichtsstunde mit einer Lehrerin, die sich im Internet als das Orakel des klassischen Gesanges vorstellte und ein Buch über korrektes Singen geschrieben hatte. Ihr „spiritueller Weg des Singens" bestand darin, ihre Schülerinnen laut den Weg des Tones und der Stimme beschreiben zu lassen, bis sie diesen Stimmweg auswendig herbeten konnten. Anscheinend gelangte ein Rabbiner mit ihrer Methode zum Durchbruch und deswegen war sie dabei, eine Akademie in Israel zu gründen. Das sogenannte Ei des Caruso, eigentlich ein journalistischer Witz, hatte ihr zu Popularität verholfen. Singen konnte sie keinen Ton mehr, da sie als junges Mädchen ihre Stimme völlig überfordert hatte, doch Marketing schien ihr Talent zu sein.

Mein nächstes Experiment waren Opernvorschulklassen in Zürich, bei denen ich endlich einmal Cherubino im Konzert singen durfte. Trotz der vielen Autostunden, die ich singend hinter dem Steuer gesessen hatte, brachten mir die Lektionen über Körperwahrnehmung und Yoga bei Benita Cantieni in Zürich mehr Fortschritte als der gesamte Gesangsunterricht. Auch hatte eine der Gesanglehrerinnen nie die Bühne erreicht und die andere war vorzeitig mit einem Stimmbandfehler und einem Zwerchfellriss von der Bühne abgetreten. Nun wurde mir klar, wie schädlich Forcieren ist. Eine weitere Pilgerfahrt führte nach Schloss

Henfenfeld, wo ich das Glück hatte, einen der letzten Plätze in einem Sommerferienkurs für junge Profisänger zu ergattern. Dort traf ich auf Anna Reynolds und ihren Mann, Jean Cox, einen alten Herrn, der vor Jahren ein berühmter Siegfried gewesen war. Es war eine unvergessliche, inspirierende Begegnung.

Ann Reynolds gelang es binnen 10 Minuten die Stimme jungen Sänger so zu verwandeln, dass diese Damen und Herren es vor Erstaunen selber kaum glauben konnten. Sie war bei aller Strenge, nicht nur überaus herzlich, sondern einfach kompetent in Sachen italienischer Vokaltechnik und Körperkoordination. Sie kritisierte niemand, sondern empfand Anteilnahme und spürte intuitiv, wo die betreffende Stimme hinwollte. So einen Fortschritt wie in den Klassen von Ann Reynolds habe sonst nirgendwo erlebt. Da ich die ganze Woche begeistert mit großen Ohren in allen Stunden saß, nahm ich anschließend noch ein paar Privatstunden, in denen sie mir sagte, ich müsse nur lernen, meine „Stradivari" auch korrekt zu benutzen. Aus lauter Begeisterung über meinen Fortschritt und das neu gewonnene Verständnis schrieb ich danach in wenigen Wochen mein erstes Sängerbuch – Sänger ABC- Belcanto, singen kann doch jeder! Ann Reynolds fand das Büchlein mit seiner alfabetischen Einteilung in prägnant definierte Fachbegriffe einleuchtend und ermutigte mich zur Publikation.

Nachdem ich so viel Disziplin und Aufwand in meine Stimme investiert hatte, wurde mir klar, dass ich einen Profi zur Erarbeitung eines Repertoires brauchte. Ein pensionierter Dirigent und Korrepetitor der Bayerischen Staatsoper wurde mir von einem Pianisten und Dozenten an der Musikhochschule empfohlen. Toni, so wurde er von allen im Opernhaus genannt, war in über 30 Jahren Dienstzeit ein Maskottchen dieses Hauses geworden: alle kannten und mochten ihn. Er hatte viele Weltstars wie Pavarotti, Popp, Bumbry und viele andere am Klavier begleitet und kannte sämtliche ihrer Marotten. Ein zierlicher, fast unscheinbar wirkender Mann mit weißen Haaren erwartete mich am Künstlereingang hinter dem Opernhaus. Er schüttelte nur den Kopf über meine Erfahrung mit Stimmtraining und sagte sofort, dass jeder Sänger mit den Arien und dem Repertoire wachsen müsse. Bei jedem Besuch zusammen mit meinem jungen Pianisten, fuhren wir in dem winzigen alten Lift in den ersten Stock, wo wir wie in einem engen Sarg die Luft anhielten. „Wie mag hier wohl der beleibte Pavarotti in seine Solistengarderobe gekommen sein? fragte ich mich heimlich! Während wir an lauter Requisiten im Flur vorbei zum großen Chorsaal gingen, hatte ich jedes Mal das Gefühl, meinem Gesangshimmel etwas näher zu rücken. Dort ließ sich Toni sofort am alten schwarzen Steinway nieder und fragte ungeduldig, womit wir beginnen. Zunächst fürchtete ich, er würde meine Stimme nicht einmal hinter dem Flügel wahrnehmen, doch schnell hatte ich meine Fassung wiedergewonnen. Toni ging immer auf meine Vorschläge für Arien ein, kritisierte wenig die Stimme oder die Auswahl, sondern vor allem die Interpretation. So lockte er mich aus der Reserve. Dazwischen wusste er unterhaltsame Stories über die Diven am Opernhaus zu erzählen. Er kannte all ihre Schwächen und vor allem ihre Obsessionen.

So kam ich in kurzer Zeit dazu, Arien von Mozart über Puccini und Bellini, bis hin zu Gounod und Verdi zu studieren. So manches Mal, wenn die Kritik des Profis für meine zartbesaitete Seele doch zu heftig gewesen war, waren mir auf dem Heimweg die Tränen gekommen. Als ich „un bel Dì" aus Mme Butterfly singen wollte, schaute Toni mich völlig entgeistert an und sagte, das sei nicht mein Fach, doch weil ich Laie war und keinem Opernhaus verpflichtet, durfte ich die Arie trotzdem singen. Ich war stolz, als er beim nächsten Treffen sein Erstaunen über das unerwartete Resultat positiv ausdrückte. „Jeder wächst mit den Aufgaben!" dachte ich heimlich bei mir. Nach einigen Monaten waren mein junger Pianist und ich soweit, ein 90 Minuten Konzert mit Solostücken aus Bach's Wohltemperiertem Klavier und einer Beet-hoven Sonate sowie Lieder und Arien von Bellini und Verdi in einem Münchner Kulturzentrum aufzuführen. Bis auf einen einzigen Schnitzer lief alles gut über die Bühne. Inmitten der Gilda Arie – caro nome del signor – ließ sich der junge Pianist so vom Lied faszinieren, dass er einen Akkord völlig danebengriff. Das hatte bei mir einen totalen Blackout zur Folge und wir mussten die Arie neu beginnen. Der Rest verlief dann ohne Zwischenfälle. Hinterher sagte eine Dame aus dem Publikum tatsächlich, sie hätte diese Szene mit der Unterbrechung in der Mitte besonders spannend gefunden! Lachend, dachte ich bei mir: "Ja, ich auch!"

Wenn jemand selber ein Konzert organisiert und kein Weltstar oder Opernsänger ist, der auf Bühnen, Technik, Orchester, Dirigenten und Korrepetitoren zurückgreifen kann, so kann sich niemand vorstellen, was es bedeutet, ein Konzert vorzubereiten. Ich hatte nicht nur meinen jungen Pianisten persönlich auf seine Solostücke und meine Arien vorbereitet, sondern auch die Bühnenkleidung ausgesucht und beschafft, Beleuchtung und Tonaufnahme mit dem Techniker besprochen, vorab den Vertrag ausgehandelt, dann vor dem Auftritt Blumen gekauft, die Bühne dekoriert, mich selber geschminkt und angekleidet und schließlich die gesamte Moderation für das Konzert durchgeführt, ganz abgesehen davon, dass ich u.a. auch Solistin des Abends war.

Erst nach dieser Mammut-Aufgabe begriff ich, dass ich sozusagen „versehentlich" den Job von 4-5 Personen wahrgenommen hatte und dabei riskierte, vom vielen Sprechen meinen Stimmansatz zu ruinieren. Profisänger pflegen vor dem Konzert selten viel zu sprechen. Doch, auch wenn meine Gesangsstimme nicht in der optimalen Verfassung war, war dieses erste öffentliche Konzert für uns ein Erfolg.

Jahre später, traf ich zufällig in einer Klinik auf einen russischen Bariton und Maler, dessen Eltern beide Sänger gewesen waren. Er hatte persönlich bei dem berühmten Tita Ruffo in Italien studiert. Seine warme, große Baritonstimme machte mich neugierig auf seinen Unterricht. Vom ersten Moment an wurde mir klar, dass er mehr Künstler als Pädagoge war. Wir taten unser Bestes, uns auf Italienisch zu verständigen und ich verstand aus seinen Erklärungen, dass anscheinend mein Tonansatz falsch positioniert sei. Er empfahl mir Aufnahmen von Amelita Galli-Curci und Luisa Tetrazzini als Vorbild für die korrekte Gesangstechnik. Wenige Unterrichtsstunden endeten in beiderseitiger Verzweiflung: er konnte nicht erklären, was er meinte und ich versuchte, intuitiv zu begreifen, doch das Resultat war nach seiner Ansicht konstant falsch. Als er mir Aufnahmen seines letzten Konzertes mit einer britischen Pianistin präsentierte, die er persönlich im Gesang unterwiesen hatte, strich ich sofort seinen Unterricht, denn sowohl seine Interpretationen diverser Arien waren musikalisch unhaltbar und die Pianistin hatte keinerlei Stimme für klassische Arien. Nach diesem missglückten Versuch gab ich definitiv alle Lehrer und Gesangstrainer auf und damit zunächst auch die Hoffnung, noch in meinem Rom für Gesang jemals anzukommen.

Wenig später begegnete ich Arno Stocker, dem Klavierflüsterer, dessen Buch und Film ich dann kennenlernte. Er hat den Carusoflügel gebaut und war persönlicher Schüler von Maria Callas. Da er unweit von München am Chiemsee lebt, besuchte ich ihn und seine Frau. Seine Lebensgeschichte ging mir zu Herzen: als spastisch gelähmtes Baby geboren, hatte er nur mühsam und viel zu spät Gehen und Sprechen gelernt. Sein Großvater, dessen Leidenschaft Gesang und Oper waren, ließ ihn alte Aufnahmen von Caruso mit italienischen Liedern anhören und der kleine Arno war so begeistert davon, dass er diese Lieder so oft abspielte, bis er die Lieder singen konnte. Auf diese Weise lernte er als Kind mithilfe einer fremden Sprache korrekt sprechen – ein wahres Wunder.

Begeistert vom Lernerfolg des Enkels, trug der Großvater den Siebenjährigen eines schönen Tages auf dem Rücken bis zum Bühneneingang in Hamburg, wo Maria Callas vor ihrem Konzert Autogramme gab. Arno und sein

Großvater überreichten ihr eine rote Rose, die sie zuvor unterwegs im Stadtpark heimlich gepflückt hatten, weil sie sich weder ein Bukett noch die Eintrittskarten leisten konnten. Zu Tränen gerührt, nahm Maria Callas die Rose entgegen und fragte, ob sie denn schon Tickets hätten. Sie schüttelten den Kopf, denn das Geld hatte gerade für die Bahnfahrt gereicht. Maria Callas sorgte dafür, dass die beiden Verehrer ihrer Kunst einen Platz im Konzertsaal bekamen. Auch mit Arno wechselte sie ein paar Worte und erkundigte sich, was er denn einmal werden wollte. „Sänger und Pianist!" versicherte der Junge.

Von diesem Augenblick an hatte Arno regelmäßig persönliche Briefe an Maria Callas geschrieben. Mit sechzehn Jahren wollte er trotz aller Hindernisse noch immer Bühnenkünstler werden und schrieb ihr dies. Daraufhin lud sie ihn ein, ein Studienjahr an der Juilliard School zu verbringen, wo sie gerade unterrichtete. Auch schickte sie ihm kurz darauf das Flugticket und er bekam ein Stipendium. Alles, was er in New York für sein Studium benötigte, war bereits bezahlt. Da Arno als Spastiker mit seiner Geh- und Sehbehinderung kaum jemals auf der Opernbühne hätte auftreten können, entschloss er sich nach diesem Studienjahr, Klavierbauer zu werden und sammelte in USA und Deutschland Erfahrungen. Er arbeitete u.a. längere Zeit bei Steinway in New York. Die Krönung seiner Musikleidenschaft und Verehrung für Maria Callas wurde der Caruso-Flügel, den er viel später, erst nach Maria Callas' Tod am Chiemsee baute. In diesen Flügel sind die Stimmcharakteristiken von Maria Callas und Enrico Caruso eingebaut, sodass das Instrument ideal für die Begleitung von großen Sängerstimmen geeignet ist. Der Besuch am Chiemsee bei Arno Stocker brachte mir interessante Einblicke in Maria Callas' Persönlichkeit, ihren Unterricht und ihre Stimme und den Genuss, den Carusoflügel zu erleben.

Meine Stimmforschungen ließen mir auch dann noch keine Ruhe, mein musikwissenschaftlicher Forscherdrang trieb mich dazu, die musikwissenschaftliche und stimmtechnische Literatur seit der Renaissance zu erforschen mit allem, was es an Theorien über Stimme und Gesang gab. Nachdem ich mich in die Stimmen der Diven der Carusozeit Adelina Patti, Luisa Tetrazzini, Amelita Galli-Curci und der Folgegenerationen Rosa Ponselle, Lily Pons, später Joan Sutherland, Mirella Freni, Luciano Pavarotti, Grace Bumbry, Jessye Norman und vieler anderer verliebt hatte, blieb doch der Ansatz von Maria Callas mein bevorzugtes konkretes Vorbild. Nachdem sie nicht mehr Unterricht geben konnte, griff ich auf meine NLP Kenntnisse zurück und studierte minuziös Videos und Tonaufnahmen von ihr sowie Opernfilme, um ihre Technik zu durchleuchten. Nebenbei unterrichtete ich seit über 10 Jahren einen Jungen am Klavier, der als Dreijähriger als autistisch diagnostiziert wurde. Durch die Unnahbarkeit dieses Kindes hatte ich mir intensive Beobachtung von Körperreaktionen und emotionalen Äußerungen angewöhnt.

Obwohl ich keine Klavierlehrerin war, sondern vom Neurolingustistischen Programmieren kam, gelang es mir, den schüchternen Jungen aus der Reserve zu locken, bis er sogar mit Freude mit mir Konzerte gab. Diese Beobachtungsgabe für Feinheiten kam mir nun zu Hilfe, um bei Maria Callas auf Videos und DVDs Unterricht zu nehmen. Während mein Klavierunterricht immer körperlicher, muskelorientierter wurde, begann ich mich selbst zu erziehen und die Tongebung und Körperbewegungen von Maria Callas auszuprobieren, um die Effizienz bestimmter Körpereinstellungen zu testen. Die Trainings wurden aufgenommen. Das Abhören brachte viele Einsichten und Veränderungen. Ich konnte nun winzige Muskelhindernisse wahrnehmen, Kehl- oder Zungenanspannung präzise beobachten und auch die Körperstütze nicht nur selber spüren, sondern aus der Tonqualität heraushören. Das Lernen wurde zu einer spannenden Forscheraufgabe mit viel Disziplin. Nach den zahlreichen Versuchen mit Lehrern, die mir weder erklären noch begründen konnten, was ich genau machen sollte, half mir meine Beobachtungsgabe. Irgendwann wurde ich so fanatisch bei meinem Training in der nächtlichen Kirche, weil der Ton nicht das tat, was ich wollte, dass ich laut in das Kirchenschiff rief: „Maria Callas, ich flehe Dich an, mir jetzt zu sagen, was ich hier falsch mache!" Müde vom Ausprobieren und keineswegs auf eine Antwort vorbereitet, fuhr ich erschrocken zusammen, als ich Maria Callas in der mir vertrauten Stimme sagen hörte: „Sing mit mehr Vordersitz!"

Schockiert und mit der Befürchtung, ich sei nun völlig übergeschnappt, weil ich schon die Stimme Verstorbener hörte, auch in der Angst, sie könne plötzlich als Geist vor mir erscheinen, packte ich meine Sachen und ging nach Hause. Der Gedanke an Vordersitz ließ mich nicht mehr los; ich probierte es und tatsächlich war es genau die richtige Empfehlung.

Von diesem Augenblick an, konzentrierte ich mich auf Beispiele von ihr und begann dazu, die Biographien diverser großer Sängerinnen und Sänger zu lesen. Viele hatten Bemerkungen über die Stimmausbildung hinterlassen, die wertvoll waren und mich weiterbrachten. Dazu sah ich Opernfilme, die mir mit Großaufnahmen die Stimmtechnik näherbrachten. Ich war unerbittlich, wenn es darum ging, der Sache auf die Spur zu kommen. Die Literatur, die es seit der Kastratentradition und den ersten Opern Monteverdies um 1600 gab, lieferte mir nun viele wichtige Einsichten. An den Abenden in der Kirche setzte ich all das in die Praxis um und kombinierte es mit meinen Trainings in Hatha Yoga, Alexandertechnik und Cantieni Training. Ohne es konkret zu planen, bekam ich immer mehr körperliche Harmonie, Selbstsicherheit und Bühnenpräsenz. Da ich ein begeisterter Zuschauer von Talentshows bin und mich nicht nur für Opernstimmen interessiere, hörte ich auch Chansonstimmen wie Edith Piaf, Mireille Mathieu und die Gewinner von Talentshows wie Paul Potts, Susan Boyle, den ungewöhnlichen Sopranisten, Greg Pritchard sowie Kinderstars wie Holly Steel und die Stimmwunder, Jackie Evancho und Chung Song Boi, den koreanischen, früh verwaisten Straßenjungen, der autodidaktisch singen gelernt hatte. Dabei wurde mir klar, dass das Charisma von Maria Callas in allen Menschen stimmlich zu finden ist, die aus der Seele singen. Da ich das auch tat, stellte ich mir nun selbst ein Stimmtraining für Körper, Atem und Stimme zusammen, das die Funktionen von Zunge, Lippen, Kehle, Kinn und Körper in den optimalen Zustand bringt. Die lange Szene aus La Traviata sang ich wochenlang in der Yoga -Position „Pflug", mit den Beinen nach hinten über dem Kopf liegend. So erfuhr ich die Resonanzräume Brust und Nacken. Selbstbeobachtung und kritisches Abhören der Trainings gaben mir wichtige Erkenntnisse. Mit Adlerauge und Hundeohren nahm ich jede Abweichung wahr und korrigierte meine Stimmfunktion, bis der Körper automatisch wie ein Instrument das gewünschte Resultat hervorbrachte. Ich konnte durch diese Selbsterfahrung nun auch bei anderen leicht Stimm-Fehlfunktionen wahrnehmen und verändern.

In Stimmkursen entstand dann die erste Auflage dieses Buches als Manuskript. Als ich auf Fragen von Leserinnen und Lesern mit Emails und Tipps antwortete, die begeistert als erfolgreich bestätigt wurden, erfuhr ich zahlreiche Lebensgeschichten von gescheiterten Sängerkarrieren und enttäuscht abgebrochenem Studium. Es berührte mich sehr tief, als mir klar wurde, wie oft Stimmen auf dem Weg zur Bühne auf der Strecke bleiben, weil eine korrekte Diagnose fehlt oder eine gute Beobachtungsgabe, um ein paar „lächerliche Fehler" zu korrigieren, die nur auf mangelndem Körpereinsatz und falscher Körperhaltung oder ungünstiger Atmung beruhen.

Die Lektüre der Werke berühmter Gesangslehrer stärkte in mir die Einsicht, dass die italienische Schule schon seit dem 17. Jahrhundert immer wieder die gleichen Funktionen für die Stimme trainiert hat und, dass die Erfolge der Schüler von der Einsicht des Lehrers in die körperlichen Zusammenhänge abhingen. Es geht in der Hauptsache darum, fehlende Muskelkoordination zu aktivieren und falsche Anspannungen im Bereich von Gesicht, Mund und Kehle aus dem Ton und der Muskulatur herauszubringen. Das Ganze ist eine Frage der Klangökonomie, der Fähigkeit, das Instrument Körper für den Gesang richtig einzustellen. Bei diesem Vorgang hilft es nicht, wenn der Lehrer dem Schüler sagt, was er falsch macht. Er muss zeigen können, wie es anders geht und wissen, wie man eine verspannte Knödelzunge entwirrt und falsch antrainierte Muskelkontraktionen aus dem Ton herausbringt. Es geht nicht darum, einen Stimmklang von irgendeinem anerkannten Sänger nachzumachen, sondern die eigene charakteristische Stimme von jedem unnützen Ballast zu befreien.

Stimmaufbau ist eine Arbeit in Harmonie mit der Natur des Körpers und der Stimme. Wenn der Zugang zur natürlichen authentischen Stimme fehlt, so sind auch Profi-Opernsänger in Gefahr, ihre Stimmkraft eines Tages einzubüßen, da man Muskeln nicht auf Dauer ungestraft überanstrengen kann. Die fehlende Kenntnis der Details der Stimme führt daher in mangelhaftem Gesangsunterricht zu falschen Ergebnissen bei dem Versuch, große Töne mit Absicht zu produzieren. Das geht nicht und ist der Weg in die stimmliche Dekadenz. Auch Rock- und Popsänger machen die gleiche Erfahrung, wenn sie die körperlichen Warnsignale überhören. Eine gesunde Stimme im gesunden Körper kann nur durch locker entspanntes, fröhliches Training entstehen, wenn die emotionalen Blockaden in der Muskulatur sanft gelöst werden. Jede körperliche Fehlhaltung wie falsches Stehen, falsche Koordination von Gelenken – Hüfte und Schulter – sowie ungünstige Kehlkopfpositionen führen zu Einwirkungen auf den Stimmklang. Das ist durch die Alexandertechnik und Rolfing schon lange bewiesen. Die meisten Muskelfixierungen oder Gelenkblockierungen können mit tiefer Atmung und sanften Korrekturen durch Yoga-stellungen sowie die hier aufgeführten Spezialübungen aufgelöst werden. Geduld ist unerlässlich, da vor allem emotional bedingte Körper- und Verhaltensmuster wie ein gebeugter Rücken, vorgeneigte Schultern, Hohlkreuz, angespannte Lippen oder eine feste Zunge, über einen längeren Zeitraum mit sanften Übungen korrigiert werden sollen. Dabei können intensive Emotionen auftreten, die man einfach zulassen muss. Wer das Engagement aufbringt, diesen Weg zu gehen, wird sich nicht nur an einer wohlklingenden, kräftigen Stimme erfreuen, sondern sich auch gesünder und selbstbewusster fühlen. Die Motivation zum Durchhalten des Körper- Stimm-Trainings zahlt sich also auf Dauer auf jeden Fall aus. Ich kann nur jeden dazu ermutigen, da ich persönlich das beste Beispiel bin. Ich habe meine abstehenden Schulterblätter, das Hohlkreuz, mangelnde Dehnung im Hüftgelenk, fehlende Beckenboden-spannung, konstant angespannte Zungen- und Kehlkopfmuskulatur, die gebrochene Stimme und sogar Asymmetrie am Gaumen und schiefe Vorderzähne mit diesen Übungen über einen längeren Zeitraum hin korrigiert. Diese Korrekturen haben mich gelehrt, wie biegsam und regenerierfähig der menschliche Körper selbst mit über 40 Jahren ist. Durch diese wertvolle Selbstaufbau-Arbeit fühle ich mich mit über 60 wie 30, bin gesünder als in jüngeren Jahren und kann die Frage, ob man in jedem Alter mit Gesang anfangen kann, mit einem klaren Ja beantworten.

Singen gehört zu den gesunden Sportarten, die in jedem Alter ausgeübt werden können und die Gesundheit durch bessere Atmung, aufrechte Körperhaltung und bessere Muskelfunktionen stärken. Darüber hinaus wirkt jemand, der klar spricht und eine tragende Stimme hat, sich aufrecht und geschmeidig in der Welt bewegt, selbstsicherer und sympathischer auf andere Menschen, was sich sehr positiv auf die Beruf, Karriere und Freundschaften auswirkt. Das hier vorgestellte Stimm- und Körpertraining kann von Menschen in jedem Alter durchgeführt werden. Wer täglich 20 Minuten mit Atemvertiefung, Sprechen, Singen und Körperübungen verbringt, tut sich selbst einen Gefallen, der seine Wirkung besonders im fortgeschrittenen Alter entfaltet. Ich kann nur jeden ermutigen, die emotionalen und muskulären Muster zu überwinden, die ihn oder sie von der Nutzung des natürlich vorhandenen Seelenpotentials abhalten. Davon abgesehen machen alle Übungen enorm Spaß. Bewusstes

Körper- und Stimmtraining ist der Weg zu mehr persönlichem Ausdruck und Erfolg. Viele Seelen haben sich auf diesem Planeten inkarniert, um sich in künstlerischer oder handwerklicher Form anderen mitzuteilen. Sänger und Sängerinnen drücken besonders viel Lebensfreude aus. Ich wünsche jedem, der zu seinem authentischen Seelenpotential unterwegs ist, dass er die Momente ekstatischer Freude erleben möge, die sich nach einigen Wochen Training beim Singen und bei Auftritten einstellen. Mir hat die aktive Beschäftigung mit Belcanto nicht nur große Einsichten über die Geschichte und die Praxis beschert, sondern vor allem beigebracht, dass die menschliche Stimme als Körperorgan weder ein wirkliches Geschlecht hat und auch nicht altert oder verfällt, solange der Körper in gesunder Muskelfunktion und Training bleibt.

Ich habe erstaunliche Sopranistinnen mit über 90 Jahren Arien singen hören, die sich wie 40jährige anhörten und junge Mädchen von 14, die wie eine Operndiva klangen. Ich habe junge Männer gehört, die Sopranarien im Originalton sangen und Männerstimmen, die weiblich klingen, während es Frauen gibt, die eine tiefe Altstimme haben oder am Telefon mit Männern verwechselt werden. Die Natur ist vielfältig. Belcanto hat in den letzten 400 Jahren seit seiner Entdeckung in der Renaissance durch die Kastratensänger an der päpstlichen Kapelle nie seine Faszination verloren und sich weltweit durch die Oper ausgebreitet. Die Tradition des antiken Dramas wird so fortgesetzt. Die Vorliebe für trompetenähnliche, metallische Stimmen mit großer Resonanz scheint aus dem Reich der antiken Götter herzurühren, denn die Koloraturen und Verzierungen wurden oft den Engeln zugeschrieben. Seit der Zeit, als Frauenstimmen den Kastraten und ihrer Stimmakrobatik den Rang abliefen, scheinen sich die virtuosen Fähigkeiten noch erweitert zu haben. Es scheint eine angeborene Eigenschaft unseres menschlichen Seelenengels zu sein, auf dem Weg zurück in den Himmel, mit seiner ausdrucksvollen Kunst stets neue Höhen zu erklimmen und alle körperlichen Grenzen zu sprengen.

Historische Wurzeln des Belcanto

Singen gehört zu fast allen Kulturen in der Welt, ganz gleich, ob sie primitiv oder hochentwickelt sind. Im Westen und im Osten haben sich klassische Musiktraditionen unterschiedlich entwickelt, wie die arabische und die indische Musik, die Gesangsstimmen auch wie Soloinstrumenten einsetzen, wie die Musikethnologen herausgefunden haben. Genau das Gleiche passiert in der europäischen Operntradition, wo Belcanto sich als kunstvoll verzierter Gesang seit der Renaissance nach dem Vorbild der Trompeten und Flöten entwickelt hat. Auch frühere beduinische oder ländliche Kulturen nutzen melodische Deklamation mit der Bruststimme für dramatischen Ausdruck oder, um sich über große Entfernungen ohne Telefone zu verständigen. Singen ist ebenso natürlich für kleine Babies wie Schreien vom ersten Moment an, wenn sie das Licht der Welt erblicken.

Kinder lieben es zu singen oder Töne und Geräusche zu produzieren, auch wenn das in den Ohren Erwachsener nicht immer sehr harmonisch klingt. Während in den antiken Amphitheatern mit dramatischer tiefer Stimme deklamiert wurde, pflegten manche Volksstämme in Afrika und auch in Griechenland hohe klangvolle metallische Töne über große Entfernungen zur Verständigung einzusetzen, weil die Sopranlage einfach besser durch den Raum dringt. Bis heute nutzen Beduinen diesen metallischen Klang für die Verständigung und im Gesang. Auch Tiere, nicht nur Vögel, haben ihre individuelle Art zu singen. Die Oper kam als soziales Phänomen erst nach 1500 in Italien auf. Theaterstücke wurden dort schon seit dem Mittelalter zu festlichen Anlässen bei Straßenfestivals zur Volksbelustigung deklamiert und gesungen. Commedia dell'arte hießen diese Darbietungen. Die Komödien waren mit ihren komischen Einlagen und teilweise derben Späßen ein Vorläufer der späteren Opera buffa und des Opertheaters überhaupt. Dabei wurde der Clown im Allgemeinen von einem Ritter mit tiefer Stimme dargestellt. Belcanto im Sinne des schönen Gesanges hat sich erst später seit der Renaissance um 1600 entwickelt. Monteverdi gehörte zu den ersten großen Opernkomponisten seiner Epoche, obwohl er eigentlich von Haus aus Domkapellmeister am Markusdom in Venedig war und für die Kirchenmusik zu sorgen hatte. Von seinen hunderten von Opern sind leider nur ganz wenige in Ausschnitten erhalten. Wie viele Opernkomponisten nach ihm, war auch er mit einer Frau verheiratet, die eine schöne Sopranstimme hatte und in seinem Haus lebte ein angenommenes Mädchen, das nach dem Tod seiner Frau Sopranpartien sang.

Kein Wunder, dass die Oper sich zunächst in Italien entwickelte, denn die italienische Sprache lädt mit ihren breiten klangvollen Vokalen und der natürlichen melodischen Sprechweise geradezu zum theatralischen Ausdruck ein. Das emotionale, leidenschaftliche Temperament der Romanen tut ein Übriges dazu, dass sich in diesem Klima die Oper geradezu ideal weiterentwickeln konnte. Durch die Renaissance blühten antike Themen und der antike Götter- und Nymphenkult wieder auf, so dass die frühen Opernbühnen von antiken Themen und romantischen Liebesszenen nur so wimmelten.

Monteverdi hatte für seine Stücke ein klares Konzept, welchen Idolen er huldigte. Antike Götter und Göttinnen wurden mit melodischen Ornamenten wie Trillern, Vibrato und höchst kunstvollen vokalen Effekten auf die Bühne gebracht, während Orpheus, der einfache Schäfer, der seine geliebte Eurydike zu früh verloren hatte, mit natürlicher naiver Stimme ztu seiner Lyra sang, während er die Götter anflehte, ihm zu helfen, damit er seine verstorbene Frau aus dem Orchus zurückholen könne. Während er den ganzen Weg entlang ununterbrochen singen und spielen durfte, bekam er nur die Auflage, sich während der Befreiung der Eurydike aus der Unterwelt niemals umzuschauen. Eurydike, die sich freute, ihren Gatten wiederzusehen, konnte das mit ihrem weiblichen Denken nicht begreifen, dass der geliebte Gatte keinen Blick in ihre Augen tun wollte und zweifelte an seiner Liebe. So geschah das Unvermeidliche und Orpheus brach sein Versprechen und verlor auf immer. Das berühmte Lamento über diesen herzzerreißenden Verlust wurde später von Gluck noch einmal vertont und wird bis heute gern als Solo Arie im Unterricht durchgenommen. Auch das berühmte Liebesduett von Nero und Poppea ist erhalten geblieben, wie auch das Lamento von Arianna.

Diese Kompositionen von Monteverdi haben den Stil späterer Oratorien und Opern von Komponisten der Barockzeit wie Händel, Stradella, Cesti, Cavalli und vielen anderen. Ganz im Anfang waren Frauen nicht auf Opernbühnen zugelassen, denn es schickte sich für traditionelle Frauen und Mädchen nicht, in der Öffentlichkeit aufzutreten oder Theater zu spielen. Vor allem waren verheiratete Frauen sehr stark an den häuslichen Herd gebunden. Die katholische Kirche betrachtete emotionale Äußerungen von Frauen in der Öffentlichkeit als Sünde. Dies war auch der Grund, warum in der päpstlichen Kapelle für den Chor nur Knaben zugelassen waren. Diese Knaben sangen auch die Sopran – und Altstimme in der Chormusik.

Nachdem man herausgefunden hatte, dass die männliche Stimme nach einer Kastration im pubertären Alter vor dem Stimmbruch ihre Höhenlage und den strahlenden Glanz behielt, verkauften manche armen Familien einen Sohn mit brillanter Stimme als Kastraten an die päpstliche Kapelle, da dies der armen Familie ein Einkommen auf Dauer sicherte. Für arme Bürger war das sozusagen in kinderreichen Familien eine Art Lebensversicherung. Da der Papst immer die besten Sänger in seinem Dienst hatte, bekamen diese Jungen eine gute Erziehung und wurden auch musikalisch ausgebildet. Den Eltern zahlte man unter der Hand ein gutes Schweigegeld, denn der Papst hatte diese Unsitte bereits sehr früh offiziell verboten.

Trotz des Verbots hielt sich dieser Brauch erstaunlicherweise über 200 Jahre sogar noch in Einzelfällen bis zum Beginn des 20. Jahrhunderts und brachte berühmte Kastraten auf die Bühnen Europas wie Carlo Broschi, der mit dem Pseudonym Farinelli weltberühmt wurde. Farinelli besaß eine charismatische Stimme, die in der Höhe wie ein Sopran mit brilliantem Schmelz klang und in den tieferen Lagen ein trompetenähnliches Metall aufwies, das sich gegen Männerstimmen behaupten konnte. Zu Beginn seiner Karriere hatte er bei einem Straßenwettbewerb gegen den Solo-Trompeter eines Orchesters den Wettbewerb gewonnen mit seinem unerschöpflich langen Atem und den schnellen Verzierungen. Er war wirklich ein Stimmakrobat ohnegleichen. Während seit dem Mittelalter tiefe dunkle oder etwas raue Männerstimmen, vor allem in Bariton- und Basslage für die vulgären Clown-Rollen vorgesehen waren, wurden die Knabenstimmen und Kastraten für die hohen Stimmen eingesetzt.

In der polyphonen Tradition des Palestrina Stils, der nach seinem Schöpfer benannt ist, durften die Stimmen keinen individuellen Charakter haben, sondern sollten besonders gleichmäßig und klar klingen, damit die 4 bis 8st Chorsätze möglichst transparent wirkten und der kunstvolle kontrapunktische Satz wahrgenommen werden konnte. Auch, als sich um 1600 das kirchentonale Musikgefüge zu einem Dur- und Moll- Tonartensystem umwandelte, änderte sich am Geschmack der Zeit noch nicht viel. Die Chorsänger mussten sich möglichst gut an das Klanggefüge anpassen, sodass keine Stimme daraus hervorstechen würde oder durch ein Vibrato den klaren Ton verfälschen würde. Daher war das Stimmideal der Renaissance noch der geradlinige Ton, ohne individuellen Charakter. Dieser Musikgeschmack wurde mehr und mehr auf die Kirchenmusik zurückgedrängt, denn mit den Solostimmen der Kastraten entwickelten sich mehr und mehr charakteristische Stimmen, die mit den Blasinstrumenten konkurrierten. Instrumentale Verzierungen, Tonwiederholungen, Staccati, Triller und davon abgeleitete Tonumspielungen schlichen sich wie Sahne und Schokolade als Dekorationen in die musikalische Tortenlandschaft. Der barocke Hang zu geschwungenen Säulen mit bunten Verzierungen, Engelsfiguren und reichlich bevölkerten Altären und Bildern oder schön dekorierten Schlössern und Gärten führte dazu, dass schließlich die Melodie siegte und die Begleitstimmen zur harmonischen Untermalung degradierte. Liebestragödien des alten Rom und die griechische Götter und Naturgeister – Welt fand den Weg auf die Bühnen. Das Opernfieber breitete sich wie eine Seuche über Europa aus und bald kam die Idee auf, die Opernstimme wie ein einheitliches Instrumentalregister über den gesamten Stimmumfang von 3,5 Oktaven zu nutzen.

Auch Frauen erschienen nun mehr und mehr auf Opernbühnen, zuerst zwar oft in Hosenrollen wie noch der Kammerdiener Cherubino bei Mozart in der Hochzeit des Figaro. Zu den märchenhaften Barockthemen passten die Kastraten mit ihren Diva-Allüren in dieser Travestie-Szenerie vortrefflich. 150 Jahre später komponierte Gaetano Donizetti romantische Melodramen in Bologna, während sein Konkurrent Vincenzo Bellini in Catania und später Paris eifrig Opern produzierte. Beide förderten die Begeisterung für die weibliche Operndiva, die nun mit einem ungewöhnlich großen Ambitus der Stimme und reich verziertem Koloraturstil sowie extrem hohen Tönen das Publikum verzauberte. Wie die meisten großen Komponisten kamen Donizetti und Bellini aus der Kirchentradition. Bellini wurde seinerzeit zum absoluten Publikumsliebling in Paris und Italien. Beide wetteiferten im Belcantostil, der sich für die nächsten Jahrhunderte halten sollte. Liebesgeschichten, tragische Trennungen, schicksalhafte Verwechslungen und die Hindernisse auf dem Weg ins Glück wurden als neverending love stories für die Bühne vertont, um jeweils eine Diva als Koloratursopran und einen Heldentenor in Szene zu setzen. Oft waren die Rollen den ausgewählten Künstlern auf den Leib geschrieben. Bellini's besondere Spezialität bestand darin, eine tragische Oper doch noch mit einem Happy End ausgehen zu lassen wie in „die Puritaner". Dort kehrt Elvino nach langem Hin- und Her doch noch zu seiner geliebten Elvira zurück. Diese Oper wurde von der erst vor einigen Jahren verstorbenen berühmten Diva, Joan Sutherland und ihrem Gatten, Richard Bonynge neu inszeniert. Richard hatte seine Gattin Joan durch einen Trick dazu gebracht, die hohen Töne leichter zu erreichen, indem er einfach die Übungsstücke und Arien einen Ton höher als normal notiert spielte. Da Joan kein absolutes Gehör besaß, fiel sie auf diesen Trick herein und gewöhnte sich an den extrem hohen Tonansatz, der dann auf Dauer funktionierte. So überzeugte Richard seine Frau, dass sie doch kein Mezzo, sondern ein Koloratursopran sei. In diesem Stimmfach machte sie dann ihre Weltkarriere.

Der typische Gesangsstil eines Koloratursoprans setzt nicht nur stimmliche Flexibilität für Tonakrobatik in schwindelerregenden Höhen voraus, sondern erfordert auch einen Stimmambitus von bis zu 3,5 Oktaven für die großen Soloarien. Schon vor Bellini hatte Wolfgang Amadé Mozart seine Liebe zu weiblichen Hauptrollen entdeckt und Herausforderungen für große Stimmen geschaffen. Für die Schwester seiner Frau Constanze, Aloisia Weber, komponierte er die Mammut- Koloraturarie der Konstanze in seiner Opera Buffa „Entführung aus dem Serail". „Martern aller Arten" ist eine Arie, die nicht nur 2.5 Oktaven Stimmumfang hat, sondern mit einem lachenden und einem weinenden Auge deutlich macht, wie Konstanze den Flirtversuchen des türkischen Pascha trotzt, während der Haremswächter, als Buffo Bass konzipiert, wirklich mit seinen Koloraturen der Lächerlichkeit preisgegeben wird. Es ist angesichts des kunstvoll ornamentalen Stils dieser Arien schwer begreiflich, warum sich Mozart zu gleicher Zeit über den Gesangsstil der Kastraten beschwert, die einen überladenen Stil pflegen würden. Vielleicht empfand er die Kadenzen des berühmten Bernacchi, der im Geburtsjahr von Mozart gestorben war, als nicht mehr zeitgemäß. Trotzdem hält sich Mozart in der Entführung aus dem Serail an die Renaissance-Tradition der Commedia dell'Arte, in der Buffo Rolle auch immer mit tiefen Stimmen besetzt worden war. Natürlich produzierten die Komponisten dieser Epoche ihre Soloarien für bevorzugte Diven, auf deren Stimmcharakter die Arie dann zugeschnitten wurde. Es war ungefähr so, wie heute Hollywoodfilme eigens für bestimmte beliebte Schauspielerinnen geschaffen werden, die dann in der Hauptrolle brillieren. Auch Rossini gehörte zu Beginn des 19. Jahrhunderts noch zu dieser typischen Belcanto- Szene. Er lebte als Komponist in der Idee, niemals die natürliche Schönheit des Tones zu verletzen. So schrieb er schließlich seine Kadenzen ausdrücklich selbst und schrieb diese den Sängerinnen und Sängern vor, denn er war selbst nicht nur Komponist, sondern auch Sänger. In seinen Opern „Die Italienerin in Algier" brachte er das komische Element zur Geltung, während die Oper Semiramis eine tragische Legende aus dem antiken Griechenland enthält. Ein Nachklang von Rossini's Ideal des schönen Tons ist noch in den spätromantischen Opern von Verdi, Wagner und Meyerbeer spürbar, auch wenn sie mehr vom Realismus dieser sozialkritischen Zeit der beginnenden Industrialisierung ausgehen.

Der Verismo mit seinen gegenwartsbezogenen Themen bringt dann seit 1850 herausragende tragische Schicksale auf die Bühne wie in Verdi's „La Traviata" und später Bizet's „Carmen". Berühmte italienische und französische Komponisten wie Mascagni, Leoncavallo und Puccini wetteifern um die erfolgreichsten Themen. Mit Puccini's Tosca und Mme Butterfly erreicht der Verismo seinen Höhepunkt. Zu Beginn des 20. Jahrhunderts betritt der berühmte Tenor aus Neapel, Enrico Caruso, die internationale Bühne, nachdem er über Jahre hartnäckig an stimmlichen Mängeln gearbeitet hat. Er schafft es mit seiner charismatischen Stimme und Ausstrahlung an die Metropolitain Opera New York und leitet eine Siegeszug der italienische Oper durch die USA ein, bei dem auch manche italienische Diva ihm dorthin folgt, wie z. B. Luisa Tetrazzini. In der Belcanto-Tradition galt es als oberstes Ideal, die Stimme so zu trainieren, dass sie über den gesamten

Ambitus gleichmäßig erklingt. Der natürliche Bruch untrainierter Stimmen zwischen der Brustlage und der höheren Stimmlage für Gesang der zwischen dem Ton e und f bei Frauenstimmen auftritt und in ähnlicher Form bei Männerstimmen, sollte möglichst so geglättet werden, dass er unhörbar wurde. Die Resonanz sollte ebenfalls gleichmäßig sein und vor allem nicht in den höheren Lagen dünner werden, selbst wenn nur noch mit der Fistelstimme gesungen werden musste.

Die Sänger und Sängerinnen der Verismo Epoche arbeiteten alle an diesem Ideal. Da Caruso durch einen bewussten Glottis-Verschluss und einen unglaublich beweglichen Kehlkopf, den er sogar nach hinten absenken konnte, als Vorbild für viele Heldentenöre galt, wurden Tenöre so trainiert, dass sie die Stimmbänder so schließen konnten, dass eine winzige Luftöffnung einen Ton wie einen Peitschenhieb auslösen konnte. Die Beherrschung der Resonanzräume und der Ausgleich zwischen Höhe und Tiefe, Fortissimo und Pianissimo sowie die Angleichung aller Vokale auf einen einheitlichen Vordersitz war das Ideal, dem alle um die Jahrhundertwende nachstrebten.

Spätestens für die Opern von Richard Wagner mit gigantischem Orchesteraufgebot war es notwendig, das Instrument Stimme perfekt zu beherrschen. Maria Callas trat in die Fußstapfen ihrer Vorgängerinnen und lernte bei der spanischen Sopranistin, Elvira De Hidalgo, die aus der Tradition des berühmten Manuel García kam. Das Stimmideal der präzisen theatralischen Deklamation, wie schon im Sprechgesang der antiken Amphitheater üblich, brachte der spätromantischen Oper mit Mord und Totschlag auf der Bühne oderden erzürnten Göttern und kämpfenden Rittern im Ring des Nibelungen von Richard Wagner, ihren durchschlagenden Erfolg. Trotzdem wurde stets das Ideal der schönen Opernstimme gewahrt, die niemals schreiend oder hässlich klingen durfte, selbst wenn der dargestellte Charakter noch so verhext und boshaft war. Das Schicksal von Puccini's junger Japanerin in Mme Butterfly und ihr Selbstmord durch den Dolch während der Schlussarie sollten die Zuschauer zu Tränen rühren, jedoch nicht Abscheu oder Ekel erregen. Auch Wagner's Opern standen in dieser Tradition, selbst wenn das bei modernen Aufführungen vergessen oder übersehen wird.

Maria Callas verstand ihre Kunst auch 50 Jahre danach noch im Sinne dieses Schönheitsideals des gesungenen Theaters. Deswegen speckte sie zu Beginn ihrer Karriere 30 kg ab und trainierte die eleganten Gesten und Bewegungen der zierlichen Audrey Hepburn vor dem Spiegel, um ihre Auftritte ebenso ästhetisch perfekt zu gestalten. So erschien sie durch die Unterstützung ihres ersten Mannes, Giovanni Battista Meneghini, plötzlich gestylt in Designerkleidung und wurde zum ersten Hollywoodstar der Operngeschichte. Das Schönheitsideal dieser Opern ging sicherlich auch in die Produktion vieler Hollywoodfilme ein. Ihr leidenschaftlicher Ausdruck und ihre vollkommene Verschmelzung mit der Rolle berühren noch heute ihre Zuhörer zutiefst im Herzen und machen ihren Nachlass berühmt. Kaum ein Opernkenner und –liebhaber wird sich wohl ihrem Zauber entziehen können.

Farinelli – Kastrat, Sopranist & wahrer Verfechter des Belcanto

Bis 1920 gab es noch Kastraten auf der Bühne, doch leider sind nur zwei Tonaufnahmen aus der ersten Zeit der Tonzylinder von 1902 und 1904 von dem berühmten letzten italienischen Kastraten, Alessandro Moreschi erhalten geblieben. Während des 18. Und 19. Jahrhunderts hatten berühmte Kastraten wie Tosi, Mancini und schließlich Farinelli die Tradition des kolorierten und reich verzierten Oratorienstils mit ihren atemberaubenden, sängerischen Leistungen gestärkt. Alle Kastraten gingen aus den traditionellen Sängerschulen hervor, wo Jungen 3 bis 4 Stunden täglich intensiv in Gesang und Stimmbildung trainiert wurden, wobei sie auch Unterricht in Musiktheorie, Harmonielehre, Komposition und Kontrapunkt erhielten und dazu Instrumentalunterricht am Cembalo oder an der Orgel. Wer als Kind aus armer Familie das Glück hatte, mit einer schönen Knabenstimme dort aufgenommen zu werden, hatte eine Basis für sein weiteres Leben und konnte später oft noch die Familie unterstützen.

Durch das Abbinden oder Entfernen der Hoden vor der Geschlechtsreife der Knaben, ließ die Testosteron-Produkten nach und so entwickelten sich die Jungen körperlich normal weiter zu Männern, allerdings ohne Stimmbruch und die stimmliche Veränderung, die normalerweise eintrat. Da die Kastraten, die männlichen Alt- und Sopranstimmen zwar keinen Kinder zeugen konnten, jedoch durchaus ein normales Sexleben führen konnten, hatten sie wegen ihrer oft außergewöhnlich schönen Stimmen und ihres dazu oft auch anziehenden Aussehens ein abenteuerliches Leben sowohl auf der Bühne als auch hinter den Kulissen. Oft waren sie beliebte Frauenhelden, denn Verhütungsmittel waren ja überflüssig. Trotzdem verursachte die Kastration nicht nur ein Trauma, sondern auch hormonelle Unausgeglichenheit, die sich in Melancholie bis hin zu Depressionen äußerte.

Farinelli, der unter dem Namen Carlo Broschi geboren wurde, war der jüngere Bruder eines neapolitanischen Komponisten. Der ältere Bruder wollte sicherstellen, dass die wunderschöne Stimme des jüngeren erhalten blieb und so geschah die Entmannung ziemlich früh und der Junge wurde zu Nicola Pórpora, einem der berühmtesten Singschulmeister der Zeit geschickt. Mit 17 Jahren stellte Pórpora den jungen Sänger in seiner Oper „Eumene" vor und Farinelli wurde über Nacht berühmt. Er konnte das Publikum mit seiner Stimme und der ungewöhnlichen Stimmakrobatik verzaubern. Der Eindruck, er käme ohne Atem aus, wiederholte sich fast 200 Jahre später bei dem berühmten Tenor aus Neapel, Enrico Caruso. Mit seinen trompetenähnlichen, kräftigen Tönen gewann Farinelli sogar einen Wettbewerb gegen den talentiertesten Trompeter des Opernorchesters, gewann die Herzen des

Publikums und erntete frenetischen Applaus. Einladungen an die Bühnen in Bologna, Mailand, Wien und Venedig folgten. Kurz vor dem Höhepunkt seiner Karriere stolperte er mehr oder weniger zufällig über den berühmten Gesanglehrer und Kastraten, Antonio Bernacchi und stellte sich einer Herausforderung. Er musste bekennen, dass Bernacchi eine noch vollendetere Technik besaß als er und entschied sich, bei Bernacchi einige Stunden Unterricht zu nehmen. Auch wenn Mozart sich abschätzig über den Kadenzstil Bernacchis äußerte, der ihm überladen erschien, scheint Bernacchi seinen Ruf, der Gründer der italienischen Gesangschule für Koloratur zu sein, verdient zu haben. Nichtsdestoweniger sind Mozart's eigene Koloraturarien auch bis heute eine große Herausforderung für jeden Koloratursopran und belegen, dass auch er vom Koloraturfieber ergriffen war. Die Leistungen der Kastraten sprachen sich seit dieser Zeit in ganz Europa herum.

Um 1735 ging Farinelli für drei Jahre nach London, wo er Händelarien sang, die er so liebte, obwohl er aufgrund der Rivalität zwischen Nicola Pórpora, seinem Lehrer, und Georg Friedrich Händel, auf der anderen Seite der musikalischen Parteien stand. Farinelli verließ jedoch bald die kontroverse Landschaft und sang am Hofe Ludwig XV. auf dem Rückweg durch Frankreich, bevor er Spanien erreichte. Isabella von Spanien, die Königin, hatte ihn an den spanischen Hof berufen, da ihr Mann, König Philipp V., an einer Depression litt. So bestand Farinelli's Aufgabe darin, dem König jeden Abend die gleichen 6 Arien vorzusingen für die nächsten 25 Jahre. Anschließend zog er sich auf seinen Alterssitz in seine Heimat nach Bologna zurück, wo er wenige Jahre später starb. Sein abenteuerlich buntes Leben wurde 1994 von Gérard Corbiau in einem Film dargestellt, der Auszeichnungen erhielt. Die Singstimme wurde aus einer weiblichen und männlichen Stimme elektronisch gemischt und so der Originalstimme Farinellis nachempfunden. Vier verschiedene Opern sind über seine Biographie geschrieben worden und noch 1964 wurde eine Schule in München Schwabing nach

Farinelli benannt. Bis heute suchen Sänger und Wissenschaftler nach dem Geheimnis dieser großartigen Stimme, die nicht nur Depressionen lindern konnte, sondern auch Frauenherzen im Sturm eroberte. Technisch betrachtet, definieren die Theoretiker Pórpora, Tosi und Mancini seine Singtechnik als „cantare sul fiato". Übersetzt bedeutet das nur "auf dem Atem singen". Dazu erläutere ich den Hintergrund noch genauer im Kapitel über die Atemtechnik für Gesang.

Wie ist der Zauber der Kastratenstimmen aus heutiger Sicht zu erklären? Mein persönliches Intensivtraining in Gesang hat mir gezeigt, dass eine Stimme, die täglich 3-4 Stunden sorgsam von Kindesbeinen an trainiert wird, vor allem die hohen Töne in reiner Qualität entwickelt und durch die Kastration dann auch behält. Wenn dazu die körperliche Seite des Singens mit dem tiefgestellten Zwerchfell und den weit aufgespannten Rippen und der Technik schnellen tiefen Einatmens und langsam dosierten Ausatmens ebenfalls vervollkommnet wird, so ergibt sich die Fähigkeit lange Phrasen legato zu singen fast wie von selbst.

Der Glottis-Verschluss und die Steuerung des Ansatz-Luftdrucks bringt dazu die metallische Brillianz in den Ton. So ist es kein Wunder, dass mit der instrumental wirkenden Beweglichkeit der Stimme und der männlichen Kraft das Renaissance Ideal eines himmlischen Engelsgesanges mit Schalmeiklängen entsteht, denn Farinelli war darauf trainiert, seine Stimme dieser Klangvorstellung anzupassen. Durch die enorm früh beginnende Musikerziehung konnte die kindliche Beweglichkeit der Stimme erhalten bleiben und mit konstantem Training der extreme Vordersitz entwickelt werden, bei dem der Ton gleich hinter der Nase gebildet wird und dadurch eine weitreichende Resonanz erhält. Diese stimmliche Höchstleistung erforderte auch ein entsprechendes Körper- und Lungentraining. Bernacchi hatte man vermutlich die Idee des Einheitsregisters für die Stimme zu verdanken, denn ihm sagte man nach, dass er nicht nur eine große Resonanz, sondern unglaublich klare hohe Töne besaß. Er schien keinen Bruch in der Stimme zu besitzen wie normale Menschen, die vom Sprechen zum Singen übergehen und dann meistens leiser werden. Den Kastraten und ihrem Intensivtraining in Gesang verdanken wir bis heute die Vorliebe für Koloraturarien in der Oper und die Belcantotechnik der italienischen Schule, die bis heute auch das Einheitsregister als Ziel der Sängerausbildung ansieht.

Kastraten sind zwar heute nicht mehr auf der Bühne, Gottlob, doch Kastratenstimmen gibt es dafür in Hülle und Fülle. Das Ideal der barocken Rhetorik hat Sänger dazu inspiriert, ihre hohe Stimmlage auch ohne Kastration auszuprobieren und interessante Facetten geschaffen. Viele Counter-Tenöre singen in der Lage einer weiblichen Altstimme Barockmusik mit einem metallisch-gepressten Stimmklang. Diese Idee ist in unserer Zeit als Klangvorstellung für barocke Aufführungen akzeptiert. Was uns die Kastraten der damaligen Zeit näher bringt, sind männliche Sopranisten, von denen es in der Welt recht wenige gibt. Diese Sänger verfügen von Natur aus über die Fähigkeit in Sopranlage zu singen und haben sich die Knabenstimme auch nach der Pubertät für den Gesangsbereich erhalten können. Das ist mit gutem Training und Stilgefühl möglich.

Aris Christofellis, ein griechischer Sänger, gehört zu den ungewöhnlichen Stimmen unserer Zeit, denn er singt als Sopranist im hohen Register wie ein Kastrat mit sehr hoher Stimme. Er untermauert meine These, dass die Stimme im wesentlichen nicht geschlechtsgebunden ist, sondern körperorientiert. Aris Christofellis ist ein lebender Beweis für die ungebrochene Tradition der Kastratensänger, die heutzutage Gottlob ohne Kastration der Männlichkeit auskommt. Das weibliche hohe Register kann durch Falsett genauso aufgeschlossen werden, sodaß auch heute das Repertoire eines Farinelli und seiner Zeitgenossen noch erklingen kann. In Griechenland haben die hohen Männerstimmen eine Tradition, wobei die Frauenstimmen sehr markig und tief klingen können, was auch in der

Sprech- und Singstimme von Maria Callas wahrzunehmen ist. Auch wird eine hohe Sprechlage bei Männern nicht in allen Kulturen als „schwul" angesehen, sondern gilt in südeuropäischen, slawischen und arabischen Traditionen als schön. Daher ist es nicht verwunderlich, dass das Stimmideal der Kastraten noch heute soviel Interesse erregt. Die Farinelli Stiftung wurde erst im Jahr 2000 in Bologna gegründet. Im gleichen Jahr schreckten begeisterte Anhänger nicht davor zurück, die Gebeine Farinellis aus der ewigen Ruhe des Grabes aufzustören, ihn auszugraben, um zu untersuchen, welche Wirkungen eine bestimmte Krankheit auf seinen Körper und seine wunderbare Stimme hatte. Leider konnte das auch nicht seine charismatische Persönlichkeit und Stimme wieder zum Leben erwecken.

Anstatt die Totenruhe zu stören, könnten Wissenschaftler heute einfach Countertenöre und Sopranisten am lebenden Beispiel untersuchen, denn sogar in der Talentshow „Britain's got Talent" war 2009 ein natürlicher Sopranist, Greg Pritchard, zu hören. Der junge Greg verwirrte nicht nur die Jury mit seiner außergewöhnlichen Sopranstimme, sondern brachte auch die Opernstimmfächer ins Wanken als er die Tenorarie – nessun dorma aus Turandot von Puccini in einer Sopranfassung sang, obwohl er das Original in Tenorlage auch leicht hätte vortragen können. Mit diesem Original hatte ja zuvor sein Landsmann, Paul Potts, 2007 diesen Wettbewerb gewonnen. Greg Pritchard's Version machte die Jury sprachlos und der Schock wurde noch größer, als er den Song Barcelona von Freddy Mercury im Original mit seiner Baritonstimme sang, wobei er die hohen Einschübe von der weltberühmten Sopranistin, Montserrat Caballé, mit seiner Falsettstimme in Sopranlage brachte. Auch wenn er keinen der vorderen Plätze gewann, so hat mich seine natürliche Gabe, Sopran zu singen, sehr beeindruckt. Die natürliche Schönheit seiner hohen knabenhaften Stimme musste jedes Herz im Publikum bewegt haben. Mir kam er wie die leibhaftige Reinkarnation des berühmten Farinelli in unserer Zeit vor. Auch im Interview mit seiner Mutter wurde klar, dass Greg schon als Kind einfach aus der Seele heraus sang.

Geheimnisse des Belcanto- Stimmtrainings und die berühmten italienischen A

Während Du dieses Buch liest, mag es Dir nicht nur Vergnügen bereiten, einige Episoden aus den Biographien großer Sängerinnen und Sänger kennenzulernen, sondern vor allem Appetit machen, die hier von berühmten Opernsängern und Opernsängerinnen aufgeführten praktischen Tipps und Tricks selber umzusetzen und auszuprobieren. Die beschriebenen Stimm-, Atem- und Körperübungen habe ich alle selbst an mir verifiziert, deswegen kann ich sie guten Gewissens aus tiefstem Herzen empfehlen. Viele der Übungen werden Dir lustig oder auch etwas merkwürdig vorkommen, doch bei präziser Ausführung wirst Du bald merken, wie sinnvoll und förderlich diese sind.

Wer das Singen als abenteuerlichen Weg zur eigenen Seele und zum eigenen Körper erlebt, wird nach und nach mehr Flexibilität feststellen und seine Selbstbeobachtungsgabe trainieren. Dann werden die Muskeln, Zellen und der ganze Körper viel bereitwilliger und schneller das Training annehmen und die beste und am meisten entspannte Art der Bühnendarstellung speichern. Nach ein paar Wochen wird das Singen für Dich dann ebenso mühelos sein, wie es für Maria Callas zeitlebens war. Nur 4 Wochen vor ihrem frühen Tod hat Maria Callas eine dramatische Arie aufgenommen, die beweist, dass trotz Depression und Schlaftabletten die Stimme der Callas noch immer in bester Verfassung war. Die Aufnahme ist frei von stimmlichen Unsicherheiten oder Tonschwankungen wie es manche ältere Sänger und Sängerinnen im fortgeschrittenen Alter erleben. Sie klingt genauso wie alle Liebhaber ihrer Musik sie in bester Erinnerung haben. Die wenigen Passagen ihres letzten sängerischen Nachlasses haben mir klar gemacht, wer sie wirklich war. Vielleicht starb sie nur zu früh aufgrund der Einsamkeit und mangelndem Rückhalt in der eigenen Seele. Bis heute ist sie unsterblich im Andenken ihrer Verehrer erhalten, die wie der Callas Club, Arno Stocker, der Klavierflüsterer und viele andere wie ich, ihre zahlreichen Aufnahmen genießen.

Abgesehen von der technischen Entwicklung der Stimme sind Präsenz und stetige Selbstbeobachtung die wichtigsten Mittel, vollkommene Balance in den Körper und die Stimme zu bringen, sodass der Stimmausdruck mühelos wird und mit dem Körperausdruck zu einer natürlichen Einheit verschmilzt. Der Gedanke die Körperhälften in Symmetrie zu bringen ist dafür sehr wichtig. Das Stimmbalance-Programm in diesem Buch ist dazu geeignet, nicht nur die Stimme im gesamten Register in Ausgleich zu bringen, sondern auch den Geist und den Körper zu entspannen, damit der Bühnen auftritt unbefangen und natürlich gelingt. Wer beim Gesangstraining Hast, zu hohe Erwartungen und Stress weglässt, wird mit viel mehr Stimmpower und Effizienz beim Lernen belohnt. Auch soziale Fähigkeiten werden so gefördert, unnötige Konkurrenz abgebaut. Täglich 10 Minuten Training bringen mehr als 5 Stunden alle zwei Wochen. Eine kleine Routine hilft dem Schüler stetig an Stimme und Repertoire zu wachsen. Opernstimmen sind generell faszinierend, da der ganze Körper in der Stimme mitschwingt. Das wirkt auf jeden Menschen besonders erotisch. Wenn eine Welle von Energie und Liebe von der Sängerstimme ausgeht, so wird das Singen zu einer Heilung für den Sänger selbst und das Publikum. Vor langer Zeit berichtete mir eine meiner ersten Lehrerinnen, Maria Cavazza, dass ihre Verehrer im Opernhaus nach den Vorstellungen kamen und ihr sagten, sie hätten einen hellen Lichtschein um ihren Körper herum wahrgenommen, sobald sie eine große Arie sang. Auch wenn ich selbst diese Aura nicht mit den körperlichen Augen sehe, so spüre ich doch die Energieschwingung, wie sie deutlich und spürbar zunimmt, sobald ich singe. Das ist vor allem bei Bühnenauftritten der Fall.

Als ich Anna Reynolds, eine der besten Gesanglehrerinnen der alten italienischen Schule für Gesang in einer Meisterklasse auf Schloss Henfenfeld traf, brachte sie mir die drei klassischen Grundregeln für Belcanto, die wichtigen drei italienischen A bei. Diese Begriffe hatte sie genauso schon bei ihrer Gesanglehrerin in Rom gelernt. Ich bringe hier die Originalbegriffe in italienischer Sprache, da man sich die Technik dahinter dann leichter merkt, wenn man die Bezeichnung dafür kennt.

Die Großbuchstaben A stehen für Begriffe, die in der italienischen Sprache mit A beginnen und jeweils eine wichtige Basistechnik für Operngesang bezeichnen. Das erste A steht für **"APPOGGIO"** und bedeutet „Unterstützung der Stimme". Die wörtliche Übersetzung „Stütze" ist keineswegs als Krücke zu betrachten, sondern eher als Basis, auf der die Stimme frei schwingen kann. Das zweite große A steht für **"AVANTI"** und bedeutet "vorne". Damit ist die Tonkonzentration vor dem Gesicht und die Resonanz im Raum gemeint. Auf Deutsch sagen wir dazu in der Fachsprache „Vordersitz des Tones". Das dritte heißt **„ALTO IN PALATO"**, wörtlich übersetzt „hoch am Gaumen" und bezieht sich auf den weichen Gaumen, der beim Singen wie eine kleine Kuppel muskulär angehoben wird. Diese Gaumenkuppel ist besonders wichtig für die Obertöne und den Gesamtklang des Tones. Nachdem ich alles studiert hatte, was berühmte Sänger und Sängerinnen wie Mathilde Marchesi, Lilli Lehmann, Enrico Caruso, Luisa Tetrazzini und andere über die technische Seite der Tonproduktion im Operngesang schrieben, würde ich immer ein viertes großes A zu diesem Trio der drei A hinzufügen für **'ATTACCA'**. Attacca ist genau das gleiche Wort wie das englische Attack für Angriff und bedeutet Tonansatz. Aus meiner langjährigen Erfahrung mit dem Singen gehört dann noch der Buchstabe L für **"LINGUA"** in diese stimmtechnische Expertenrunde. Während der Tonansatz mit dem Glottis-Verschluss zu tun hat, verstecken sich hinter dem Begriff „Lingua"zwei Bedeutungen, nämlich die Zunge und die Sprache. Die italienische Sprache verbindet den Körper hier intelligent mit dem Ausdruck, denn die Zunge ist nicht nur das Werkzeug für die Vokale und die Konsonanten, sondern auch die Brücke zwischen Singen und Sprechen, Sprache und Emotion.

Die Römer, auf die das Wort lingua in seiner Bedeutungsvielfalt zurückgeht, waren ja als besonders große Genießer bekannt und so ergibt es sich ganz natürlich, dass die Zunge nicht nur für die verschiedenen Geschmacksnuancen zuständig ist, sondern vor allem auch für die Vokale beim Sprechen und Singen, denn bei jedem Vokal – a, e, i, o, u – nimmt sie eine andere Position im Mundraum ein. Zunge, Lippen und Kehlkopf sind ein harmonisches Team und vor allem für die Sprache zuständig, während die anderen Begriffe, die mit A beginnen, vor allem für den Gesang wichtig sind. Nur Stimmen, die mit entspannter Zunge erklingen, haben die vollentwickelte Opernresonanz und silbrig klingende Obertöne.

Da die Zunge gern die Hauptrolle bei der Tonerzeugung übernimmt und sich durch besondere Anspannung in den Vordergrund drängt, kommt es häufig vor, dass der Ton angespannt, gepresst, zu metallisch oder abgequetscht klingt. Daher ist es für alle Sänger und Sängerinnen in der klassisch italienischen Stimmbildung und auch für alle anderen Arten des Singens die absolute Prio Nr. 1, die Zungenverspannung aus dem Ton herauszubringen und sie als Chormitglied gleichrangig in das Team einzugliedern. Natürlich glaubt die Zunge, sie sei ungeheuer wichtig, da die Zunge vom ersten Schrei an, auch viele Emotionen abspeichert. Der Säugling schmeckt die Muttermilch über die Zunge und empfindet ein Lustgefühl beim Saugen. Wenn das Kind später dazu angehalten wird, seine Gefühle zu beherrschen, verspannt sich auch der Zungenmuskel oder jemand möchte sich auf die Zunge beißen, wenn er unbeabsichtigt etwas Falsches gesagt hat. Emotionale Ausbrüche von Wut, Ärger, das Gefühl weinen zu müssen und übergroße Freudenausbrüche, die unterdrückt werden, sind oft in der Zunge gespeichert.

Da jeder junge Mensch durch die Erziehung in ein Schema gepresst wird und auch falsche Zungenanspannungs-Muster der Eltern übernimmt, sind all diese Übel unterbewusst im Zungenmuskel, dem Zusammenbeißen des Kiefers oder der Lippenanspannung abgespeichert. Je älter ein Mensch wird, umso schärfer wirken die Gesichtszüge, die auch die vorherrschende Gefühlslage des Gesichtsinhabers ausdrücken. Durch die Sozialisierung und Anpassung verlieren viele Menschen den schönen natürlichen Ausdruck des Baby- und Kindergesichts und der natürlich ungehemmten Stimme. Um den warmen berührenden, natürlichen Stimmklang wieder zu finden, muss im Gesangsunterricht ganz besonderes Augenmerk auf das Entspannen der Zunge und des Unterkiefers gelegt werden. Das ist weniger eine musikalische als eine psychologische Aufgabe. Haben wir der Zunge eines ihrer Lieblings- Anspannungsmuster abgetrotzt, so schmollt oder grollt sie gern. Dabei treten oft Emotionen wie z.B. ungeweinte Tränen, Brechreiz oder sogar Wut auf, die sich den Weg nach außen bahnen. Jeder Sänger sollte sich darüber nicht wundern, sondern die aufbrechenden Gefühle akzeptieren und loslassen. Die Zunge ist so wichtig für die korrekte Stimmerzeugung, dass der Teil mit meinen Zungenübungen zu den wichtigsten Abschnitten in diesem Buch gehört.

Die vier italienischen A beziehen sich auf den Operngesang und das Singen als Körperausdruck, indem sie Körperfunktionen beschreiben. So könnte dieses Buch im Grunde genommen aus nur 4 Kapiteln zu diesen Begriffen bestehen. Selbst dann hätte es schon seinen Zweck erfüllt, jemand das „Singen wie Callas und Caruso" näher zu bringen. Trotzdem wundere ich mich immer wieder von neuem darüber, wie in jedem Fachbuch über Gesang und von Methode zu Methode in Buchhandlungen und Büchereien Hunderte von Fachbüchern über Gesang zu finden sind, die sich teilweise gegenseitig widersprechen oder manchmal behaupten, das Ei des Kolumbus für Gesang gefunden zu haben und beim Durchlesen oder Ausprobieren doch junge Sänger/innen nur verwirren anstatt sie zu unterstützen, das größtmögliche Maß an Freiheit für ihre Stimmen zu finden. Das höchste Ziel, eine frei schwingende natürliche und große Stimme aus dem Schlaf zu erwecken, wird von den wenigsten zu 100 % erreicht. Die gesamte Literatur ist leider lückenhaft in ihren Erklärungen, oft ungenau oder von persönlichen Vorurteilen beladen aus Mangel an eigener Erfahrung mit einer wahrhaft befreiten Stimme.

Die natürliche Klangentfaltung der menschlichen Stimme ist keine Geschmackssache wie ein Opernstil und auch keine Methode, wie Alexandertechnik und Linklater für Schauspieler oder italienische Belcanto-Technik für Sänger und Belting für Musicalsänger/innen, sondern das Ergebnis harmonischer Zusammenarbeit aller am Stimmklang beteiligten Muskeln mit emotionalem Ausdruck der Persönlichkeit. Dies zu erreichen ist ein hohes Ziel und bedeutet intensive Arbeit am Ideal für jeden einzelnen. Es lohnt sich daher, alle Methoden nur soweit zu nutzen, wie man seinem persönlichen Stimmideal und seiner persönlichen Bestverfassung näher kommt. Sollte das nicht der Fall sein, ist ganz gewiss etwas falsch, entweder in der Anwendung oder an der Methode selbst.

Wer autodidaktisch Gesang studieren möchte, kann das gern mit den Übungen aus diesem Buch tun. Zur Kontrolle sollte er seine Stimme auf jeden Fall bei den Übungen und Liedinterpretationen aufnehmen und die Ergebnisse kritisch mit denen seiner persönlichen Vorbilder vergleichen. So erkennt man am besten, wo noch Verbesserungen möglich sind. Da auch die Vorbilder nicht von Muskelanspannungen frei sind, ist es für den Anfänger in der Singgemeinde nicht einfach, ganz auf sich gestellt, ohne guten Lehrer, seinen Weg zu finden. Die Betreuung durch einen Stimmkenner ist für Profisänger unumgänglich. Kinder, die wie Jackie Evancho u. a. Talentshows im Alter von 10 Jahren gewinnen, weil die Stimme überdimensional wohlklingend und klanglich wie bei einer erwachsenen Frau entwickelt ist, sind die Ausnahme von der Regel und selbst diese jungen Talente können sängerisch auf Abwege geraten, wenn sie nicht durch einen klassisch ausgebildeten Lehrer in ihrer Stimmentwicklung angeleitet und betreut werden.

Ich empfehle, nicht nur die eigenen Aufnahmen kritisch anzuhören, sondern auch alles vom Lehrer Dargestellte zu prüfen und Begründungen für das Gelehrte einzufordern. Ein guter Vocal Coach und Gesanglehrer muss nicht nur in der Lage sein, das gewünschte Stimmergebnis persönlich vorzusingen oder korrekt zu zeigen, sondern auch erläutern können, warum und wie er den Klang zustande bringt. Intelligente Selbstbeobachtung ist genauso wichtig wie kritische Beobachtung des Lehrers.

Leider herrscht auf dem Markt der Stimmangebote ein ziemliches Chaos. Die Unsitte, dass Sänger und Sängerinnen mit gebrochener Stimme oder fehlgeschlagener Karriere Gesang unterrichten, ohne den Schülern die korrekte Tonbildung selber zeigen zu können, ist leider recht verbreitet. Wer würde von jemand tanzen lernen, der nicht selber eine Pirouette korrekt ausführen kann? Vermutlich niemand, doch im Gesang schwören Schüler auf ihre Lehrerin, auch wenn diese ihnen noch nie einen Ton vorgesungen hat. Darüber kann ich mich nur wundern. Mir sind Tenöre mit Zungenknödel begegnet, die von ihren Lehrerinnen schwärmten, obwohl die sympathische und so verständnisvolle Mme X ihnen niemals auch nur einen Ton vorsang, geschweige denn demonstrierte, wie man eine Zungenverspannung beseitigt. Das Ego-Bedürfnis nach Anerkennung führt manche jungen Sänger in solche Fallen. Ich kann nicht laut genug davor warnen, dem Lehrer gegenüber völlig unkritisch zu sein.

APPOGGIO – die korrekte Stimmstütze

„**Apoggio**" alias Stimmstütze wird in der italienischen Sprache auch als "cantare sul fiato" bezeichnet. Die Stimmtechnik, die dort als das Singen auf den Atem bezeichnet wird, entstammt der Tradition der Singschulen mit den Kastratensängern. Dahinter steckt der Gedanke, den Ton bewusst mit dem Glottis-Verschluss zu beginnen und dann sofort die Verbindung zwischen den Resonanzräumen in Kopf, Brustraum und hinter dem Nabel zu spüren. Wenn die Muskelspannung der Stimmbänder korrekt ist und die Stimmbänder leicht geschlossen sind, sodass sie mit dem Ton angenehm weich schwingen, während der Klang sich in den Resonanzräumen ausbreitet, entsteht der kristallklare Ton mit reichen Obertönen, der für Maria Callas kennzeichnend war. Dieser volle runde Ton hat einen natürlichen metallischen Kern, eine persönliche individuelle Klangfarbe und besitzt einen tragenden vollen Raumklang. Er kann im Körper des Stimmproduzierenden als feiner Faden empfunden werden, während er nach außen wie eine antike Säule klingt.

Tonstütze ist eigentlich ein irreführender Begriff, denn solch große Operntöne benötigen keinen besonderen Halt wie die Stange, an der der Tänzer seine Bewegungen übt. Der Ton wird vom Nasenbalkon aus in den Raum projiziert und dringt von allein in die Resonanz ein. Der doppelte Boden der Sänger/innen liegt im Bauchbereich, einerseits im aufgespannten Trampolin des Zwerchfells, andererseits im Beckenboden und Bauch, während der Pyramidenmuskel am Schambein die Verbindung nach unten und oben darstellt. Beim langsamen Einatmen durch die Nase spürt jeder, wie sich das Zwerchfell absenkt und in dieser zwischen den Rippen ausgebreiteten Position bleibt, wenn man nach dem Einatmen den Atem anhält und die Rippen weit aufgespannt lässt. Dieser Luftballon innen, der das Zwerchfell in seiner Tiefstellung und der aufgespannten Position belässt, ist das Geheimnis, warum Opernsänger/innen so lange Phrasen ohne Atem zu holen, singen können und warum der Ton so besonders kräftig klingt. Bei langsamem und stetigem Ausatmen wird der Ton aus der kleinen Öffnung der Stimmlippen auf den Laserstrahl der Atemluft gesetzt, wo er wie ein Surfer auf der Welle reitet. Die Luftsäule muss erhalten bleiben, sonst würde der Ton wie der Surfer abstürzen und versinken. Wenn die Luftsäule aufrechterhalten wird, schwingt der Ton in den Resonanzräumen der Nebenhöhlen, Stirn, Nase, unter dem Kinn, in der Brust und im Nacken. Sogar der Singknochen unter dem Gehirn wird über den Gaumen und die Eustachische Röhre aktiviert, sodass die Knochen - Resonanz einbezogen ist. Tonerzeugung wird so für Opernsänger zu einer Ganzkörper-Erfahrung.

Ich erinnere mich oft daran, wie ich mit meinem Lehrer, James Anderson, vom Künstlereingang des Opernhauses zum alten Bau mit den Übungsräumen ging. Jim pflegte sich mit mir in seiner Theaterstimme zu unterhalten, sodass alle Passanten, die uns entgegenkamen, ihn neugierig anstarrten, weil seine Stimme eine unüberhörbare Resonanz aufwies. Er sagte oft, dass er seine Töne im ganzen Körper spüre, sogar in den Beinen bis hin zu den Fußsohlen. Der Stimmbandverschluss und die Unterstützung der Stimme durch das Zwerchfell und die Bauchmuskulatur sind wie ein verliebtes Pärchen, sie gehen Hand in Hand. Auch wenn nicht jeder Tenor im täglichen Leben so laut sprechen muss, so gehört es zur gesunden Stimmproduktion für das Singen und Sprechen den gleichen Stimmansatz zu benutzen. Auch Pavarotti pflegte sich über große Entfernung mit Menschen zu unterhalten, wenn er auf seiner Yacht in den Hafen fuhr oder von einer Straßenseite über eine verkehrsreiche Straße mit jemand auf der anderen Seite per Zuruf sprach. Für ihn war das einfach normal. Die Stützfunktion für die gesunde Stimme basiert auf drei Merkmalen:

1. Das Zwerchfell – Diaphragma – wird durch tiefes Einatmen nach unten gedehnt und wie ein Trampolin aufgespannt.
2. Die Zunge muss flach ausgebreitet und entspannt hinter den unteren Zähnen liegen und soll nicht nach hinten rutschen oder den Gaumenraum versperren.

3. Die Rippen sollen gespreizt sein und weit geöffnet bleiben, Sie arbeiten mit dem Beckenboden zusammen, der die Person beim Stehen aufrecht hält.

Dieses Trio aus entspannter Zunge, aufgespanntem Zwerchfell und Rippenkasten sowie der stützenden Beckenmuskulatur ist für die authentische Stimmproduktion verantwortlich. Nur, wenn diese Basis stimmt, kann die Stimme wie eine antike Amphore voll und rund klingen und weit in den Raum hinaus gehört werden. Sie sieht dann auf dem Audiogramm eines HNO-Arztes und Stimmspezialisten wirklich wie eine breite und hohe Säule aus.

Doch in der guten alten italienischen Schule des Belcanto hat „Apoggio" noch eine andere Bedeutung, die der berühmte Gesanglehrer am Konservatorium in Mailand, Lamperti und seine Nachfolger beschreiben:

"Appoggio bedeutet auch die Unterstützung des Stimmklanges durch die Brustresonanz, die hinter dem Brustbein liegt. Beim Singen wird diese Brustresonanz als Verbindung der kleinen Höhle hinter dem Brustbein mit dem Bereich um den Bauchnabel empfunden, wobei der Ton wie außerhalb des Mundes vor der Nase erzeugt zu werden scheint. Es gehört eine Menge Übung dazu, den Ton so zu singen, dass er wirklich wie außerhalb des Mundes zustande zu kommen scheint. Große Sänger wie Maria Callas, Joan Sutherland, Hans Hopf, Luciano Pavarotti, Mirella Freni und viele andere beherrschen diese Technik. Da die Resonanzhöhlen über den gesamten Tonumfang zusammenstimmen müssen, muss die Stimme von Ton zu Ton ausbalanciert werden. Dazu gehören einfach Training, Geduld und gute Selbstbeobachtung. Der Raum hinter dem Brustbein ist klein und die Vibration zart, doch der Effekt ist durchschlagend. Der unterschiedliche Gebrauch des Begriffes "Apoggio – Stütze" hat zu manchen Missverständnissen und Diskussionen unter Fachleuten geführt. Darüber hinaus erfordert die korrekte Nutzung der Stütze für den Ton auch ein gutes Verständnis für den Tonansatz, weil die eine Funktion nicht ohne die andere ein stimmiges Ergebnis liefern kann. Die Stimme entsteht durch den Körper, im Körper und dann außerhalb des Körpers. Das macht die Schwierigkeit, ihre Funktion genau zu verstehen, aber auch ihren besonderen Reiz aus. Eine authentische Stimme wirkt magisch auf die Zuhörer.

ATTACCA – die Attacke oder der Tonansatz

In diesem Abschnitt geht es darum, wie ein Ton begonnen und beendet wird. Der italienische Begriff **"ATTACCA"** ist auf Englisch und im älteren deutschen Sprachgebrauch genau das gleiche Wort und bedeutet Angriff. Es stimmt, dass professionelle Opernsänger/innen den Ton wirklich in Angriff nehmen und ihn auch ebenso bewusst beenden. Selbst wenn der HNO-Arzt und Stimmexperte behauptet, dass der Ton durch die Luftsäule entstehen würde, die durch die kleine Öffnung der Glottis streicht, so mag das anatomisch stimmen, entspricht aber nicht dem realen Vorgang beim Singen. Schon der berühmte Tenor, Caruso, unterstreicht, dass der Sänger sich niemals auf die Stimmbänder konzentrieren soll, da dies nur die natürliche Stimmgebung behindern würde, sondern lediglich darauf, dass er der Ton so weich ansetzt, dass er kaum wahrnehmbar ist. Frederick Husler, einer der besten Stimmexperten im 20. Jahrhundert betonte immer wieder, dass ein Nervenimpuls die Stimmbänder zum Glottis-Verschluss aktiviere und dass das mit der Luftzufuhr im Wesentlichen wenig zu tun habe. Die Öffnung für die Luftsäule sei eine Folge dieser Nervenaktivität. Caruso empfiehlt den Ton, zwischen der Brustresonanz und der Nackenresonanz zu starten, doch das ist sehr ungenau und gilt nicht für die hohen Töne. Manche seiner Tipps können nur von Profis nachvollzogen werden, die ihre Stimme schon sehr gut selber kennen. Die Attacke im Sinne des Toneinsatzes schließt den wirkungsvollen Stimmbandverschluss ein, der die Basis für die gleichmäßig schwingende

Luftsäule ist. Da die Stimmfalten dreidimensional auf verschiedene Weise bewegt werden können, ist es für den Anfänger unter den Sängern wichtig, den korrekten Stimmbandschluss von einem Profi gezeigt zu bekommen, damit er den weichen Glottis-Schluss einstudieren kann. Sanfter Druck ist wichtig und keine zusätzliche Muskelarbeit von der Zunge, die sich gern in die Stimmerzeugung einmischt, um zu helfen. Sollte die Stimmritze mit zuviel Luftdruck auseinandergepresst werden, entsteht ein geräuscherfüllter Ton, der sowohl wilde Luft als auch Nebentöne beinhalten kann. Wer diese angestrengte Art der Tonerzeugung als falsches Muster benutzt, wird sehr bald mit Heiserkeit und Kurzatmigkeit zu kämpfen haben.

Durch die starke Reibung der Stimmbänder gegeneinander entstehen Knötchen auf der Muskulatur, die nur operativ entfernt werden können. Zwar klingt der Ton in diesem Fall ziemlich metallisch und rauh, ein Effekt, der in der Jazz- und Rockmusik gern genutzt wird, doch für die Stimmbänder bedeutet diese Tortur den Anfang vom Ende. In Manuel Garcías Traktat wird die Bedeutung des Stimmbandverschlusses, auch Glottisschlag genannt, definiert und einleuchtend beschrieben.

Manuel García senior war der erste Opernsänger, der diesem Phänomen seine besondere Aufmerksamkeit widmete und es ausführlich darlegte. Allein der Ausdruck Glottisschlag – coup de glotte – führte leider später zu Missverständnissen und Fehlinterpretationen. Die Stimmbänder reagieren nicht nur auf den Luftdruck, sondern auf den Nervenimpuls der Absicht, mit der sie zusammengeführt werden, daher wird die Luftmenge und der Anblasdruck vom erfahrenen Sänger genau durch das Nervensystem gesteuert. Bei einigen Volksstämmen wie den arabischen Beduinen, Wüstenbewohnern und der ländlichen Bevölkerung, die nicht sehr dicht zusammenleben, zeigt sich das Phänomen besonders metallischer klangvoller Stimmen als natürliche Folge ihrer Umgebung, ihrer Sprache, die über Laute mit Glottis-Schluss verfügt, die wir Westeuropäer gar nicht kennen. Dadurch sind auch der markige Klang mancher Jazzstimmen und deren rhythmische und klangliche Gewohnheiten mit dem Sklavenhandel in die USA importiert worden. Maria Callas verdankte ihr stimmliches Charisma und ihre klare Aussprache ihren griechischen Vorfahren und ihrem leidenschaftlichen südländischen Temperament, das mit der griechischen Herkunft und Muttersprache verbunden war. Sie ist ein ausgezeichnetes Beispiel für den bewussten Tonansatz – Attacca - , den andere Sängerinnen oft in merkwürdigen Trainings mühsam erlernen müssen. Den ursprünglichen Tonansatz lernt natürlich jedes Kleinkind durch seine Muttersprache. So ist es mit den Eltern und der Umgebung verbunden. Der Tonansatz ist daher tief im Unterbewusstsein verankert.

"ATTACCA" der Toneinsatz beginnt mit dem Glottis-Verschluss. In manchen italienischen Dialekten macht sich dieser als metallisches Reibegeräusch bemerkbar, wenn zu viel Luft mit Druck durch die Stimmbänder gepresst wird. Manchmal wird das in moderner Musik oder Unterhaltungsmusik als erotisch empfunden. Diese Angewohnheit führt auf Dauer zu Heiserkeit und Stimmbandknoten, die operativ entfernt werden müssen. Daher soll der Ton nach Manuel García mit einem weichen Verschluss der Stimmbänder begonnen werden und mit einem ebensolchen Stimmbandschluss beendet.

Zusammen mit dem Glottis-Schluss muss die Zunge locker und breit hinter den unteren Zähnen liegen und die Vokale dürfen sehr weit vorn über diesem Glottis-Schluss angesetzt werden. Für Sänger/innen fühlt sich das beim Training an, als ob jede Tonsilbe wie der Pfeil sorgfältig an die richtige Stelle zum Abschießen auf den Bogen gelegt wird. Mit bewusster Aufmerksamkeit kann der Stimmband-Verschluss bewusst gemacht werden. Nur durch den korrekten Ansatz in Verbindung mit den Resonanzräumen entsteht der Eindruck, dass der Ton wie ein Laserstrahl an die Decke des Opernhauses fliegt und im ganzen Saal widerhallt. Die Glottisöffnung bleibt dabei weit vorn und winzig, um einen konzentrierten Ton hervorzubringen, der ein Echo im Raum erzeugt. Es ist wie der Wind, der durch die Ritzen wesentlich lauter heult als durch das offene Fenster.

Die schwarze Jazzmusik der 20er und 30er Jahre faszinierte mit metallischen, oft auch heiseren Stimmen wie bei Louis Armstrong zum Beispiel. Da die Jazzmusik von den afrikanischen Sklaven entwickelt wurde, die die Amerikaner gegen ihren Willen „importiert" und zu Arbeitstieren gemacht hatten, klingen in diesen rauen und aufgeriebenen Stimmen die Unterdrückung, Versklavung und der Aufschrei nach Freiheit mit, der ein Grundbedürfnis jedes Menschen ausdrückt. Die Auflehnung gegen Freiheitsentzug und Arbeitsfolter drückt sich realistisch in diesem Stimmklang aus, deswegen empfinden wir auch heute noch die ursprünglichen Jazzstimmen als faszinierend und emotional mitreißend.

Für junge Sänger/innen ist der korrekte Glottis-Verschluss besonders wichtig, um die Stimme zu schonen, die durch Operngesang und mehrstündige Proben ziemlich belastet wird. Beim Training ist darauf zu achten, die Übungen leise, ohne zu viel Druck durchzuführen und die kleine Öffnung der Stimmritze so anzulegen, dass die Resonanzräume mühelos mit dem Ton erreicht werden. Körperbalance, ruhiges Einatmen durch die Nase und das Halten der Becken- und Rippenspannung sind wichtige Grundvoraussetzungen. Nur ein erfahrener Lehrer wird dem Schüler klarmachen können, wann sich der Zungenmuskel einmischt oder falsche Zusatzelemente im Ton erscheinen. Caruso weist auf die Bedeutung des korrekten Atmens für diese Stimmübungen hin und erklärt, dass die Sänger der päpstlichen Kapelle, die täglich bis zu vier Stunden Gesangsunterricht mit vielen Übungen hatten, diese Funktion wohl kannten. Der berühmteste Gesanglehrer und Stimmbildner des vergangenen Jahrhunderts, Professor Frederick Husler, der lange in Berlin am Konservatorium lehrte, gibt in seinem Lehrwerk eine genaue Beschreibung des Stimmband-Verschlusses an. Der Ton-Ansatzpunkt liegt wie auf den Zeichnungen des Kehlkopfes gezeigt, hinter den oberen Zähnen. Aus diesem Grund nehme ich den Nasenbalkon bzw. den Punkt in der Mitte unter der Nase als Orientierung. Der Tonansatz darf niemals unter diesen Punkt fallen. Diesen Punkt unter der Nase kann man beim Training auch gut mit einer Fingerspitze berühren, um sich den Tonansatz klarzumachen. Gleichzeitig ist die Körperaufrichtung an der ersten Ordnung der Alexandertechnik zu orientieren, einer Aufrichtung, die den Atlaswirbel, auf dem der Kopf ruht mit dem Steißbein, dem alleruntersten Wirbel in eine horizontale Ebene bringt. Das Kinn ist dabei abzusenken in Richtung zur Brust, damit die Resonanz der Kinnkuhle mit der Brustresonanz zusammenschwingt.

So kann auch vorn vom Nasenpunkt über das Kinn zur Brust eine gerade Linie nach unten gezogen werden. Auf Frederick Husler's Zeichnungen von 5 zu 3 und 1 zu 2 ist das genau zu sehen. So wird die optimale Stimmfunktion aktiviert. Allen Anfängern, die mit der Grundposition für die Stimmproduktion Probleme haben, empfahl Husler, zunächst im Liegen mit dem Gesang zu beginnen, wie es auch auf meinen Fotos im praktischen Teil zu sehen ist. Husler ist der einzige Stimmfachmann, der präzise erklärt, wie die Stimm-Muskulatur im Kehlkopf und außen herum zusammenwirkt, um den Kehlkopf in seiner mittigen Position zu halten. Das ist die Voraussetzung für gesundes Singen. Auch wenn junge Sänger/innen zu Beginn eine Naturstimme mit guter, gesunder Veranlagung haben, kann sich durch Stress, Lampenfieber und Überforderung durch zu schwierige Programme ein Druck auf die Stimmbänder ergeben, der die natürliche Funktion behindert. Die Kehle ist von den persönlichen Emotionen ebenso abhängig wie von der Stimmung. Aus diesem Grund sagt Luisa Tetrazzini, die italienische Gesangs-Partnerin Carusos, sei der ausgeglichene Lebenswandel mit maßvollen Eß- und Trinkgewohnheiten und maßvollen sozialen Kontakten für Sänger/innen so ungeheuer wichtig. Der Fokus auf den Punkt unter der Nase aktiviert die Randschwingung der Stimmbänder, indem die transversalen und der lateralen

Muskelfasern angesprochen werden. Damit die Stimme trotzdem kraftvoll erklingt, muss die Tendenz des Kehlkopf durch Muskelkraft nach oben zu steigen, durchbrochen werden und der Kehlkopf locker in eine Halteebene gebracht werden, die er nicht verlassen darf. Gerät der Kehlkopf aus seiner hängenden Position und steigt, so klingt die Stimme weiß, unpersönlich und schwach. Auch kann auf Dauer ein unnatürliches Wackeln an die Stelle des natürlichen Vibrato treten, was bei älteren Sängerinnen der Fall ist, die ihre Beckenbodenmuskulatur nicht mehr korrekt nutzen und stattdessen ihre Stimmbänder strapazieren.

Auch kommt es vor, dass Menschen grundsätzlich nicht mit ihrem Beckenboden stimmlich verbunden sind. Untrainierte Sänger/innen in Chören haben oft diesen kindlichen unpersönlichen Chorklang, der für Chöre auch wichtig ist, um eine einheitliche Klangfarbe zu erzeugen. Durch die Konzentration auf den Punkt hinter dem Brustbein, wo die Brustresonanz spürbar ist, wird das Aufsteigen des Kehlkopfes beim Training gestoppt. Das geschieht durch Stimulierung des Sterno-thyreoid-Muskels, der auch beim entspannten Sprechen diese natürliche Aufgabe übernimmt. Die Konzentration auf das Brustbein und die Brustresonanz wurde in den italienischen Sängerschulen immer schon trainiert und fördert die volle Resonanz durch die Öffnung des hinteren Gaumenraumes in Richtung Nacken. Doch selbst dies reicht noch nicht, um alle Töne über den gesamten Umfang durchschlagend anzusetzen.

Für die Opernstimme ist ein dritter Ansatzpunkt wichtig: die Nasenwurzel oder das sogenannte dritte Auge. Diese Stelle zwischen den Augen oder etwas höher in der Mitte der Stirn wirkt auf die inneren Stimmlippen und verbindet sich mit der Stirnresonanz und den wichtigen Obertönen zu einem warmen metallisch glänzenden Klang. Die Sängerformanten, ganz bestimmte Tonschwingungen, die eine große Stimme ausmachen, entwickeln sich dann in der wohltrainierten Opernstimme. Wer auf die Opernbühne will, muss diese natürlichen Funktionen geschickt austrainieren, sodass die Stimme zwischen den drei Punkten wie eine Kinderschaukel frei hin und her schwingt, ohne die Position und die Balance zu verlieren. Das geschieht mit den Muskelzügen, die vorn neben dem Hals zur Brust hin und hinten vom Nacken aus am Rücken verankert sind. Sind diese Muskelzüge gleichmäßig gespannt, sind Kopf, Nacken und Oberkörper in korrekter Balance aufgerichtet und der Ton kann sich mühelos über die drei Register entfalten. Es ist eine reine Frage der muskulären Balance. Fällt der Körper aus dieser Balance heraus, so sind typische Stimmfehler zu hören wie die weiße unpersönliche Stimme ohne Körperbasis oder die wackelige Stimme mit übertrieben opernhaftem Sound. Natürliches Vibrato entsteht durch Schwingen der Kehlkopfschaukel nur, wenn alle Haltemuskeln in guter Balance sind. Stimmwackeln wird durch eine starre Zunge verursacht, die sich gern bei fehlender Verbindung zum Becken in die Tonerzeugung einmischt.

Es gibt einen einfachen Test für den korrekten Glottis-Verschluss. Die arabische Sprache besitzt einen Buchstaben – AIN – der mit einem A-Vokal auf einen Glottisverschlusslaut gesprochen wird. Das klingt wie ein metallisch angesetztes A. Aus diesem Grund klingen arabische Stimmen auf natürliche Weise kräftig und erreichen eine gute Resonanz. Die europäischen Sprachen haben diesen Laut nicht und müssen den Glottis-Verschluss über das sogenannte Paukentönchen lernen, einen tonlosen auf ein A gehauchten Stimmbandverschluss. Das ist die Vorübung zu der stimmhaften Version der arabischen Sprache. Wer den Glottis-Schluss und Tonansatz auf den A-Vokal beherrscht, kann das Gleiche natürlich auch auf alle anderen Vokale übertragen und spürt dann, wie man dabei die Zunge geschickt aus dem Weg räumen muss.

AVANTI – der Vordersitz des Tones

Die berühmte deutsche Opernsängerin, Lilli Lehmann zeigt in ihrem Lehrbuch anhand einer Zeichnung, wie die Tonposition der einzelnen Töne im Sopran zustande kommt. Hier ist die von Sopran und Tenor gefühlte Wahrnehmung sichtbar gemacht. Diese Zeichnung zeigt sehr deutlich, wie die Töne mit der Brustresonanz in Verbindung stehen. Diese Details sind keineswegs überflüssige Theorie, sondern helfen, beim Singen die senkrecht fallende Linie zwischen Stirn, Nase und Brustbein aufrechtzuerhalten und gleichzeitig die horizontale Linie vom Punkt unter der Nase zum Nacken zu bewahren.

Am Kreuzungspunkt beider Linien am weichen Gaumen entstehen die erwünschten Obertöne. Man kann sich das beim Training durch eine Fingerspitze unter der Nase und eine Fingerspitze in der Vertiefung am Atlaswirbel im Nacken vergegenwärtigen. Danach senkt man das Kinn, um die drei Punkte für die Resonanzräume zu verbinden. Da die Stimmlippen und die gesamte Muskulatur des Kehlkopfes wie ausgewrungene Handtücher dreidimensional funktionieren, kann man durch den richtigen Ansatzdruck und die bewusste Absicht jeden Ton in jeder beliebigen Lautstärke erzeugen. Das Geheimnis der dramatischen Opernstimme ist ein wohltrainierter und gut ausbalancierter Muskelapparat, der nicht nur der Kehle, sondern auch Kopf, Nacken, Hals. Oberkörper, Becken, Beckenboden und Beine einbezieht, natürlich zusammen mit entspannter Atmung, die das ruhige stetige Ausatmen fördert.

Lilli Lehmann, Meine Gesangskunst, Abbildung rechts, Seite 26

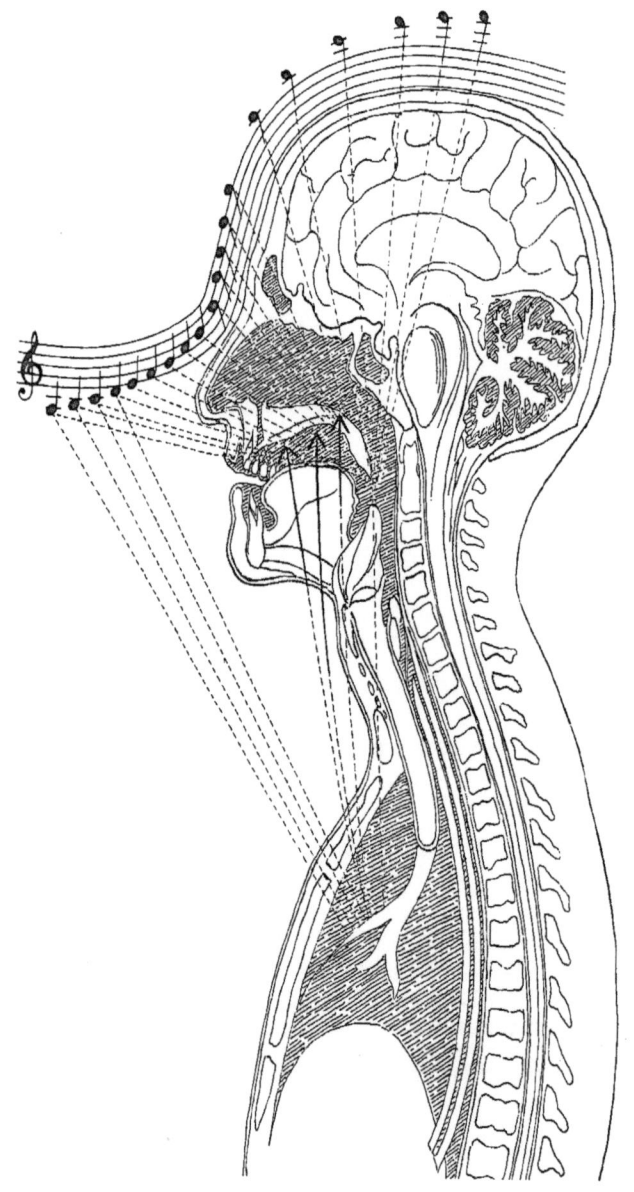

Frederick Husler, der erwähnte Stimmexperte und Gesanglehrer vieler berühmter Stimmen, zeigt die sich überkreuzende Muskulatur des Kehlkopfes anhand eines Schemas in seinem Buch auf S. 36 Dort erläutert er auch die Funktion, die die einzelnen Muskelstränge im Herzen der Kehle ausüben und beschreibt dieses Wunder der Schöpfung en détail:

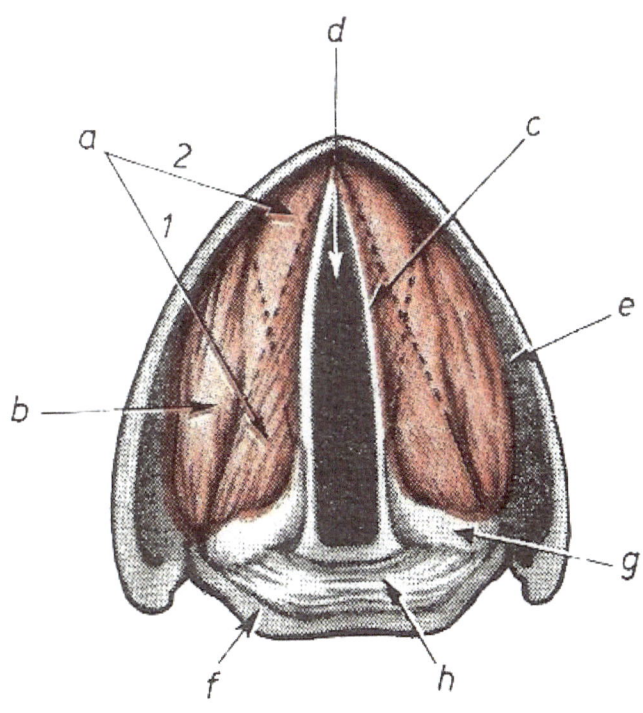

a) die Stimmbänder sind von zwei Muskeln gebildet 1) dem Musculus ary-vocalis und 2) dem Muskulus thyreo-vocalis
b) die äußeren Ligamente oder Muskelfasern heißen externe Musculi thyreo-arytenoideus
c) das Stimmband heißt "ligamentum vocale"

d) die Öffnung oder Stimmritze heißt „rima glottis"
e) Zeigt die thyreoiden Muskelfasern
f) die cricoiden Muskelfasern
g) die arytenoiden MUskelfasern und
h) den transversalen Schließmuskel, namens ary- taenoideus transversus

Die äußeren und inneren Stimmfalten arbeiten wie ein doppelbödiges Team zusammen. Die dreidimensionale Konstruktion gibt dem Kehlkopf die Freiheit, alle möglichen Geräusche und Töne über einen Umfang von bis zu vier Oktaven zu erzeugen.

Nachdem der Tonsitz anhand der Zeichnung von Lilli Lehmann geklärt ist, kehren wir noch einmal zurück zu „Avanti" dem Vordersitz der Töne. Avanti – vorwärts hat zwei Funktionen in der italienischen Sprache und für die Töne. Zum einen bedeutet es ganz vorn und bezieht sich auf den Ansatzpunkt der Stimme hinter den oberen Zähnen oder unter der Nasenspitze in der Mitte; andererseits bedeutet es auch, weit nach vorn in den Raum hinaussingen, in das Echo singen. Wenn die Zunge flach liegt, gelingt der Vordersitz am besten mit nach vorn geschürzten Lippen, die einen Vogelschnabel ersetzen und so dem Ton eine Richtung geben. Im praktischen Teil dieses Buches sind mehrere für diesen Zweck brauchbare, lustige Übungen verzeichnet. Sie dienen der Zungen-Entspannung und lassen den Zungenknödel dahinschmelzen. Zusammen mit der Übung – Motorradbrummer mit flatternden Lippen – fördern sie den Vordersitz des Tones auf einfache Weise. Natürlich muss die korrekte Körperhaltung von Kopf bis Fuß beachtet werden und die beiden Zahnreihen sollen aufeinander ruhen. Unter- oder Überbiss kann mit den Übungen des praktischen Teils gut korrigiert werden. Wer wache Aufmerksamkeit und Selbstbeobachtung einsetzt, wird über das Ergebnis staunen. Die Lippen zu einer Schnute zu formen ist bei diesen Übungen hilfreich. Später geht man von der extremen Schnute wieder zu einer entspannten lockeren Lippenstellung zurück. Wichtig ist es, sich selbst konstant im Spiegel zu beobachten. Als Beweis dafür, wie Selbstbeobachtung zu autodidaktischen Erfolgen verhilft, die besser sind als halbprofessionelle Lehrer mit ungenügend ausgebildeten Stimmen, möchte ich das Beispiel des koreanischen Waisenjungen, Choi Sung Bong, hier zitieren. Der junge Mann hat mit 22 Jahren 2011 den koreanischen Talentwettbewerb gewonnen, und das ohne jede fremde Hilfe oder Vorbereitung. Seine Lebensgeschichte rührte die Jury ebenso zu Tränen wie sein Gesangsauftritt.

Mit drei Jahren wurde er in ein Waisenhaus gegeben und rannte mit fünf Jahren aus diesem Waisenhaus davon, weil es nicht auszuhalten war. Er überlebte durch den Verkauf von kleinen Süßigkeiten in Nachtclubs und lebte mehr oder weniger auf der Straße. An Schulbesuch war nicht zu denken. Als er einen italienischen Sänger in den Nachtclubs hörte, verliebte er sich in den Gesang und beschloss auch zu singen. Er lernte die Stücke nur vom Zuhören und präsentierte sich vor dem Publikum mit einem unglaublichen Resultat und einer berührend natürlichen großen Stimme.

Seine Bescheidenheit ging den Menschen im Saal zu Herzen. Diesem jungen Mann hatte nur seine eigene Beobachtungsgabe als Lehrer gedient und ihm schließlich den ersten Preis und die Garantie für eine Sängerkarriere sowie eine gute Gesangsausbildung eingebracht. Seine Stimme klang mit 22 wie die eines erwachsenen Sängers von 40 Jahren. Ganz deutlich war die Seelenverbindung der Stimme spürbar und überzeugte Publikum und Jury. Für mich lieferte er einen weiteren Beweis für meine persönliche Erfahrung, dass die Stimmausbildung mit Belcanto-Technik nicht nur die natürliche Stimme, sondern vor allem das Seelenpotential eines Menschen und seine Herzensanliegen hervorbringt. Genau aus diesem Grund liebe ich den Gesang so sehr.

ALTO IN PALATO – der erhobene weiche Gaumen

Joan Sutherland, die berühmte Sopranistin aus Australien, demonstrierte einmal ihren weichen Gaumen sichtbar für alle Zuschauer. Sie besaß eine große, wohlgerundete Kuppel. In einem Interview über Gesang erwähnte sie, dass sie keineswegs von Anfang an so ein Koloraturtalent war, sondern, dass ihr Ehemann, Richard Bonyngne sie durch einen Trick überlistet hatte. Da er absolutes Gehör besaß, sie jedoch nicht, transponierte er einfach die Arien einen halben bis einen Ton höher beim Training. Bevor ihr das auffiel, hatte sie dann schon die Arie mehrfach gesungen und schließlich konnte er ihr beweisen, dass sie kein Mezzo, sondern ein richtiger Koloratursopran war.

Daraufhin studierte sie die Literatur für Koloratursopran, mit der sie später weltberühmt wurde. Mit seiner Methode trainierte er im Wesentlichen ihre Fähigkeit, den weichen Gaumen noch weiter durch Muskelkraft anzuheben. Als ich Jessye Norman und Leontyne Price beim Singen von Wagner Arien auf Youtube zusah, sah ich diese beiden ihren großen Mund mit den vollen Lippen wie ein Garagentor aufgehen und dachte bei mir: „Kein Wunder, dass ein dramatischer Porsche aus den Wagner-Opern nicht in eine Smart- Garage passen würde." Beide Sängerinnen haben große Resonanzräume, sind auch von großem Wuchs und bewegen sowohl den weichen Gaumen als auch die vollen Lippen sehr weich, um die Töne und Silben zu formen. Ich bewunderte ihre enorme technische Brillianz. Nachdem ich mich selber aus der anfänglichen Einschätzung ein Mezzosopran zu sein, in die hohe Sopranlage gebracht hatte, die mir von Kindheit an gegeben war, und auch die Geschichte von Grace Bumbry mit Interesse gelesen hatte, dass sie sich auf dem Höhepunkt ihrer Mezzosopran-Karriere mit der Unterstützung ihrer Lehrerin, Lilli Lehmann, trotz der Scheidung von ihrem dagegen opponierenden Mann, in einen erfolgreichen Sopran verwandelt hatte, wurde mir klar, dass der Weg von Maria Callas vom Mezzosopran oder dramatischen Sopran zum Koloratursopran nicht so ungewöhnlich war, wie es gewöhnlich scheint. Wenn man bedenkt, dass auch Christa Ludwig in der Ausbildung bei ihrer Mutter als Sopran begann und schließlich im tiefen Alt ihr zuhause fand, so begreift man, dass das Stimmfach mehr eine Frage des Charakters und der Seele ist als der Stimmlage. Doch was hat das mit dem weichen Gaumen und seiner Funktion zu tun? Der weiche Gaumen beginnt hinter den beiden herausstehenden kleinen Knochen genau hinter den letzten oberen Backenzähnen. Mit dem Daumen kann man diese kleinen Knochen ertasten und dahinter in die Vertiefungen des weichen Gaumens beidseitig gleiten. Wandere mit deinen Daumen bis ganz hinter die Zähne und spüre in diesen Teil des Gaumens vorsichtig hinein. Der Gaumen mag Massage und hebt sich jedes Mal, wenn Du vor Freude jauchzest und hohe Töne singst. Er liebt geradezu Koloraturen und fröhliche Arien.

Da jede Körperbewegung mit einer Emotion gekoppelt ist, kann der weiche Gaumen eine Ode an die Freude und die Heiterkeit singen. Bei traurigen oder depressiven Menschen hängt dieser weiche Gaumen schlaff herunter und verdunkelt die Stimme und trübt die Stimmung. Der weiche Gaumen arbeitet eng mit dem Beckenboden zusammen. Manch ein weicher Gaumen hängt einfach durch wie ein Couchpotatoe und muss dann mit etwas Gymnastik entsprechend aktiviert werden. Manch ein weicher Gaumen hat sich wegen einer hyperaktiven Zunge zur Ruhe gesetzt und seine natürliche Klangfunktion aufgegeben. Der weiche Gaumen wird automatisch hellwach, sobald die Lippen und Zunge entspannt werden und die Stimme in die natürlichen Resonanzräume vordringt. Auch der Unterkiefer muss entspannt werden. Er darf hängen, damit der Gaumen seine Arbeit aufnimmt. Die Korkenübung mit dem Flaschenkorken zwingt den Kiefer zu entspannen und bringt den weichen Gaumen in

Aktion. So kann das Stimmteam mit besserer Resonanz und strahlenden Obertönen zusammenwirken.

Enrico Caruso & Luisa Tetrazzini – Goldene Kehlen von Natur oder perfektes Stimmtraining?

Errico Caruso wurde 1873 in Neapel geboren und stammte aus einer einfachen Familie als drittes von sieben Kindern. Der Vater war Mechaniker, die Mutter Hausfrau. Der kleine Enrico wuchs ziemlich wild in der Nähe der Hafendocks auf. Als er zehn Jahre war, konnte ihn seine Mutter überzeugen, die Schule zu besuchen, doch fiel er mit seinem lebhaften Temperament stets in Ungnade beim Lehrer. Der Schuldirektor entdeckte durch Zufall, dass der Junge eine wunderbare Gesangsstimme und Musiktalent besaß und ließ ihm ein wenig Unterricht angedeihen. Er durfte dann auch solo singen.

Leider benahm sich Enrico als Zwölfjähriger noch immer so daneben, dass er von der Schule flog. Sein Vater schickte ihn als Lehrling zu einer Mechaniker-Ausbildung und Enrico verblüffte seinen Chef und die Kollegen mit seiner Begabung für Kalligraphie und Zeichnen. Als er 15 wurde und seine Mutter starb, erklärte er seinem Vater, dass er jetzt beschlossen habe, Sänger zu werden. Der Vater wurde furchtbar wütend und der Sohn tat wie beschlossen. Sein später Stimmbruch brachte ihn dann zur Verzweiflung, bis ein berühmter Bariton, Messiani, sich seiner annahm und ihn zwang die gesamte Tonskala herauf- und herunter zu singen. Mit Schocktherapie brachte er dem jungen Mann bei, dass seine Stimme völlig in Ordnung sei und schickte ihn zu Meister Vergine, einem bekannten Stimmtrainer. Caruso, der sich keinen Unterricht leisten konnte, verpflichtete sich zu einem Vertrag, der dem Meister 25% seiner späteren Gage zusprach. In den ersten fünf Jahren seiner späteren Auftritte schämte sich Meister Vergine keineswegs nach den Vorstellungen bei

Caruso zum Abkassieren zu erscheinen, bis ein Operndirektor den jungen Sänger zu einem Rechtsanwalt schickte. Der Fall wurde als rechtswidrig aufgelöst. In seiner Jugendzeit wurde Caruso von Kollegen spöttisch der Windtenor genannt. Er musste wohl die Angewohnheit haben, zuviel Luft durch seine Stimmritze zu pusten, sodass er auch im späteren Leben an Stimmknötchen operiert werden musste. Erst die tägliche Praxis mit Skalen, Legatoübungen und langem Atem mit seinem bekannten Pianisten Salvatore Fucito, der ihn treu bis an sein Lebensende begleitete, machte ihn zum weltweit begehrtesten Tenor.

Carusos zweite Frau, Dorothy, erwähnt in der Biographie, dass ihr Mann ein Perfektionist war, niemals zufrieden mit seiner Leistung und stets an der Verbesserung feilend. Er forderte mehr von sich als von allen anderen und brach nach Vorstellungen daheim erschöpft und von sich enttäuscht in Tränen aus, so groß war sein Wunsch nach künstlerischer Wahrhaftigkeit. Auch hatte er Dorothy anvertraut, dass seine dramatischsten Stimmveränderungen nach persönlichen Ereignissen geschahen, so als er nach der unerwarteten Trennung seiner ersten Gattin, die ihn verließ und ohne Vorankündigung auch die beiden Söhne mitnahm, am darauffolgenden Abend den Canio aus der Oper „I Pagliacci" singen musste. So stand er im wirklichen Leben und auf der Opernbühne als verlassener Liebhaber da und erlebte eine einschneidende Veränderung seiner dramatischen Stimme, die das Publikum zu Tränen rührte. In Gefühlsdingen schien er der romantischste Mensch zu sein, den man sich vorstellen kann. Auch war er unumstritten der aufrichtigste Darsteller seiner Emotionen auf jeder Bühne. Dazu verhalf ihm sein italienisches Temperament. Doch worauf beruhte sein grandioser Erfolg, der ihn zum reichsten Mann seiner Zeit machte?

Seine italienische Herkunft war ideal für seinen Seelenauftrag. Er besaß eine ungebrochene, mitreißende Spontaneität, die trotzdem respektvoll wirkte. Auf der Bühne konnte er sich selber spielen, ohne sich verstellen zu müssen. Seine Direktheit ging so weit, dass er einem Sänger-Ehepaar, die ihn und seine Frau in ihre Loge eingeladen hatten, sie sollten sich vor dem Betreten der Loge ihre Zähne putzen, da es so unangenehm sei, einen Mundgeruch in der Nase zu haben. Seine Empfindsamkeit gegenüber Gerüchen ist ein typisches Sängerphänomen, das sich durch das Operntraining ergibt: durch den intensiven Vordersitz der Stimme steigt die Vibration im Gesicht und in den Nebenhöhlen, sodass die Sinne geschärft werden und Gerüche und Geschmack intensiver wahrnehmen. Mit dem Training des Vordersitzes und der Stirnhöhlenresonanz durch die Konzentration auf den Punkt in der Stirnmitte oder zwischen den Augenbrauen kann die Fähigkeit zur Öffnung des dritten Auges mit Entwicklung der Hellsichtigkeit angeregt werden. Dies sind Nebeneffekte des Gesangstraining, die die spirituelle Seite berühren und auf die tiefe Verbindung von Körper und Seele hinweisen. Sie sollten als positive Nebeneffekte geschätzt werden.

In seinem kleinen Buch für Sänger/innen gibt Caruso mehr oder weniger stichpunktartig Hinweise auf das Gesangstraining. Er erklärt seine Bemerkungen wenig, doch sind sie für Profis ein wertvoller Fundus zu bestimmten Fragen, die beim Singen immer wieder auftreten, während der Anfänger weniger damit anfangen kann. Die Übungen sind Skalen und Läufe, die mit langem Atem luftsparend gesungen werden, um Legato zu trainieren. Äußerst langsames Ausatmen ist das Geheimnis des langen Atems. Caruso warnt für den Tonansatz davor, den Ton auf den Stimmbändern anzusetzen und erwähnt die Gefahr der Stimmknotenbildung. Er weist auf die Kopfresonanz als Startplatz für den Ton hin und spricht über das Loslassen der Zunge. Weder die Stimmlippen noch die Lippen sollten jemals gepresst oder künstlich versteift werden. Bei allen Übungen soll die hintere Zunge besonders flach liegen bleiben und für das Luft holen gilt, nur durch die Nase einzuatmen. Der Atem muss langsam und stetig ausströmen, ohne dass jemals eine Kerzenflamme dabei ins Flackern käme. Das ist das Geheimnis unendlichen Legatos. Diese Atemtechnik ist eine alte Yogaübung, die von indischen Meistern zur Erweckung der Kundalini und zur Bewusstwerdung eingesetzt wird. Die Atem-Ton-Übungen beruhigen den Singenden und sollten täglich gemacht werden. Für Tenöre erwähnt Caruso besonders die Tiefstellung des Kehlkopfes, um die Stimme zu schonen und die Höhe mit dem Vordersitz zu verbinden. Auch auf die Aufrichtung des Nackens für die Resonanz weist er ausdrücklich hin. Nicht nur Caruso hatte als junger Mann mit seiner Stimmentwicklung auf dem Weg zur vollen Opernstimme zu kämpfen. Auch manche Schauspieler stehen vor dem gleichen Problem, dass die Bühnenstimme nicht genug Resonanz besitzt. Frederick M. Alexander, ein Schauspieler um die Jahrhundertwende des 19. Jahrhunderts machte aus seinem Versagen eine Tugend, denn eine ungünstige Körperhaltung brachte ihn dazu, auf der Bühne bei Shakespeare-Aufführungen so heiser zu werden, dass ihm schließlich die Stimme versagte. Es kostete ihn Jahre der Selbstbeobachtung bis er den Fehler in einer falschen Körper-Nacken-Haltung herausfand, die den Kehlkopf zu einer Aufwärtsbewegung veranlasste.

Durch diese schwere Beeinträchtigung seiner ursprünglich gut gestarteten Karriere entwickelte er schließlich die heute weltbekannte Alexandertechnik für Bühnenakteure. Von ihm stammt die Regel für die Aufrichtung des Körpers als Instrument für die Stimme, die auch Caruso peinlich genau beachtete. Man sieht bei Caruso wie er seinen Körper genau balanciert aufrecht hält und er erwähnt selbst auch, dass er den Kehlkopf immer in tiefer, entspannter Haltung belässt. Dazu sollen laut Caruso die Lippen eher geschlossen bleiben. Anstatt den Mund aufzureißen, wie man es vielfach im Opernfach sieht, ist es wichtig, die Kiefergelenke hinten zu entspannen und zu dehnen, ein Gähnen in Richtung des Nackens zu erzeugen anstatt vorn ein Scheunentor. Die schlechte Angewohnheit vieler Sänger/innen, den Mund zu weit zu öffnen, vergeudet Energie und Tonstärke. Die Verbindung zur Nackenresonanz wird dann gestört und oft entsteht Druck auf die Stimmlippen, die dadurch ins Schwanken geraten und einen wackeligen Ton erzeugen. So wird der Körper anstatt den Beckenboden und die natürliche Stimmkraft zu aktivieren, überanstrengt und schließlich ausgelaugt. Falsche Mechanismen schleichen sich schnell ein und das ist dann der Beginn des Abstieges. Nicht nur Frankieboy von der Gruppe Tokio Hotel hat diese Erfahrung schon in jungen Jahren gemacht und musste wegen seiner Angewohnheit, die Stimme herauszuschreien, an Stimmbandknötchen operiert werden, sondern sogar Caruso hatte in seinen späteren Jahren eine solche Operation. Er sang so viele Produktionen wie es heute kaum ein Sänger jemals wagen würde. Anscheinend geht das auch bei relativ gesundem Stimmgebrauch auf die Kondition der Stimmbänder, doch im Prinzip muss das nicht sein. Jazzsänger und Heavy Metal Sänger sind vielmehr in dieser Gefahr als Opernsänger, vor allem Heldentenöre und hohe Männerstimmen. Diese neigen dazu für die strahlende Höhe eine Zungenpresse zu aktivieren. Dadurch erreichen sie die ungewöhnliche Höhe, doch belasten durch den Druck die Stimmbänder.

Bei den Frauenstimmen kommen Stimmknötchen weniger vor als das Wackeln der Stimme mit falschem Tremolo durch den Hormonwechsel in den Wechseljahren. Der Beckenboden muss stets mit aktiviert werden, damit die Klangqualität der Stimme auch im Alter erhalten bleibt. Bei Überanstrengung des Körpers zeigen sich diese Schwankungen und dann sollte streng eine Ruhepause mit gutem Stimmaufbautraining eingehalten werden. Ein guter Tipp von Caruso ist hier noch mitzuteilen, da er alle Sänger/innen angeht: „ Sing mit Deiner ganzen Persönlichkeit und fühle die Töne in Dir selbst!" Diese Empfehlung kann man erst verstehen, wenn man einmal eine Rolle auf der Bühne verkörpert hat. Bei Auftritten ist es sehr wichtig, sich nicht nach außen zu projizieren und zu verausgaben, sondern ganz in sich selbst zu ruhen und der Stimme freien Lauf zu lassen. Erst dann singt man sich frei und kann mühelos ein Konzert oder eine Oper durchhalten. Caruso hatte bei seinem Auftrittsprogramm kaum Zeit selber zu unterrichten, doch welch charismatische Wirkung seine Stimme noch auf alten Shellackplatten auf nachfolgende Generationen hatte, dazu gibt es eine rührende Geschichte von einem sprechbehinderten Kind.

Arno Stocker, der Klavierflüsterer, erzählt davon in seiner Autobiographie. Der kleine Arno war schwerstbehindert mit einer spastischen Lähmung aufgrund eines genetischen Faktors und konnte in frühester Kindheit weder laufen noch sprechen. Sein Großvater, der gern Sänger geworden wäre, ließ den Jungen oft Schallplatten von Caruso anhören, auf denen Caruso neapolitanische Lieder sang. Dem kleinen Arno gefiel das so gut, dass er begann, mitzusingen, obwohl er kein Wort Italienisch konnte. Er übte so lange, bis seine schwer bewegliche Zunge endlich die Lieder singen konnte. Der Großvater staunte nicht schlecht, was dabei dann herauskam. Durch diese Zungenbefreiung lernte Arno autodidaktisch klar zu sprechen. Arno Stocker ist der erstaunlichste Fall Stimmtherapie, der mir jemals begegnete. Sein Buch über seine Begegnung mit Caruso und später mit Maria Callas persönlich als Student in ihrem Kurs, ist lesenswert, denn es zeigt, was die Liebe zur Musik für einen Menschen erreichen kann. Arno's Lehrer wunderten sich zu Recht, wie er nicht nur seine Kehlkopf-Lähmung beseitigte, sondern sogar ein wohlklingender Bariton wurde.

Singen ist eine Sportart, die jeden fit hält. Caruso's besondere Empfehlung an die Sängergemeinde bezieht sich daher auf den Lebensstil und den Umgang mit dem Körper. Seine Frau Dorothy berichtet in der Biographie, dass er äußerst diszipliniert mit sich selbst umging und vor Bühnenauftritten Alkohol und Schlafmangel vermied und nur knapp bemessene, leichte Kost zu sich nahm. Er wusste, dass er Höchstleistungen nur bei gesunder Lebensweise bringen konnte. Obwohl er zeitlebens gern rauchte, verzichtete er am Tag der Aufführung auch auf Zigaretten. Das Geheimnis seines Erfolges war nicht nur seine große

Stimme, sondern vor allem seine Disziplin, seine Großzügigkeit und die tiefe Liebe aus der Seele, die ihn mit seiner Musikleidenschaft verband.

Luisa Tetrazzini sang nur zwei Jahre an der Metropolitan Opera mit Caruso zusammen, da der Dirigent Toscanini sie trotz ihrer großartigen Sopranstimme einfach nicht besonders mochte. Ihre Karriere begann in sehr jungem Alter in Italien. Schon mit drei Jahren begann sie zu singen, während sie dem Unterricht der älteren Schwester, die Sängerin werden wollte, heimlich lauschte und später ihren Vater überredete, dass sie auch daran teilnehmen durfte. Klein-Luisa ging schnurstracks zu ihrem Vater und erklärte ihm, sie würde auch gern am Unterricht teilnehmen, da sie ebenfalls Sängerin werden wollte. Der Vater, ein Uniformschneider, konnte sich keinen Unterricht für beide Töchter leisten und so bekam sie ihre ersten Gesangsstunden von Eva, ihrer älteren Schwester.

Als sich ihre natürliche Stimmbegabung zeigte, ging sie dann nach Florenz, um Musik zu studieren. Ihre große Chance kam, als sie gerade 19 war. Sie konnte wegen der Erkrankung der Hauptdarstellerin in Meyerbeers' Oper "Die Afrikanerin in Algier" auftreten. Trotz des ungeheuren Erfolges in Italien, wurde sie kein internationaler Star. Erst als sie La Traviata in Covent Garden sang, 1907, gelang ihr der Durchbruch. Dort wurden ihre gute Technik und die brillante Stimme sehr geschätzt. Leider geriet sie mit ihrem emotionalen italienischen Temperament mit Nellie Melba in Konkurrenz. Wesentlich später wurde sie in die USA eingeladen, doch erst 1911 und 1912 sang sie an der Seite Carusos, der sich sofort in ihre Stimme und ihre Natürlichkeit auf der Bühne verliebt hatte. Toscanini weigerte sich jedoch mit ihr zusammen zu arbeiten, da sie eine zierliche Person mit ziemlichem Übergewicht war und auch das aufbrausende italienische Temperament hatte, so konnte sie nicht an der Met bleiben. Verärgert über die Opernhäuser demonstrierte sie ihre Unabhängigkeit mutig in San Francisco am Weihnachtsabend, als bei einem Open Air 1910 vor über 300.000 Leuten sang. Von diesem

Augenblick an hatte sie die Herzen des Publikums gewonnen. Sie verkörperte die italienische Schule des Gesanges, die sie bei der berühmten Adelina Patti gelernt hatte und sogar ihre Lehrerin war eine begeisterte Anhängerin von ihr.

Diese Tradition des natürlichen Singens mit dem ganzen Körper, wie sie in Renaissance und Barock an den Singschulen in Europa entwickelt worden war, verkörperte Tetrazzini noch in reiner Form. Später wurde diese Stil von Maria Callas weitergeführt. Die Töne werden dabei mit strengem Legato natürlich auf dem langen Atem entwickelt und dürfen nur mit der Eigenschwingung des Kehlkopfes vibrieren, künstliches Vibrato und Effekthascherei sind nicht erlaubt. Im Grunde sind diese Töne alle gesprochen und von der Sprechlage aus angesetzt. Darin liegt das große Geheimnis des Belcanto. In den wenigen Aufnahmen, die von Adelina Patti erhalten sind wie einige Aufnahmen aus Carmen, hört man die Brillianz und Klarheit im hohen Register und einen erstaunlich dunklen satten Ton in der Tiefe. Tetrazzini singt ihre Töne im Fistelregister kindlich schmucklos und gerade, so wie die Stimme eben in der Höhe von Natur aus erklingt. Vor allem in den Bellini Partien ist das gut zu hören.

In dem kleinen Buch für Sänger, das Luisa Tetrazzini 1909 zusammen mit Caruso publizierte, sind viele kostbare Tipps enthalten. Ihre Hochachtung vor ihren Lehrerinnen, den berühmten Diven, Adelina Patti und Marcella Sembrich, zeigen ihre Bescheidenheit. Es ist anzunehmen, dass sie mit dem gleichen Respekt unterrichtete, da sie jedem Gesangsstudenten empfiehlt, alle anderen Stimmen immer mit Achtung anzuhören, um unabhängig von deren Entwicklungsstand immer etwas von ihnen zu lernen. Nach ihrer Ansicht kann jede Stimme einem anderen etwas beibringen. Aus meinen Unterrichtserfahrungen mit zahlreichen Lehrern und Meisterklassen kann ich sagen, dass jede Minute des Zuhörens bei gutem Unterricht anderer Studenten, für mich eine Bereicherung war. Aus Tetrazzinis Worten spricht die Erfahrung eines Menschen, der in früher Kindheit mit der Stimmentwicklung begonnen hat und daher spielerisch und neugierig wie ein Kind die Resonanzräume und die Körperfunktionen der Stimme kennengelernt hat. Sie betont immer wieder, dass es dem Gesangsstudenten nichts bringt, wenn er versucht, stimmlich größer zu wirken als er von Natur aus ist. Die Stimme wächst durch Training wie jeder Muskel auf natürliche Art und der Lehrer ist für Zuspruch und Ermutigung zuständig, da dieser Vorgang nicht künstlich forciert werden kann.

Besonders aufschlussreich ist auch das Kapitel über den Bühnenauftritt. Tetrazzini empfiehlt die Bühnenrolle bei einem Gesangsauftritt nur zwischen der Oberlippe und der Stirn mit dem Gesichtsausdruck und den Augen zu spielen, da zuviel Bewegung und Gesten vom Gesang ablenken würden. Allein die Augen und die Augenbrauen seien für die emotionale Darstellung zuständig, da der Mund, die Lippen und das Kinn keinesfalls aus der natürlichen, freien Bewegung fallen dürften. Vor allem sollten die Lippen leicht geöffnet sein, nur mit einem kleinen natürlichen Lächeln. Sie dürfen ein wenig wie ein Schnabel zur Nase hin vorgewölbt sein, das fördert die Resonanz und den Vordersitz, wie noch beim Motorradbrummer im praktischen Teil gezeigt werden wird. Alle Arien sind vor dem Spiegel einzustudieren, damit die korrekte Muskelarbeit und der Ausdruck überprüft werden können.

Tetrazzini weist auf den typischen Fehler vieler Sängerinnen hin, die mit sogenannter weißer Stimme singen. In diesem Fall fehlt die Verbindung zwischen der Brust und Nackenresonanz, die der Stimme einen erotischen Körper verleihen. Ein breites Lächeln oder ein zu breiter Mund intensivieren diesen Stimmfehler. Die Stimme klingt dann mädchenhaft und schüchtern. Dieser Effekt wird nur für emotionale Wirkungen wie am Schluss in La Traviata benutzt, um das Dahinsterben und die nachlassende Lebenskraft der Hauptdarstellerin auszudrücken. Um die Balance der Stimme im Verhältnis zum Körper aufzubauen, empfiehlt Tetrazzini in der Mittellage viel auf O-Vokal zu singen und diesen mit der hohen Lage über die

Brustresonanz zu verbinden. Der Verbindungspunkt ist, wie auch bei Lilli Lehmann erwähnt, der Punkt über der Mitte der Oberlippe unter der Nase. Tetrazzinis Ratschläge für die Atmung während der Arie stimmen mit Carusos Ansicht überein und sind besonders zu empfehlen. Sie empfiehlt, die sängerische Einatmung durch die Nase zu trainieren, indem man in kleinen Schüben einatmet wie beim Schnüffeln an einer Blüte oder einem guten Duft. Dabei sind die Lippen geschlossen. Es ist hilfreich, den Weg des Atems in die Lunge nachzuvollziehen und zu spüren, wie der Atem auf diese Weise beim Einatmen durch die Nase in den tiefsten hinteren Teil der Lunge gelangt. Es kann solange eingeatmet werden, bis die hinteren Lungen sogar fast bis zum Punkt der Nackenresonanz spürbar gefüllt sind.

Der Atem soll dann innen gehalten werden, um überall die Luftfüllung der Lunge auch über die äußeren Muskeln zu spüren. Das Einatmen durch die Nase bringt den hinteren Teil der Lunge in Aktion und öffnet die Nackenwirbelsäule und die dort sitzende Resonanz. Auch wird ein wichtiges Energiezentrum, das hinter dem Atlaswirbel liegt, auf diese Weise angeregt und der Nacken automatisch korrekt aufgerichtet. Auch das Kinn, das bei der Nackendehnung locker nach unten sinkt, und der Rippenkasten werden damit in die Aufrichtung einbezogen. Die Buteyko und die Chi Fu Atmung im praktischen Teil bringen dazu das korrekte Training. Zu guter Letzt unterstreicht Luisa Tetrazzini noch die gesunde Wirkung des Singens, das bis ins hohe Alter wirkt, wenn man die Grundregeln immer berücksichtigt. Gute Vorbilder sind dabei für die Bühnenkarriere besonders wichtig.

Singen mit natürlichem Körpereinsatz – Unterricht, Therapie oder Selbstbeobachtung?

Singen ist eine natürliche Fähigkeit, die schon Babies bei der Geburt mitbringen. Die Stimmfunktion ist bei Babies körperlich und kommt aus dem Bauch. Deswegen können Säuglinge so viel lauter schreien als die meisten Erwachsenen. Wenn das Baby glücklich ist, produziert es eine Reihe hoher, quietschiger Töne, ist putzmunter und quietschfidel. Wer ein schreiendes Baby beobachtet, kann sehen, wie es Becken und Bauch beim Schreien einsetzt, der ganze Körper schüttelt sich geradezu vor Wehgeschrei. Die gleiche Dehnbarkeit hat der kleine Babykörper auch, wenn es seinen Zeh in den Mund steckt oder die Beinchen wie im Spagat auseinanderstreckt. Die Stimm-Muskulatur hat auch diese Dehnfähigkeit und die Resonanzräume öffnen sich mühelos.

Erst mit der Erziehung zum Leise Sein und sich Anpassen lernt das Kind, seine Stimme zurückzunehmen oder sich zurückzuhalten. Die natürliche Bewegungsfreude und Stimmpower wird dann den Bedürfnissen von Eltern und Kindergarten und Schule angepasst. Dabei gehen leider oft eine Menge an natürlicher Power und oft Stimmpotential verloren. So entwickeln Kinder im Wachstumsprozess leider auch falsche Angewohnheiten wie gebeugte Körperhaltung, schiefe Zähne, Rückenverkrümmungen und Asymmetrien im ganzen Körper. Nachlässige Haltung bei zuviel Sitzen an Schreibtisch und Computer fördert diese Fehleinstellungen und die zunehmende Versteifung der Muskulatur. Auch durch emotionale Muster wie mangelndes Selbstwertgefühl, Protesthaltungen usw. frieren körperliche Spannungen in der Muskulatur ein und werden zu Gewohnheitsmustern. Verkürzte Muskulatur im hinteren Bereich der Beine ist heutzutage bei Schulkindern in Westeuropa weit verbreitet, da das Sitzen auf Stühlen und das stundenlange in den PC oder Fernseher starren diese Muskelverkürzungen fördert. Leider beeinflussen diese Muskelverkürzungen auch die gesamte Statik des Körpers, sodass ich sowohl im Klavierunterricht als auch mit Sänger/inne/n immer an der Körperbalance und der Aufrichtung arbeite. Kinder ahmen ihre Eltern nach und übernehmen Stimm-, Körper- und Verhaltensmuster der Eltern und Großeltern, manchmal auch der Geschwister. Mit den Mustern sind meistens auch blockierte Emotionen verbunden, die in den Körperzellen oder im Energiefeld sitzen. Diese können schon von den Eltern mit vererbt sein und werden gleich bei der Zeugung des Kindes übertragen. Aus diesem Grund ist eine wahrhaft freie Stimme äußerst selten anzutreffen.

Eine menschliche Stimme von blockierten Emotionen, falscher Muskelanspannung und Zurückhaltung zu befreien, ist ebenso wunderbar, wie wenn man ein Tier aus einem Käfig in die Freiheit entlässt. Selbst ADHS und andere Lernstörungen oder Autismus lassen sich mit Körperaktivierung und dem Emotionscode auflösen. Seit die Lozanov – Methode den Alphazustand für das Lernen eingesetzt hat, haben sich auch Methoden wie Hypnose, Magnetismus und Matrix Energie ausgebreitet, um jeden Menschen von Zipperlein, Gefühlsstörungen und körperlichen Handicaps zu befreien. Im Gesangsunterricht profitieren wir ebenso von den modernen Erkenntnissen und legen die alten Drill-Methoden beiseite, nach denen Schüler stundenlang Übungen ausführen müssen, bevor sie eine Arie singen lernen.

Viele Gesangslehrer benutzen noch die veraltete Methode, nach der auch ich von einem Opernsänger einer Stimmreparatur unterzogen wurde, als ich zwei Jahre lang nur Lautmalerei und Silben singen durfte. Die Stimme befreite sich zwar, doch bei den Arien hatte ich immer noch die falsche Technik. Es tut mir auch weh, wenn ich erlebe, wie manche Sänger/innen sich durch harsche Selbstkritik abhalten, auf die richtigen Bühnen zu gehen. Das individuelle Gesangstraining muss genau auf die Person in ihrer Einzigartigkeit ausgerichtet werden, dann wird sich nicht nur die Stimme kontinuierlich entwickeln, sondern auch die ganze Persönlichkeit. Mehr Selbstvertrauen und Zuversicht in die eigenen Talente werden sich dann von selbst einstellen. Leider kann ein reichlich vorhandenes Selbstvertrauen nur von einem Lehrer weitergegeben werden, der selbst genug davon hat. Stattdessen besitzen jedoch viele Bühnenkünstler eher ein großes Ego anstatt eine natürliche Autorität, die auf Erfahrung und Bescheidenheit beruht. Ganz zu sich selbst zu finden, ist der Weg zur eigenen Stimme und dies bringt sowohl dem Gesangsschüler als auch seiner ganzen Umgebung normalerweise viel Freude. Leider sind die größten Künstler nicht sehr oft auch großartige Lehrer, selbst wenn sie, der Tradition von Meister Lamperti folgend, bei den ganz großen Berühmtheiten studiert haben.

Meine eigene Erfahrung mit dem Gesang nach einem Verlust der Sprechstimme hat mich über alle Klippen und Hindernisse ans Ziel geführt, weil ich so hartnäckig und ausdauernd war und selber nach der Wahrheit für meine Stimme gesucht habe. Da ich trotz guter italienischer Methode nicht die richtigen Fortschritte machte, wechselte ich mehrfach die Lehrer und lernte, dass nur jemand lehren kann, der auf die physische und psychische Konstitution des Schülers eingeht. Trotzdem geschah es auch dann, dass schlechte Gesanglehrer mit falschen Methoden die Stimme wieder auseinanderbrachen und mich zu einem völligen Neustart zwangen.

Nach all diesen Frustrationen gelang es mir, tiefer über Körpertherapien in das Ganze einzudringen, doch der Quantensprung zum Koloratursopran gelang mir erst, als ich einfach den größten Sängerinnen aus der italienischen Tradition zuhörte, zuschaute und sie fasziniert bis ins Detail für mich modellierte. Ich lauschte und spürte mit Gewahrsein in meinen Körper hinein, bis ich die Antworten bekam, die Lehrer mir nicht gegeben hatten oder nicht geben konnten. Anstatt zum Lehrer von nebenan zu gehen, lernte ich von den ganz großen des letzten Jahrhunderts Patti, Tetrazzini, Ponselle, Pons, Callas, Sutherland, Pavarotti, Freni, Popp und vielen anderen. Das brachte mich an die Quelle des Singens. Beim Abhören meiner eigenen Aufnahmen gab ich mir selbst Feedback und nahm mich auch per Video auf. Durch diese sorgfältige Kleinarbeit wurde ich stimmlich und körperlich neu geboren. Schuppen fielen mir von den Augen und ich wurde zum Selbstentdecker und Tutor meiner eigenen Stimme. Das Experiment mit Körperhaltung, Zungen-Entspannung, Kinnbeobachtung und der Entdeckung aller Resonanzräume begann Spaß zu machen und brachte mich weiter.

Meine Begeisterung für klassisches Ballett führte mich zu den Videos von Nurejew, Barishnikoff und Balanchine, von denen ich mehr über Körperbeherrschung und Balance lernte. Ich studierte sie wie ein Kleinkind, das laufen lernt. In meinen nächtlichen, sängerischen Eskapaden in den Kirchen brabbelte, quietschte, kreischte, jauchzte, grölte, summte und tönte ich, um meinen Körper in allen Tonlagen neu zu entdecken. La Traviata sang ich einige Wochen lang in der Yoga Position des Pfluges mit den Beinen nach hinten über dem Kopf. Gleichzeitig erforschte ich Atemübungen und untersuchte meine Lungenkapazität. Es war mir nie gelungen, mich beim Stehen bequem zu fühlen, also musste ich auch die Körperhaltung neu definieren.

Nach diesen Marathons der Selbsterfahrung nutzte ich die Chi Fu Atmung oft, um mich schnell in den Tiefschlaf zu bringen. Obwohl ich mich schon selber für verrückt hielt mit meiner Leidenschaft, blieb ich bei der Stange und hörte nicht auf, bis ich die Wahrheit über meinen Körper und meine Stimme herausfand. Nach den Jahren, die ich mit Unterricht herumlaboriert hatte, begab ich mich auf die Selbsterforschungsreise und diese führte mich dann zum Erfolg. Es dauerte kaum zwei Jahre, da hatte ich meine Stimme bis auf 3,5 Oktaven zu einem Koloratursopran entwickelt. Der Stimmbruch war komplett geheilt und die Heiserkeit beseitigt. Mein tägliches Körperergonomie – Training hatte mir nicht nur die Stimme repariert, sondern auch meine Rückenschmerzen beseitigt, die Kiefergelenke gelöst, die Zunge entspannt und meine Zahnreihen übereinander gebracht und sogar einen Engstand der Vorderzähne beseitigt. Dazu war mein Becken aufgerichtet, meine Körperhaltung schöner und meine Schulterblätter standen nun nicht mehr ab wie Hühnerflügel, ein Merkmal, das mich seit der Pubertät begleitet hatte. Durch Rolfing und die Übungen wuchs ich noch 2 cm im Alter von 40. Meine Lebensfreude steigerte sich dazu mit jeder Arie, die ich lernte.

Mein Fazit aus dieser Erfahrung ist, dass ein gründlicher Gesangsunterricht eine Körpertherapie ist, die den ganzen Menschen verändert. Wer sich selbst die Chance gibt, jeden Tag 30 Minuten für die gesunde Stimme und den gesunden Körper zu trainieren, wird nach einigen Monaten schon über das Ergebnis staunen können. Ich kann das nur jedem wärmstens empfehlen, selbst, wenn man nicht auf eine Opernbühne gehen will. Jeder Yoga- oder Tanzlehrer wird das sicherlich bestätigen. Ich kann nur sagen, wer singen lernt, wird sich selbst näherkommen und kann sich damit heilen. Lerne singen und Du erkennst Dich bald nicht wieder. Es ist sicherlich empfehlenswert, einen guten Lehrer zu finden, doch im Wesentlichen sollte der Gesangsstudent auf seine Intuition und das Bauchgefühl hören.

KÖRPER – INSTRUMENT DER SEELE

Wenn die Muskeln entspannt und harmonisch zusammen arbeiten, bringt der Körper eine erstaunlich große und schöne Stimme hervor, die ganze Säle ohne Mikrofon mit Stimmklang füllt. Durch die Herstellung des natürlichen Körpergleichgewichtes und der natürlichen Muskelspannung kommen Körper und Seele in die Balance. Singen bringt jeden Menschen seinen Gefühlen und seinem Körper näher, deswegen ist Gesang so gesund. Nachdem meine Stimme durch eine Scheidung gebrochen war, fand ich beim Singen wieder zu meinem inneren Gleichgewicht und mehr Selbstsicherheit zurück. Erst Jahre später erkannte ich, welche persönliche Veränderung mir die Leidenschaft für Gesang gebracht hatte. Nun ist es mir ein Anliegen, das praktisch erworbene Wissen mit anderen zu teilen, die Lust haben, meine Übungen für sich auszuprobieren, um ebenfalls gesünder und ausgeglichener zu werden.

Körperhaltung – korrekt statt lässig für Kopf, Nacken und Schultern

Ein Orthopäde oder andere Mediziner mögen behaupten, dass schiefe Knie, ein Hohlkreuz, Nackenschmerzen, Migräne, schiefe Zähne, ein Sprach-fehler, Mangel an Selbstvertrauen, große Schüchternheit und viele andere chronische emotionale oder physische Behinderungen nicht veränderbar sind, wenn sie einmal im Körper eingeprägt sind. Oft wird das Argument – genetisch – aufgetischt und als unveränderbar dargestellt. Ich betone immer wieder, dass so gut wie nichts am Körper nicht in irgendeiner Weise veränderbar ist. Die Haltungen des Körpers sind tief im Unterbewusstsein verankert und, wenn sie das nicht wären, dann hätte der Körper sie einfach nicht.

Jede Schwäche kann daher mit Selbstbeobachtung beeinflusst und verändert werden. Dafür bin ich selbst der lebende Beweis. Zweimal mit Zahnspangen über Jahre ausgestattet, würde der Kieferorthopäde sich heute sehr wundern, wenn er sähe, dass ich meinen Biss neu auf die Mitte ausgerichtet habe allein durch Gesang – und Körpertraining. Der Korken einer Weinflasche war dazu das richtige Instrument. Auch Rückenschmerzen, Fehlstellungen von Wirbeln und Fußbeschwerden ließen sich wegtrainieren. Mit der Körperaufrichtung wuchs das Selbstvertrauen in die Bühnenpräsenz. Die Körpertherapien von Frederick M. Alexander, Moshe Feldenkrais, Ida Rolf und Benita Cantieni zeigten mir, dass auch sie Autodidakten gewesen waren und gaben mir viele Anstöße für meine eigene Stimm- Aufbau-Methode. Als meine Kehle anfing nach Unterrichtsstunden zu schmerzen, hatte die Lehrerin, eine Opernsängerin, keine Antworten dafür. Aus Neugier ging ich dann neben der Opernschule in Zürich auch in die Stunden von Benita Cantieni und fand, dass ich anschließend im Gesangsunterricht einfach leichter zurechtkam. Einige Wochen danach erzählte mir Benita Cantieni ihre Leidensgeschichte mit dem Hashimoto Syndrom seit ihrer Jugend. Ich konnte es kaum glauben, dass sie sich von allen ernsten Deformierungen des Körpers, ja einem hässlichen Entlein mit 30, in einen so schönen, stolzen Schwan mit 50 Jahren verwandelt hatte. Erst mit 40 Jahren hatte sie die Wirkung der Tiefenmuskulatur auf den gesamten Körper bemerkt und danach ihr Training aufgebaut. Hier ist das Beispiel für korrekte Körperaufrichtung aus ihrem Buch Tigerfeeling, S. 110. Diese Haltung ist auch die ideale Aufrichtung für Sänger/innen.

Cantieni Übungen können sehr gut mit Singen und Sprechen kombiniert werden. Sie bringen erstaunliche Verbesserungen für die Stimme. Das Beispiel für korrektes Stehen zeigt, wie die Wirbelsäule aus dem Hohlkreuz heraus besser aufgerichtet wird und die Hüfte in eine aufrechte Position kommt. Dadurch wird der Beckenboden aktiviert und das gesamte Becken beginnt zu schwingen beim Gehen. Schon beim Anschauen der Zeichnung kann man erkennen, dass die aufgerichtete Figur fröhlicher und leichter wirkt als die andere. Aktives Stehen kann zu Beginn besser im Liegen erlernt werden, da man dann die Skelettmuskeln entspannt und die Beckenboden-Muskulatur besser spüren lernt. Besonders wenn die Schulterpartie aus der Balance geraten ist, hilft auch das flache Liegen dabei, zu erfühlen, wo die Körperteile eigentlich von Natur aus hingehören.

Da ein Baby im Liegen sehr laut schreien kann, ist es auch für Erwachsene förderlich, die Stimme im Liegen mit aufgestellten Füßen zu entwickeln. In der Embryo-Position lernt man sich selbst sehr gut kennen. Für Anfänger ist die Liegeposition sehr hilfreich.

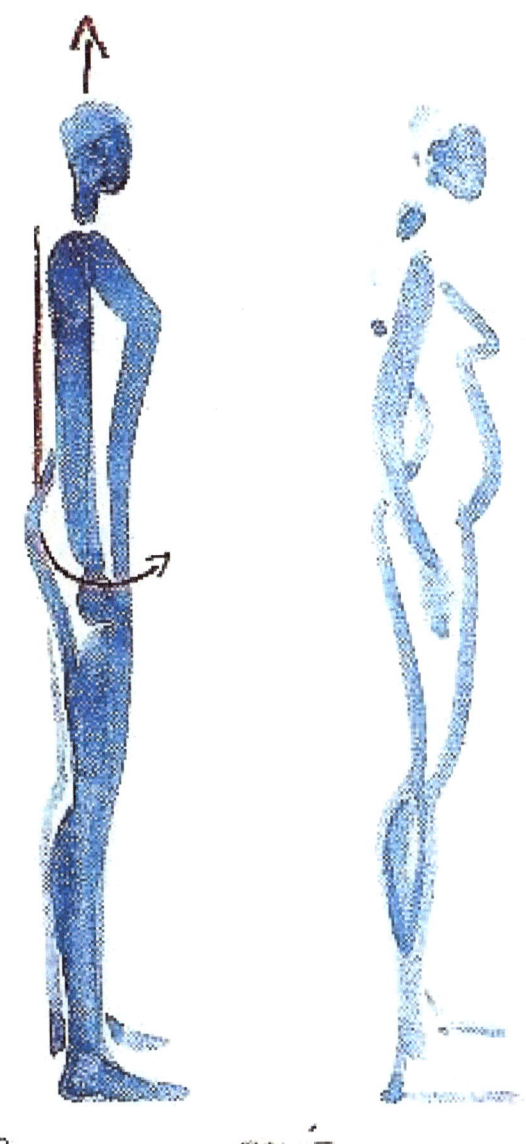

Maria Callas pflegte im Stehen oft die Embryo-Haltung für das Einstudieren von Arien zu benutzen. Dabei ist der Rücken leicht nach außen gerundet und der Nacken lang aufgerichtet. Es gibt viele Fotos, auf denen sie so mit verschränkten Armen abgebildet ist. Ich habe diese Haltung ausprobiert und herausgefunden, dass sie die Verbindung zwischen Kopf- und Brustresonanz fördert und den Kehlkopf veranlasst, in seiner tief gestellten, entspannten Position zu bleiben. Wir finden diese Embryo-Haltung als Sitzposition bei dem berühmten Pianisten Vladimir Horowitz, der so immer an seinem Steinway-Flügel zu sehen war. Durch die leichte Rundung nach außen, wird das Zwerchfell bei tiefer Einatmung voll ausgedehnt, sodass die Lungen vorn und hinten symmetrisch mit Luft gefüllt werden. Auch ist die Wirbelsäule dann zwischen dem Steißbein und dem Atlaswirbel in der Balance ziemlich gerade aufgerichtet. Das macht es der Stimme leichter zu singen und den Händen leichter, sich über die Klaviertastatur zu bewegen. Das Brustbein ist dann nur leicht aufgerichtet, damit das Kinn locker nach unten fallen und der Resonanzplatz unter der Zungenspitze sich mit der Brustresonanz verbinden kann. In der Embryoposition werden die Lordose und die Kyphose der Wirbelsäule fast ganz aufgerichtet, sodass kaum eine Krümmung entsteht. Bei unseren Verwandten, den Affen, ist das noch in der Natur sehr gut zu sehen. Affen haben eine gerade Aufrichtung der Wirbelsäule, da sie viel klettern und ihre Stimmen sind in der Regel kräftig und laut.

Wie die ideale Aufrichtung des Körpers beim Menschen aussieht, ist bei David Coulter in seinem Buch „Anatomy of Hatha Yoga", dargestellt. Wird der Kopf nicht in der Ausrichtung zur Schwerkraft über der Wirbelsäule gehalten, so ziehen 5-6 kg Gewicht den Körper in die Richtung, in die der Kopf tendiert. Das ist besonders für beim Singen und am Klavier sehr wichtig, da sonst die Kehle oder die Handgelenke falsch belastet werden. So beschreibt es auch Frederick Alexander in seiner Körpertherapie.

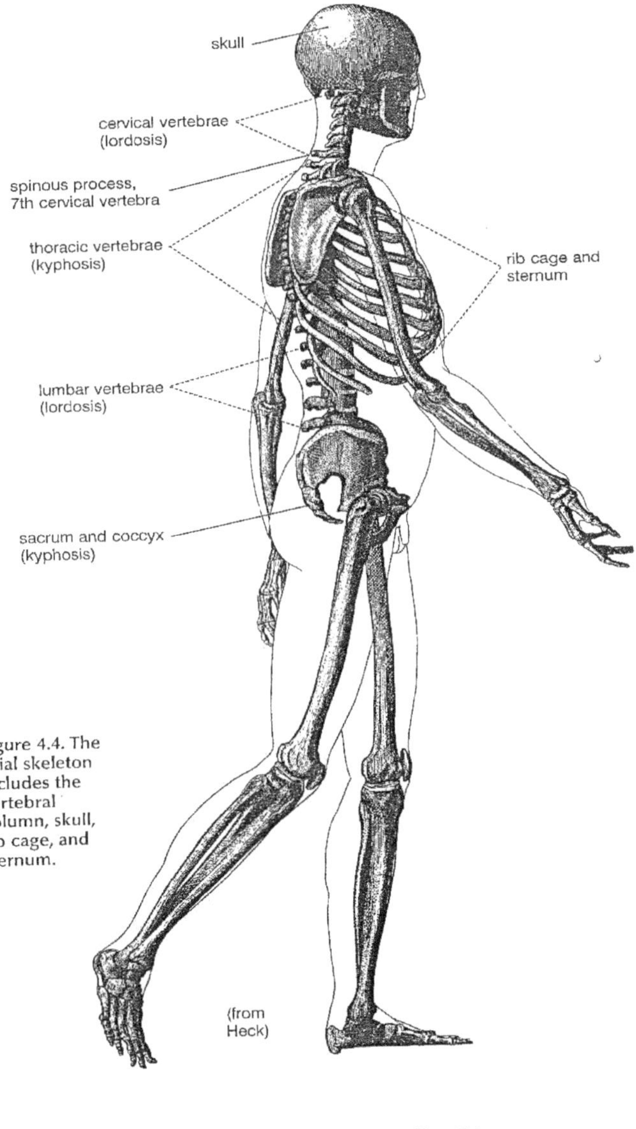

Figure 4.4. The axial skeleton includes the vertebral column, skull, rib cage, and sternum.

David Coulter, Anatomy of Yoga, Seite 76

Maria Callas behauptete, dass sie von ihrem Kanarienvogel David mehr über Gesang lernte als von den meisten Gesanglehrern, obwohl sie Elvira De Hidalgo sehr schätzte. Sie beobachtete bei David, wie er Bauch, Kehle und Schnabel zusammen bewegte, denn der Bauch arbeitet bei Vögeln energisch beim Zirpen mit. Mit dem Schnabel pflegen sie den Ton regelrecht nach außen zu katapultieren. Callas sang immer nur mit der notwenigen, knappen Mundöffnung, doch die Nackenresonanz war weit geöffnet und der Vordersitz verband sich mit der Brustresonanz. Sie hatte einen guten Glottis-Schluss, der ihre Töne metallisch klar machte. Die Lippen formte sie ein wenig zu einem Kussmund oder Trichter. Die Verbindung der Resonanzräume des Kopfes mit der Brust wirkt sich positiv auf die Thymusdrüse hinter dem Brustbein aus, die dadurch sanft stimuliert wird. Da die Thymusdrüse den Hormonhaushalt und die Stimmung positiv beeinflusst, ist es nicht verwunderlich, dass Sänger/innen vielfach nach Aufführungen aufgedreht sind und einige Stunden zum Abschalten dieses Pegels benötigen. Müdigkeit kommt beim Gesang nur durch schwere Emotionen in tragischen Rollen auf. Allerdings kann eine solche Rolle einen heftigen Energieabfall verursachen. Dorothy Caruso erwähnt, dass ihr Mann nach Bühnenauftritten in dramatischen Rollen, oft erschöpft war. Gesang ist trotzdem im Allgemeinen eine heilsame Beschäftigung, die Körper und Seele verbindet.

Eine kleine Übung zeigt, wie man einige entspannende Momente in eine wunderbare Körpererfahrung von Beckenbodenkraft verwandeln kann. Dabei werden die tief am Skelett ansetzen Muskeln aktiviert, die den Körper aufrecht halten. Gleichzeitig findet die Stimme zu ihrem authentischen Klang, wenn diese Übung für längere Zeit im Liegen gemacht wird. Grundsätzlich darf jedes Stimmtraining mit Aufwärmübungen im Liegen und Tiefatmung beginnen. Die so gewonnene gute Körperbalance gibt dem Körper dann auf der Bühne und im Alltag Leichtfüßigkeit und Beschwingtheit bei allen Bewegungen.

Aktiviere Deinen Beckenboden

Lege Dich auf einen sauberen Untergrund, eine Yogamatte oder einen angenehmen Teppich. Streck Deinen Körper gemütlich aus und lass' die Schultern und Schulterblätter flach auf dem Boden ruhen. Die Arme liegen leicht ausgebreitet seitwärts neben dem Körper, die Handflächen möglichst nach oben. Solltest Du das Gefühl haben, dass Dein Kopf zu tief liegt ohne Kissen, kannst Du ein Taschenbuch unter Deinen Hinterkopf platzieren, so dass der Nacken sich angenehm dehnt und das Kinn etwas in Richtung Brustbein abgesenkt wird. Nun stellst Du beide Füße mit der Fußsohle auf den Boden und zwar etwa 10 cm auseinander, genau gesagt in der Breite Deiner Hüftknochen voneinander entfernt. Die Hüftbreite findest Du, wenn Du von den Hüftschaufeln, die leicht am Bauch zu ertasten sind, eine Linie jeweils nach unten durch die Fußmitte ziehst. Das mag jetzt etwas kompliziert klingen, ist aber nach ein paar Versuchen sehr einfach. Bei der Alexandertechnik kommt es auf die präzise Ausführung der Übungen an.

Meine persönlichen Übungen sind ebenfalls Millimeter-Arbeit. Der Sängernacken ist immer wohl aufgerichtet und lang gestreckt, das Kinn zeigt zur Brust. Sobald Du in dieser Liegeposition ein bequemes Gefühl hast, entspanne die Füße und die Knie, sowie alle Gelenke Deines Körpers von Kopf bis Fuß. Nun mache Dir bewusst, wie alle Wirbel Deiner Wirbelsäule zwischen dem obersten Wirbel, der den Kopf trägt, Atlaswirbel genannt, und dem untersten Wirbel, dem Steißbein, ganz locker auf dem Boden aufliegen. Wenn der gesamte Rücken auf dem Boden ruht, sollten normalerweise auch die beiden Zahnreihen übereinander stehen. Du kannst auch dies ein wenig angleichen, sollte es nicht der Fall sein. Diese Grundübung ist die Ausgangsposition für das gesamte Singtraining. Entspanne die Kiefergelenke und die Zunge, löse ein leichtes Gähnen nach hinten in den Rachen aus, ohne die Lippen zu öffnen und spüre in diese Position gründlich hinein. Sobald Du Deine Grundposition im Liegen bequem eingenommen hast und auch Zunge, Kiefer, Mund, Lippen und Gesicht ganz entspannt sind, konzentriere Dich auf Dein Becken. Du rollst nun das Becken nach oben zu Deinem Kinn und der Nabel bewegt sich gleichzeitig aufwärts in die Taille. Wenn Du noch weiter das Becken einrollst, hebt sich der Po langsam vom Boden. Diese Aufwärtsbewegung geschieht nur mit der Beckenboden-Muskulatur und kann nur 5 – 10 cm oder bis zum Waschbrett fortgeführt werden. Langsam und gemütlich, millimeterweise, ist das Motto. Spüre in Deine Knie hinein und, während Du das Becken anhebst und den Nabel nach innen aufwärts rollst, entspanne immer wieder die Knie, damit der Beckenboden arbeiten kann. Diese Übung, der Nabellift und das Waschbrett, korrigieren ein Hohlkreuz und falschen Biss; sie dehnen auch die gesamte Wirbelsäule. Sie bringen den Körper in eine natürliche Balance zurück, die oft schon ab der Kindergartenzeit leider verloren geht.

Nabellift für die schlanke Linie

Nachdem Du die Grundübung gelernt hast, wie man in die richtige Liegeposition kommt, kannst Du den schon beschriebenen Nabellift, das Einrollen des Nabels zur Taille hin, bewusst und intensiv üben. Diesen Nabellift benötigst Du später im Stehen, um für die Arien die richtige Körperbalance zu haben. Wenn Du den Nabellift ausführst, hebe Deine Hüften sehr langsam in Zeitlupe vom Boden ab und genieße das Gefühl der Kraft dabei. Beobachte auch, wie Du tiefer in den hinteren Rücken einatmen kannst bei dieser Übung. Du solltest mit dem Nabellift anfangs nur winzige Bewegungen trainieren, bis Du das Gefühl für die angenehme Rollbewegung entwickelt hast, dann kannst Du allmählich weiter vom Boden abheben und die Hüften aufwärts bewegen, bis Du die Waschbrett

-Position erreichst. Beim Waschbrett ist die Hüfte soweit vom Boden abgehoben, dass die Wirbelsäule fast bis zum Kopf vom Boden entfernt ist. Dabei wird die Wirbelsäule enorm gedehnt, vor allem die Nackenwirbel. Wer dort Probleme hat, muss diese Übung mit Vorsicht angehen. Falscher Ehrgeiz ist nicht angebracht, da die minimalen Bewegungen bei diesen Übungen die größte Wirkung haben. Es ist sehr hilfreich für Anfänger, sich bei diesen Übungen korrigieren zu lassen, damit sie nicht falsch ausgeführt werden und dann kein Ergebnis haben oder das falsche Ergebnis haben. Ich betone nochmals, dass es auf jeden korrekten Millimeter dabei ankommt, um die gewünschten Körper- und Stimm-Korrekturen erfolgreich umzusetzen. Scheue Dich nicht, notfalls über Email oder Skype um Überprüfung zu bitten.

Der Nabellift endet hier in der Waschbrett-Position

Die Wirkung des Nabellifts

Der Nabellift wird zuerst im Liegen eingeübt, dann später beim Singen im Stehen weiter verwendet, um dem Hohlkreuz entgegen zu wirken und den Oberkörper in die Balance zu bringen, damit der Beckenboden und die Schamgegend bei der Stimmproduktion mitwirken. Wenn der Nabellift langsam und unter Beachtung der Symmetrie der Hüftgelenke und Knie ausgeführt wird, kann er sich positiv auf die gesamte Körperbalance und Konstitution auswirken. Mit der Zeit wird der Trainierende auch lernen, den Nabellift tagsüber unbemerkt einzusetzen, um den Rücken zu entlasten und die Gelenke geschmeidig zu halten und die Gesichtszüge bei Stress zu entspannen. Das ist wichtig für die Gesundheit und vor allem für engagierte Sänger, die ihre volle Stimmkraft nutzen wollen. Sieht man sich berühmte Sänger wie Caruso, Pavarotti und viele andere an, so sieht man, dass die besten Stimmen auch die am besten aufgerichtete Körperhaltung aufweisen, aus gutem Grund. Die Wagner-Sängerin Birgit Nilsson, pflegt in den Opernpausen auf ihrem Heimtrainer in der Garderobe einige km abzustrampeln, um sich fit zu halten. Das viele Stehen ist oft anstrengend und für die Gelenke eine große Belastung. Zu dem gleichen Zweck dient der Nabellift im Liegen in den Pausen. Durch den Nabellift wird auch der Raum hinter dem Nabel, der beim Singen mitvibriert, viel besser spürbar. Diese Übung hilft auch als Schutz gegen Zwerchfellbruch, Blasenprobleme, Prostata-Beschwerden. Der Nabellift bringt einen geschmeidigen Gang wie bei Katzen mit sich, was man bei Tänzern und manchen Sängern auf der Bühne sehen kann.

Vom Nabellift bis zum Waschbrett

Wenn die Übung mit dem Nabellift beginnt, sollten sich Nacken und Wirbelsäule vollkommen entspannt anfühlen und auf dem Boden aufliegen. Erst wenn die kleine Bewegung des Nabels zur Taille hin, gut klappt, darf das weitere Anheben praktiziert werden. Das Becken kann dann soweit abgehoben werden, dass die gesamte Wirbelsäule bis zum Nacken vom Boden entfernt ist und dabei gedehnt wird. Die Hüfte sollte dabei streng aufgerichtet bleiben und nicht in das Hohlkreuz sinken oder aus der Balance geraten. Der angehobene Körper sollte sich noch bequem anfühlen und der Nacken soweit wie möglich noch auf der Unterlage aufliegen, wobei das Kinn auf die Brust gepresst wird. Diese Position kann ein bis zwei Minuten gehalten werden, während ruhig weiter geatmet wird.

Die Wirkung des Waschbretts

Der Atem wird durch diese Übung weiter nach hinten und tief in die unteren Lungenflügel hineinfließen. Wenn das Waschbrett aufgelöst wird, geht der Trainierende ganz langsam Wirbel für Wirbel in Richtung Boden und dehnt dabei die Wirbelsäule soweit wie möglich aus. Es muss sich so anfühlen, als würde man tatsächlich größer werden. Dann ist es richtig. Der Körper wird sich beim Waschbrett an die Flexibilität aus der Kindheit erinnern und die Nackendehnung tut allen Schreibtisch-Tätern besonders gut. Jeder Ehrgeiz ist zu vermeiden, wenn eine Übung am Anfang nicht so ganz wie gewünscht funktioniert. Für die Schulterblätter können die Arme aus der Position neben dem Körper weiter auseinander bewegt werden, dabei wird spürbar, ob die Schulterblätter und Schultern flach auf dem Boden bleiben. Achte auch darauf, die Knie nicht zu weit zu öffnen und sie locker zu lassen. Das Becken arbeitet, nicht die Knie.

Die Waschbrett-Übung entspannt und dehnt die Wirbelsäule. Sie stärkt die Muskulatur des Beckenbodens, den Pyramidenmuskel über dem Schambein und unterstützt einen flachen Bauch. Sie hilft die Weite der Rippen beim Atmen zu spüren und korrigiert falsche Wirbelpositionen in Nacken und Rücken, wenn man sie präzise über mehrere Wochen ausführt. Die Bandscheiben, die beim Stillsitzen nicht ernährt werden, bekommen hier sowohl Raum als auch Nahrung und können sich wieder mit Flüssigkeit füllen und dehnen. Ihre Kissenfunktion zwischen den Wirbelkörpern wird unterstützt. Diese Körperübung hilft, die dramatische Stimme zu entwickeln und die Stimme über den Pyramidenmuskel mit dem Körper zu verbinden. Die hier gezeigte Halteposition sollte nach dem Nabellift und Waschbrett eingenommen werden, um die Knie zu entlasten und Hüfte und Rücken noch mehr zu dehnen.

Vom Liegen zum Stehen mit Ovationen

Wenn der Körper zur Höchstform entwickelt wird, bekommt ein Sänger leicht stehende Ovationen, den die Stimmerzeugung ist zum größten Teil vom Körper abhängig. Es ist im Grunde wie bei den Eisbergen, bei denen nur 10 % über der Wasseroberfläche sichtbar sind, während die tragenden 90 % unter dem Wasser verborgen liegen. Singen hat mit dem Tanzen und der Akrobatik viel gemeinsam, nämlich die Körperbeherrschung.

Jeder Singende steht am besten still, gut ausbalanciert und entspannt auf seinen Füßen. Auch Chorsänger müssen oft stundenlang in Reihen auf der Bühne stillstehen, was sehr anstrengend für den Rücken und die Knie ist, wenn die Körperhaltung nicht ausbalanciert wurde und der Druck auf den unteren Rücken und die Knie entfernt wurde.

Ich habe manche Opernsängerin erlebt, die eine Knie-Operation hatte oder gegen Ende der Karriere wie Joan Sutherland eine Rückenstütze tragen musste. Hätte Joan mehr Beckenbodenpower benutzt, wäre ihr das erspart geblieben. Schmerzen kommen vom falschen Stehen. Natürlich ist Stehen anstrengender als sich zu bewegen. Bei Chorproben und Auftritten hatte ich nach kurzer Zeit auch immer Rückenschmerzen, im Unterricht wusste ich auch nicht, wie ich korrekt dastehen sollte. Meine Gesanglehrer beachteten meine Fragen nach dem richtigen Stehen einfach nicht. So tat ich was ich konnte und quälte mich herum. Niemand klärte mich auf, bis ich bei Benita Cantieni Übungen für das Becken lernte und später in der Sängerliteratur auf das schöne kleine Buch von

Richard Brünner stieß, dessen Zeichnungen allen Sänger/inne/n die Augen öffnen und den korrekt ausbalancierten Sängerstand im Vergleich zu falschen Positionen zeigen.

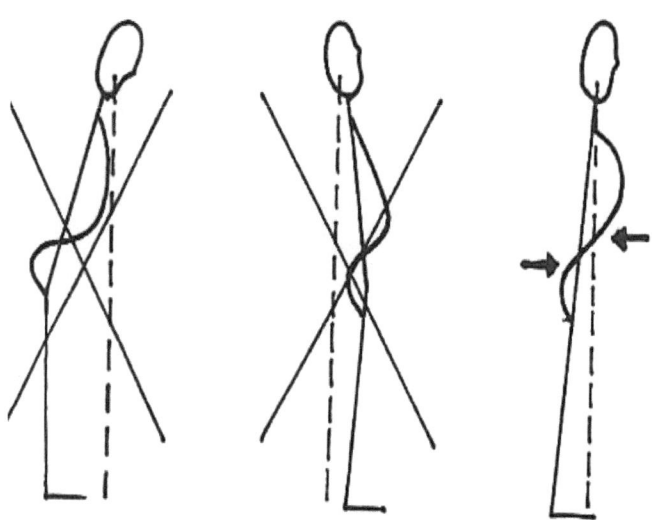

Richard Brünner, ein deutscher Tenor, war im zweiten Weltkrieg verwundet worden und konnte daher nicht mehr auf die Opernbühne gehen. Er wurde ein bekannter und beliebter Lehrer für die Tölzer Sängerknaben, die europaweit bekannt sind. Sein winziges Buch über Gesangstechnik ist eine Fundgrube für die korrekte Gesangstechnik, denn seine Zeichnungen sagen mehr als tausend Worte. So auch die Zeichnung für das richtige Stehen. Bei der Version rechts außen sieht man wie die Hüfte mit dem Nabellift eingerollt ist und der Oberkörper durch das Brustbein angehoben wurde. So entsteht eine natürliche Dehnung der Wirbelsäule in die Länge und der Rippenkasten kann sich nach allen Seiten gleichmäßig beim Einatmen ausdehnen. Ein dynamisches Dehngefühl ergibt sich, sobald die Balance leicht nach vorn auf den Vorderfuß verlegt wird, in dieser Haltung ist das Singen am angenehmsten. Alle Gelenke zwischen den Ohren und den Füßen sind in dieser leicht geschrägten Position entspannt aufgerichtet.

Die Wirkung des Stehens in Balance

Frederick M. Alexander stellte bei seinen Auftritten fest, dass das Stehen in der Balance zum Gravitationsfeld der Erde die Gelenke in die natürlich-gesunde Position bringt. Wenn der Atlaswirbel und das Steißbein in der ersten Ordnung übereinander aufgerichtet sind, befinden sich auch die Gelenke von Kiefer, Schulter, Ellbogen, Händen, Knien und Füßen in der ausgewogenen Position. Das verhindert eine frühzeitige Abnutzung der Gelenke. Wenn Frauen beim Konzert hohe Absätze tragen, müssen sie ein wenig die Knie beugen, damit der ganze Körper aufrecht bleibt. Durch hohe Absätze wird leider auch leicht der Beckenboden blockiert und die Waden werden steif und verkürzen sich auf Dauer. Das Stehen in Balance kann durch langsames Gehen in der Balance besser aktiviert werden, da es grundsätzlich unnatürlich für Lebewesen ist, wie erstarrt dazustehen.

Wer die Möglichkeit hat, MBT-Schuhe für Walking zu nutzen, kann durch das Geh-Training mit diesen Schuhen Zugang zu seiner persönlichen Balance finden und die rückwärtigen Muskelverkürzungen sanft lösen. Diese Methode ist neben Körpertherapien äußerst wirkungsvoll und bei guter Selbstbeobachtungsgabe auch autodidaktisch durchzuführen. Beim korrekten Sängerstand mit leichter Vorwärtslast auf den Füßen wird der Rettungsring für Sänger um die Rippen herum eingerichtet. Dies geschieht durch tiefe Einatmung und Aufspreizen der Rippen ringsherum. Das Zwerchfell bleibt dann aufgespannt und flach wie ein Trampolin und kann so die Töne sehr gut unterstützen. Der Pyramidenmuskel und der Beckenboden arbeiten dann mit dem aufgespannten Zwerchfell durch den Nabellift zusammen. So entsteht ein Doppelzug, der

Aktives Stehen mit leichter Vorneigung für Gesang

elastisch in zwei Richtungen wirkt wie auf Brünner's Zeichnung mit den Pfeilen dargestellt. Das Zwerchfell mit dem Rippenkasten und der Beckenboden mit dem Pyramidalis stellen sozusagen das Sicherheitsnetz für den singenden Akrobaten dar. Wenn die Grundposition im Stehen korrekt eingenommen wird, entsteht ein angenehmes Gefühl von Gewichtlosigkeit. Das aktive Stehen fühlt sich dann so an, als würde man gleich losgehen wollen und tut es dann doch nicht. Aktives Stehen fördert auch die Atmung und Durchblutung, die für das Gehirn und die Textwiedergabe aus dem Gedächtnis unerlässlich sind. Die beste Stehposition kann man nicht sehen, sondern nur erspüren durch Training. Die S-Form der Wirbelsäule ist beim Singen sehr stark aufgerichtet und zu einer geraden Linie gedehnt. Dadurch werden die Bandscheiben geschont. Die Nasenatmung erreicht besser die hinteren Teile der Lungen im Rücken und die Fähigkeit, lange Phrasen zu singen, wird gesteigert. Gewöhnt man sich das aktive Stehen an, so gelingt es auch leichter, das gleiche beim Sitzen zu tun und den Beckenboden beim Sitzen zu aktivieren, wie es auf dem nächsten Foto zu sehen ist.

Kurz ein Ausflug zu den Entdeckungen der Körpertherapie von Frederick M. Alexander, einem australischen Schauspieler und Shakespeare- Darsteller zu Beginn des 20. Jahrhunderts, der mit 23 Jahren auf der Bühne seine Stimme verlor und wegen chronischer Heiserkeit seine Karriere aufgeben musste. Alexander machte schließlich aus seiner Not eine Tugend, da ihm kein Arzt eine Diagnose stellen konnte. Er fand durch Selbstbeobachtung im Spiegel nach Monaten heraus, dass er durch das Anheben des Kinns auf der Bühne seinen Nacken verkürzte und damit den Kehlkopf in eine falsche Position brachte, die ihm Heiserkeit eintrug. Als er das erkannte, entwickelte er eine Körperoptimierungstechnik für alle Menschen, die öffentlich präsentieren müssen oder auf Bühnen stehen. Er schaute seine Bewegungen bei Kleinkindern ab, die sich noch ganz natürlich im Verhältnis zur Erdanziehung bewegen und unterrichtete später seine Alexandertechnik weltweit. Er bewies seinem Umfeld, dass man mit 80 auch noch eine schöne aufrechte Haltung haben kann. Es wäre daher angebracht, seine Übungen nicht nur an Schauspielschulen, sondern auch in Kindergärten, Schulen und Altersheimen zu unterrichten.

Aktiv Sitzen für Gesang und Klavier

Wenn ein Mensch seinen Rippenkasten aufrichtet, so hilft das nicht nur, mehr Luft in die Lunge zu bringen, sondern bewirkt auch, dass der Atem tiefer und langsamer hinein-

und hinausfließen kann. Langsames konzentriertes Atmen stabilisiert die Psyche und heilt manche Krankheiten, sogar chronische durch eine bessere Sauerstoffzufuhr und -Aufnahme. Es ist eine unglückselige Mode, dass die westliche Erziehung Kinder immer mehr zu Couchpotatoes macht, weil die Kinder gelangweilt in der Schule sitzen, dann daheim vor dem Computer herumhängen anstatt draußen zu sein und Sport zu treiben. Auch bei jungen Mädchen ab der Pubertät ist ein Trend erkennbar, den Kopf zu senken und die Augen mädchenhaft niederzuschlagen und die Schultern hängenzulassen, anstatt den Kopf aufrecht zu tragen. Anscheinend wirkt das schüchtern und auf Jungen vielleicht anziehend.

Selbst Jungs unter den Teenies finden es cool, den Kopf und die Schultern hängen zu lassen und dann noch eine Halbmasthose zu tragen, die sämtliche Körperproportionen entstellt. Ich sehe es auch oft in der U-Bahn, wie sich jugendliche herumflegeln und auf den Sitzen hängen. Diese Körpersprache zeigt ein auffallend geringes Selbstwertgefühl, auch wenn sich darunter eine Protesthaltung verbirgt, die im Grunde auch nur ein Zeichen mangelnder Anerkennung ist. Mir tut das immer in der Seele weh. Da jede Kleidung und jedes Verhalten, jede Haltung Ausdruck der inneren Persönlichkeit sind, ist es für jeden Menschen so ungeheuer wichtig, sich selbst so darzustellen, wie er auch von anderen gesehen und geschätzt werden möchte. Protest ist die am wenig-sten geeignete Methode, Liebe und Wertschätzung zu finden. Wir benötigen alle einen liebevollen Zugang zu unserem Körper und zu unserer Stimme mit jedem einzelnen Gedanken und Gefühl, um aus dieser tiefen inneren Achtung heraus unsere körperlichen und seelischen Ressourcen voll nutzen zu können und unser Potential überhaupt wahrzunehmen.

Marketender – Hocke, Sitz der fliegenden Händler auf dem Bazar

Das nächste Foto zeigt eine gesunde Sitzhaltung, die ich zum Training für die Konzentration und Entspannung empfehle. Wer beim Singen länger steht und merkt, dass die Muskeln sich versteifen, kann sich so blitzschnell für ein paar Minuten entspannen. Dabei kann zusätzlich der Beckenboden trainiert werden, indem man die Sitzhöcker zueinander in die Mitte zieht und zwar rhythmisch in kleinen Bewegungen. Ein kleiner Impuls reicht völlig, die Muskeln machen das dann auf Kommando allein. Auch beim Sitzen im Büro kann man so zwischendurch entspannen. Der sogenannte Bikinimuskel, medizinisch „musculus pyramidalis", liegt über dem Schambein und wirkt mit dem Beckenboden zusammen. Er verläuft nach oben hin zum Brustbein und ist deswegen für die Stimmfunktion wichtig, auch wenn er bei manchen Menschen bereits unterentwickelt ist. Konzentriert man sich mental eine Weile auf diese Muskelgruppe und öffnet den Rippenkasten beim Atmen soweit es geht, ist das ein angenehmes Stretching. Das Zusammenziehen der Sitzhöcker zur Mitte, dehnt auch den gesamten Rücken, was sich sehr angenehm anfühlt. Wer diesen Hocksitz nutzt, wird nicht so schnell müde. Diese Sitzposition wird gern von fliegenden Händlern auf orientalischen Bazaren benutzt. Sie können nicht nur in dieser Position stundenlang beim Kaffee sitzen und schwatzen, sondern beraten auch ihre Kunden so. Beduinische Frauen, die ohnehin viel auf dem Boden sitzen, weil sie nicht so viel Mobiliar benutzen, sitzen bequem stundenlang in dieser Position beim Wäschewaschen oder spülen. Nur untrainierte Europäer werden schnell mü-

Marketender Hocksitz

de davon, da sie von Stühlen verwöhnt sind. Es lohnt sich den Hocksitz täglich zu üben, um sich wieder an die Natur des Körpers zu gewöhnen und die Kraft der Stimme aus dem Becken zu locken. Stühle bewirken auf Dauer eine Verkürzung der hinteren Beinmuskulatur, wie sie oft schon bei Schulkindern beobachtet werden kann. Durch die hinten verkürzte harte Muskulatur der Beine verschieben sich auf Dauer die Sitzhöcker und infolgedessen hängt man auf dem Stuhl anstatt korrekt auf seinen Sitzhöckern zu sitzen. Von der Seite betrachtet, wird auch die Gesäßlinie verschoben, der Po wirkt flach und hängt durch mit der Zeit. Das sieht sehr unschön aus, absolut nicht sexy.

Die positive Wirkung des Hocksitzes

Der Hocksitz bietet eine Möglichkeit, den Körper zu entspannen und die Hüftgelenke in die korrekte Position zu bringen. Die Hüfte öffnet sich leichter nach außen. Mit etwas Übung wird jeder feststellen, dass die Beweglichkeit steigt und man sich nach steifem Sitzen auf Stühlen, vor PC und Fernseher, schnell wieder wohler fühlt. Der Hüftgelenkskopf, der die Hüfte beweglich erhält, kann mit diesem Hocksitz in die richtige Position zurückgebracht werden, da er sich bei zu viel Sitzen auf Stühlen normalerweise leicht verschiebt. Die weit verbreitete Gelenkarthrose, die hierzulande bei älteren Menschen so verbreitet ist, tritt dann nicht ein. Diese Übung kann einem sogar eine Operation im Alter ersparen und hat eine positive Wirkung auf die Verdauung, da sie auch die Bauchorgane massiert. Wichtig ist, die Fußsohlen allmählich an den Boden zu bringen, ohne die Sohle wie einen Plattfuß durchhängen zu lassen. Wer das nicht kann, lässt seine Füße einfach auf dem Vorderfuß ruhen. Für Sänger ist der Hocksitz ideal, um die Stimme aufzuwärmen und die Resonanzräume anzusprechen, denn in dieser Stellung arbeiten Kopf, Brust und Bauch optimal zusammen. Man kann diese Übung auch gut mit dem Buteyko Atem kombinieren.

Der Mannequin Trick für den Kopf: Kissen oder Buch und Swingstick

Solltest Du Dich schwertun, die korrekte Haltung für Kopf und Nacken zu finden, kann ich nur sagen: "Willkommen im Club, den dieses Problem ist weitverbreitet in unserer modernen Sitzmöbel orientierten Gesellschaft. Es ist schön, dass deutsche Wertarbeit aus Handwerk und Produktion international so geschätzt wird, doch wenn es um Körperbewusstsein, Schönheit und Ausgewogenheit der Bewegungen sowie klare und wohlklingende Stimmen geht, dann scheint Deutschland nicht gerade den besten Rang einzunehmen. Westliche Kulturen scheinen Maschinen und Qualitätserzeugnisse höher einzuschätzen als den Menschen und einen gesunden Lebensstil, frei von Stress und Überanstrengung. Schlechte Körperhaltung konnte ich als Heranwachsende zur Genüge am eigenen Leib erfahren, denn meine Schüchternheit ab der Pubertät dokumentierte sich in abstehenden Schulterblättern, die wie Hühnerflügel unter dem Pullover herausragten. Dazu kam ein Hohlkreuz, das ich im Ballettunterricht versuchte, mit krampfhaft gestreckten Beinen auszugleichen. Der Kopf saß irgendwie nie an der richtigen Stelle, die Balance war wirklich kaum zu halten. Die Ballettlehrerin nutzte dauern ihr kleines Holzstöckchen für Korrekturen an meiner jämmerlichen Haltung, doch das nützte wenig, denn meine Schultern trugen das seelische Gewicht von schwierigen Eltern und die Ballettmeisterin übersah, dass meine Wirbelsäule überhaupt nicht im Gleichgewicht war. Meine Tanzbegeisterung war trotzdem nicht zu bremsen und Mitglied einer rheinischen Tanzgruppe in meiner Heimat zu sein, brachte mir viel Spaß. Mein großer Moment nahte, als ich für einen Zweierauftritt als Funkemariechen ausgewählt wurde.

Wir mussten dafür quer durch den Saal einmarschieren und lächelnd nach allen Seiten das Publikum begrüßen. Die Schüchternheit stand mir ziemlich im Wege, doch die Tanzlehrerin empfahl mir, einfach mit hoch erhobenem Haupt lächelnd durch die Menge zu schreiten, als ob ich die beste Tänzerin der Welt wäre. Ich wurde rot vor Scham schon bei diesem Gedanken, doch sie fügte noch hinzu, ich solle mich niemals mit anderen vergleichen, sondern einfach so tun als ob ich die Beste sei. Das war gewiß der beste Ratschlag, den ich jemals bekommen habe, denn der Duo-Auftritt wurde ein großer Erfolg. Später beim Gesangstraining erinnerte ich mich daran und versetzte mich jedes Mal einfach in die Rolle des Opernstars, um meinen Körper beim Singen besser kennenzulernen. Durch das Vertrauen, das ich in meinen Körper und seine natürliche Ausdrucksfähigkeit setzte, begann mein Körper mich darauf hinzuweisen, wie ich in die beste Balance kommen konnte und die Resonanzräume öffneten sich mehr und mehr. Der Körper lehrte mich auch, meinen Kopf und Nacken in die Balance zu bringen. Ann Reynolds hatte dazu einen ganz simplen Trick. Sie pflegte nach einem Sofakissen zu greifen und es der Sängerin auf den Kopf zu legen, damit diese nicht beim Singen so herumhampeln konnte. „Singen geschieht in einer Ruheposition und man steht dabei fest auf den Füßen!" Das Kissen rutschte häufig davon, bevor es mir gelang, ganz still in der Balance zu bleiben und die Stimme als Hauptakteur für den Klang einzusetzen, damit die Emotionen in die Stimme und nicht in die Bewegung flossen. Dann erinnerte ich mich, dass ich in Filmen nicht nur Mannequins mit Büchern auf dem Kopf den Catwalk hatte üben sehen, sondern auch barfüßige dunkelhäutige Schönheiten in Afrika und Indien mit großen Krügen auf dem Kopf zum Brunnen schreiten sehen. Auf dem Rückweg ging kein Tröpfchen Wasser verloren, obwohl die jungen Mädchen zwanglos plauderten und die Krüge freihändig auf dem Kopf heimwärts balancierten. Erstaunlich, was die tägliche Gewohnheit ausmacht.

Es lohnt sich für Sänger/innen das Gehen in der Balance und das Singen mit dem Kissen auf dem Kopf zu trainieren, um die natürliche Aufrichtung zu spüren. Wer dazu noch die Muskulatur in Schwung bringen möchte, kann das mit Swingstick- Training kombinieren und sich mit dem Swingstick locker durch den Raum bewegen. Um die optimale Rückenaufrichtung zu erreichen, geht man ein wenig in die Knie und nimmt den Stick mittig neben der Hüfte locker in die Hand. Vom Hüftgelenk aus bewegt man dann die Haltehand des Swingsticks eine Handbreit zurück nach hinten, sodass er leicht hinter dem Körper gehalten wird. Beim Schwingen des Sticks wird auf diese Weise das abstehende Schulterblatt mit korrigiert. Diese Übung vitalisiert den ganzen Körper, macht gute Laune und ist entspannend für die Kehle. Zum Aufwärmen vor

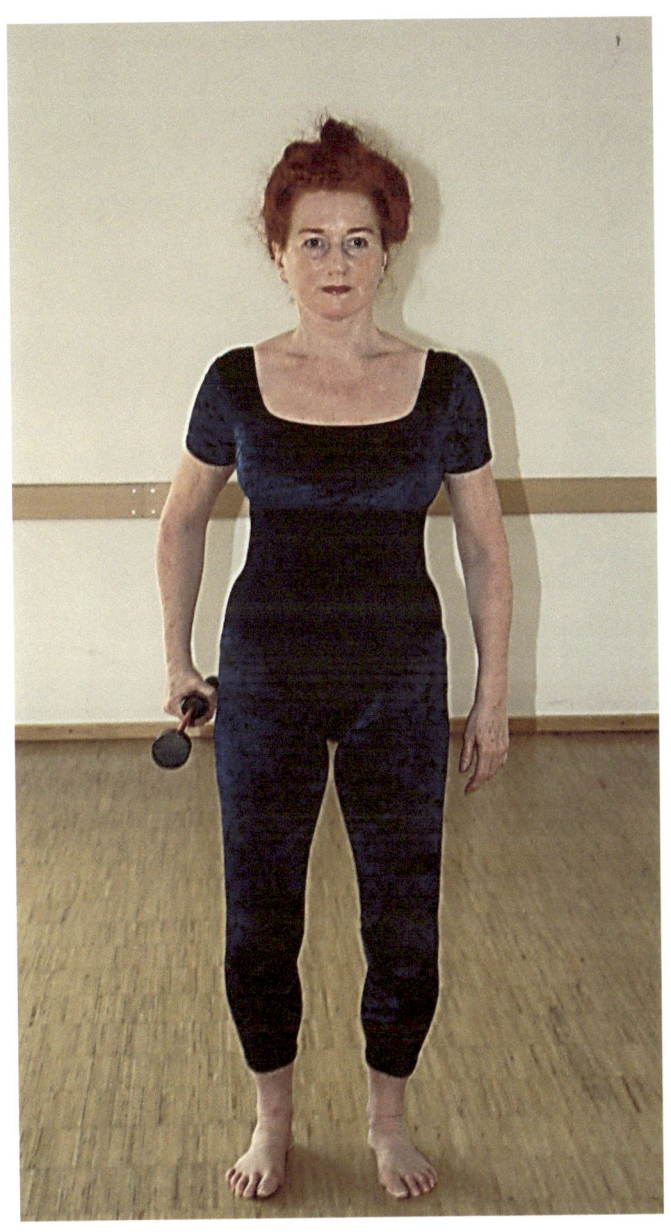

Swingstick – Flexibar Grundposition

dem Singen oder nach langem Sitzen kann man einige Minuten unterschiedliche Übungen machen. Der Flexibar kann hinter dem Körper gehalten werden oder mit beiden Händen über den Kopf geschwungen, beidhändig oder einhändig zum Schwingen gebracht werden und auch mit Wirbelsäulenbeugungen kombiniert werden.

Swingstick – Training ist besonders gesund bei Haltungsschäden für Korrekturen und zur Lockerung angespannter Muskeln. Auch beim Walking im Freien ist es angenehm, den Swingstick mitzuführen. Gleichzeitig können die verschiedenen Atemübungen dazu kombiniert werden. Ein paar Minuten am Tag bewirken wahre Wunder für die Proportionen und die schlanke Linie. Auch Senioren oder zum Beispiel Rollstuhlfahrer und Menschen mit physischen Handicaps können dieses Training genießen. Wenn der Muskeltonus des Körpers angeregt wird, lockert sich die Zungenspannung und Stressreaktionen flauen einfach ab. Das imaginäre Gewicht auf den Schultern purzelt einfach herunter. Auf die Stimme hat das Swingstick Training auch eine entspannende Wirkung, der Klang wird weicher und runder.

Sängerkehle – Vogel ohne Schnabel

Wenn der Körper für das Singen vorbereitet ist und schon eingestimmt, ist es viel leichter, den Kehlkopf in der entspannten tiefen Position zu lassen, die für ein Konzert wichtig ist. Der Kehlkopf ist in seiner Konstruktion ein wahres Wunder der Natur, denn die Stimmbänder sind in der Lage 3-4 Oktaven an Tönen hervorzubringen, wenn sie entsprechend trainiert werden. Die menschliche Stimme ist am höchsten entwickelt und bringt die unterschiedlichsten Laute hervor, ganz unabhängig davon, wie viele Sprachen sich in der Welt entwickelt haben. Menschen können nicht nur sprechen und singen oder schreien und seufzen oder lachen, sondern auch Tierstimmen und Menschen imitieren, ja sogar Bauchreden. Der emotionale Ausdruck von Menschen ist viel differenzierter als bei allen anderen Wesen.

Kehlkopf – Wunder der Schöpfung, die Anatomie der Stimme

Für das Singen ist es selbst für Profis nicht wichtig, genau die Anatomie des Kehlkopfes in allen Einzelheiten zu kennen, doch hilft es für die Tonproduktion viel, wenn man in groben Zügen weiß, wie die Kehle beim Gesang funktioniert. Natürliche Stimmtalente haben selten Probleme mit der Stimme, doch die meisten Opernsänger erfahren im Laufe ihrer Bühnenkarriere Stimmschwierigkeiten, weil sie sich gelegentlich überfordern oder Rollen singen, die eigentlich noch nicht an der Reihe wären. Auch können Erkältungen oder das Singen unter Anstrengung diesen Stress hervorrufen. Daher ist es hilfreich zu wissen, wie man den Kehlkopf in gesunder Funktion erhält und nicht überlastet. Alle Muskelanspannungen rund um Brust, Kopf, Nacken, Zunge, Bauch und Rücken wirken sich nachteilig auf die Kehle aus. Kalte Zugluft und Schlafmangel sowie Alkoholexzesse sind unbedingt zu vermeiden.

Die Stimme ist wie ein Akrobat und muss vor dem großen Auftritt ein wenig geschont werden. Körperliche Bewegung, Fitness, Schwimmen und entspannende Wellnesszeiten sind förderlich für das Wohlbefinden und somit auch für die Kehle. Caruso hat in seinem kleinen Sängerbuch sehr deutliche Verhaltensregeln für Sänger mit auf den Weg gegeben. Seine Frau Dorothy schreibt, dass er immer eine kleine Flasche mit Salzwasser zum Einsprühen mit auf die Bühne nahm, um trockene Schleimhäute zu befeuchten. In der Regel sind Opernhäuser und besonders Bühnen mit vielen Aufbauten extrem trocken und staubig. Leichte Salzspülungen gehören für Sänger mit zum Zähneputzen, denn sie erhalten die Schleimhäute geschmeidig. Die Anatomie des Kehlkopfes und die Muskelfunktionen beim Singen sind hier aus einer Internetseite von der Uni Bremen entnommen, da der Phonetik-Kurs die Zusammenhänge mit klaren Abbildungen verständlich macht. Wer noch nie durch das Laryngoskop eines Arztes auf die Stimmbänder schauen konnte, wird die Fotos hier schätzen, denn nur so sieht man, wie genial die Stimme von der Natur angelegt ist. Wer Lust hat, kann sich auf youtube ein Video dazu suchen, wo die medizinische Seite genau gezeigt ist. Der Kehlkopf, hier als Abbildung von oben fotografiert, ist so auf der Internetseite von www.odec.ca dargestellt und gleicht in seinem Aufbau den weiblichen Genitalien. Die Lippen sind paar

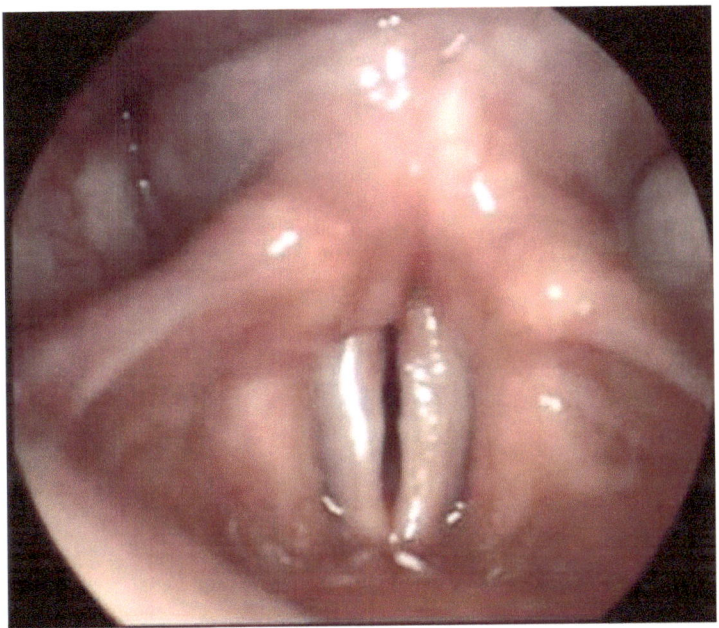

weise gefaltet und liegen wie ein Knospe gut geschützt im Inneren. Auf dieser Website wird u.a. auf schädigende Auswirkungen des Rauchens auf die Schleimhäute, vor allem die Kehle, hingewiesen, doch das ist für Laien auf dem Foto kaum erkennbar. Nach einer Zigarette dauert es in der Regel mehrere Stunden, bis die Schleimhaut am Kehlkopf wieder vollständig glatt ist.

Die folgende Abbildung zeigt den menschlichen Kehlkopf während der Tonerzeugung. Nur beim tiefen Einatmen öffnen sich die Stimmlippen weit. Die anatomische Zeichnung vergegenwärtigt noch einmal das Ganze. Damit die Einzelteile für das Verständnis der Funktionen deutlicher herauskommen, sind Stimmfalten, Kehldeckel und Glottis sind dabei mit schwarzen Linien markiert.

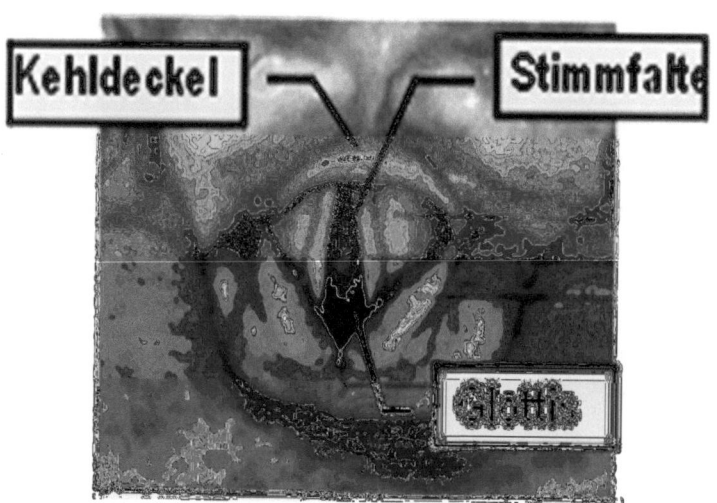

Die Zeichnung auf der nächsten Seite ist eine Abbildung des gesamten Stimmapparates. Der Kehlkopf ist dort von der Seite zu sehen. Dort ist sehr gut zu erkennen, wie groß die Resonanzräume der Nebenhöhlen sind und welchen umfangreichen Raum der gesamte Zungenmuskel im Verhältnis zur Kehle einnimmt. So wird verständlich, warum sich gerade Zungenverspannungen so intensiv auf den Klang auswirken.

Die Vibration und Tonerzeugung im Kehlkopf selbst hat den geringsten Anteil an der eigentlichen Tonproduktion, da die Resonanz für den Ton im Raum durch die Schwingungen in den Nebenhöhlen, dem kleinen Raum unter der Zunge, der Kinn-Kuhle und in den Hohlräumen hinter dem Brustbein und im Nacken gebildet wird. Die Zunge ist nur für die Aussprache von Buchstaben und die Vokalbildung zuständig. Im Inneren des Kehlkopfes spielt vor allem der Ansatzdruck der Stimmlippen eine große Rolle. Die Steuerung erfolgt nicht wie früher angenommen durch die Luftzufuhr allein, sondern durch Nervenimpulse.

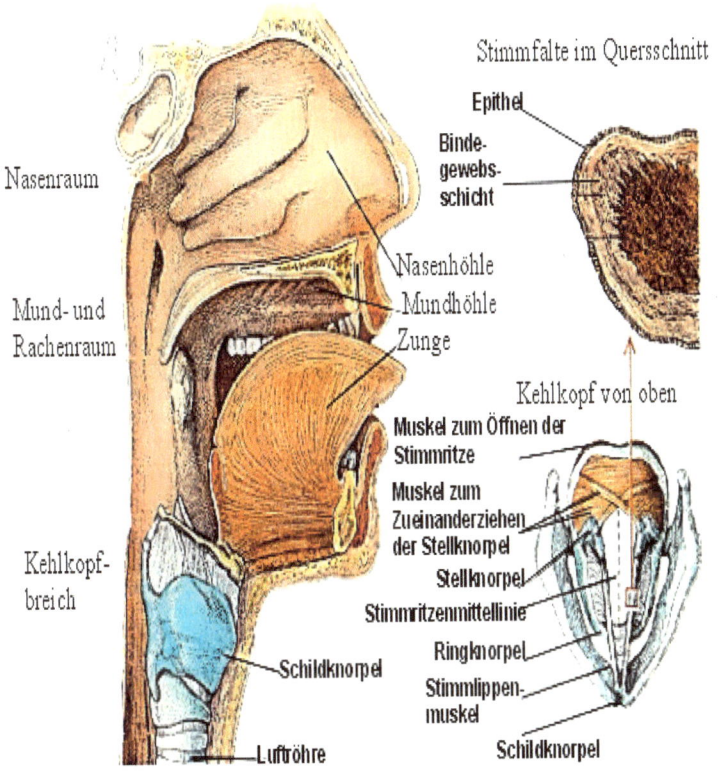

Der Stimmapparat insgesamt mit den Bezeichnungen

Die Abbildung ist dem öffentlichen Phonetik-Kurs der Uni Bremen entnommen: hier der Internet-Link

http://www.fb10.unibremen.de/khwagner/phonetik/kapitel4.aspx

Die nächste Abbildung zeigt die Kehle von außen, einmal von allen Seiten. Der Adamsapfel vorn wird durch den harten Schildknorpel - hier blautürkis gefärbt - gegen gewalttätige Angriffe von außen geschützt, da die Kehle ein sehr empfindlicher Teil des Menschen ist. Die Stellknorpel,

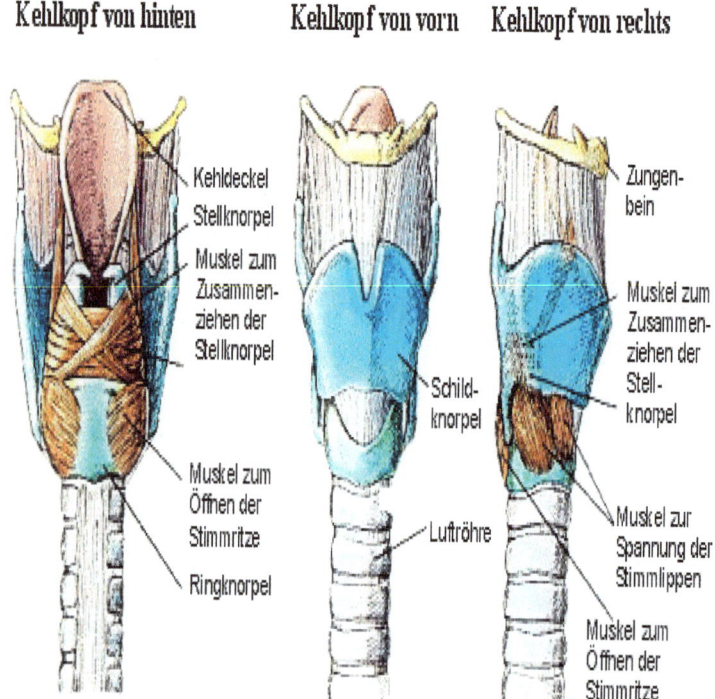

die die Stimmbandspannung und –öffnung regulieren sieht man in der seitlichen Darstellung, während von hinten der Kehldeckel sichtbar ist, der beim Atmen und schlucken die Kehle schließt, damit keine Gegenstände in die Lunge eindringen. Die nachfolgenden kleinen Zeichnungen entstammen einem Poster über den Kehlkopf und zeigen, einzeln herauspräpariert, die Funktionen Tonerzeugung Einatmen im Inneren des Kehlkopfes. Der innere Teil liegt genau in der Mitte des Halses zwischen dem Schildknorpel vorn und der Nackenwirbelsäule hinten. Hier sieht man gut die beweglichen Knochen, die „Stellknorpel", die die Stimmbänder öffnen und schließen. Ihre Funktion ist leicht zu verstehen, denn, sobald die Stimmbänder in die Länge gedehnt werden, wird der Ton höhere Muskelspannung höher, werden sie entspannt und verkürzt, so klingt der Ton entsprechend tiefer.

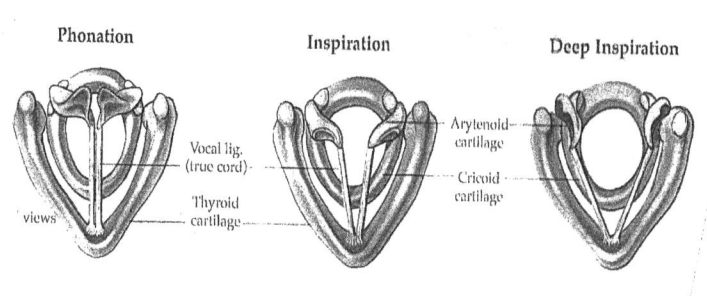

Patrick W. Tank, Anatomical Chart Company 2000

Bei aller Bewunderung für die Anatomie der Kehle, kann diese trotzdem nicht die künstlerischen Nuancen des Stimmausdruckes großer Bühnenkünstler erklären. Selbst die dreidimensionale Funktion der Stimmbänder gibt nach Frederick Huslers Beobachtung nicht ausreichend Erklärung dafür, dass die Glottis auch ohne Luftstrom bewegt werden kann. Husler beobachtete, dass anscheinend Nervenimpulse, die der Singende beim Singen durch seine Absicht und die Emotionen erzeugt, einen großen Teil der Funktionen des Kehlkopfes stimulieren und dadurch die große Opernstimme ausmachen. Das gibt jedem werdenden Sänger große Hoffnung, denn, selbst wenn die Natur dem Sänger ein großes Stimmtalent mit kräftiger Stimme mitgegeben hat, so müssen bestimmte Funktionen wie der Glottis-Schluss durch Training bewusst gemacht und gesteuert werden. Emotionen können den Stimmklang entsprechend heller oder dunkler färben. Auch das entfaltet sich mit zunehmender Bewusstwerdung der Kehlfunktion intensiver. Die Stimmfalten und die kleinen Taschenfalten wirken mit dem Atemdruck so untrennbar zusammen, dass erst aus dieser Teamfunktion ein einzigartiger individueller Stimmklang entsteht, der von Person zu Person einzigartig und unverkennbar ist. Die Muskelfasern können sich dabei wie Handtücher zusammenwringen und so eine dreidimensionale Bewegung ausüben, die mit dem Dehnen oder Verkürzen der Stimmbänder allein gar nicht möglich wäre. Auch kommt es bei jedem Ton darauf an, ob die Ränder oder der innere Teil der Stimmlippen mitschwingen, so entsteht die klingende Masse und ein Klangvolumen. Durch die koordinierte Atmungsfunktion mit aufgespanntem Zwerchfell, Beckenbodenstütze und Schambeinmuskel-Verbindung entsteht bei entspannter Kehle und locker fallendem Kinn das sogenannte Einheitsregister. Der trainierten Opernsänger kann es schließlich bis über 3 Oktaven singen. Die Töne klingen dann gleichmäßig rund und voll über den gesamten Stimmumfang, während bei Laien immer ein Stimmübergang vom Sprechregister zur Singstimme zu hören ist.

Die Entwicklung des Einheitsregisters gehört für den Opernsänger mit zu den wichtigsten Abschnitten der Opern-Ausbildung, denn nur, wenn die Stimme im Übergang voll beherrscht wird, kann sich die volle Stimmkraft entfalten. Dazu gehört viel Training und auch die Fähigkeit, die Zunge und die Kiefergelenke stets zu entspannen, das Kinn aus der Tonproduktion herauszuhalten. Es ist im Grunde ein jahrelanges stimmakrobatisches Training für Geschmeidigkeit, so wie es der Tänzer besonders mit den Beinen und seinem ganzen Körper absolviert. Natürlich versuchte als erster ein Opernsänger, dem Geheimnis seiner Stimme mit dem Laryngoskop, einem besonders geformten Spiegel, auf die Spur zu kommen. Jeder Sänger wollte doch gern wissen, wie die Stimmbänder funktionieren.

Manuel del Pópolo Vicente García, auf dessen Lehrwerk ich noch im Abschnitt über berühmte Stimmlehrer näher eingehe, war ein spanischer Tenor. Seine wissenschaftliche Neugier brachte ihm wichtige Einsichten über die Funktion der Kehle beim gesunden Singen. Er definierte als erster Gesanglehrer präzise den Stimmband-Verschluss. Leider wurde seine Darstellung in der Folgezeit fehlinterpretiert. García, dessen Sohn in seine pädagogischen Fußstapfen trat, bewies seine Fachkenntnis vor allem durch seine beiden Töchter, die er selbst unterrichtet hatte. Beide wurden international anerkannte Opernstars. Die folgende Abbildung zeigt, wie die Stimmfunktion im Laryngoskop, einem kleinen Spiegel, von García junior später beobachtet wurde. Schnell wurde es den beiden Garcías klar, dass die musikalische Wirkung nicht von der Anatomie allein erklärt werden konnte, sondern dass das Phänomen des Gesangs vom Gehirn und den Nervenimpulsen gesteuert ist, denn ohne diese klare Absicht, würde kein sauberer musikalischer Ton erklingen, sondern lediglich ein Geräusch.

Die charismatische Wirkung großer Stimmen wie bei Caruso, Callas, Sutherland, Pavarotti und anderen wäre so überhaupt nicht zu erklären. Stimmspezialisten haben seit Garcías Zeit natürlich mit anatomischen Tests versucht, Näheres herauszufinden und Versuche an toten Körpern haben gezeigt, dass der Kehlkopf, wenn einfach nur mechanisch Luft hindurchgeblasen wird, nur ein trockenes armseliges Rasseln von sich gibt. Damit ist klar geworden, dass jeder Künstler tatsächlich seine Stimme unwiederbringlich mit sich ins Grab nimmt. Dazu konnte ich selbst durch Zufall eine spannende und zugleich schockierende Erfahrung machen, im Krankenhaus, nach einem Eingriff.

Im Anschluss an eine Handoperation unter Vollnarkose wurde ich im Aufwachraum von der Schwester angesprochen, die kontrollieren wollte, ob ich schon wieder vollständig wach war. Als ich die Frage beantworten wollte, sprach meine Stimme nicht an. Ich konnte nur ein verwaschenes Geräusch erzeugen und schaute die Kran-

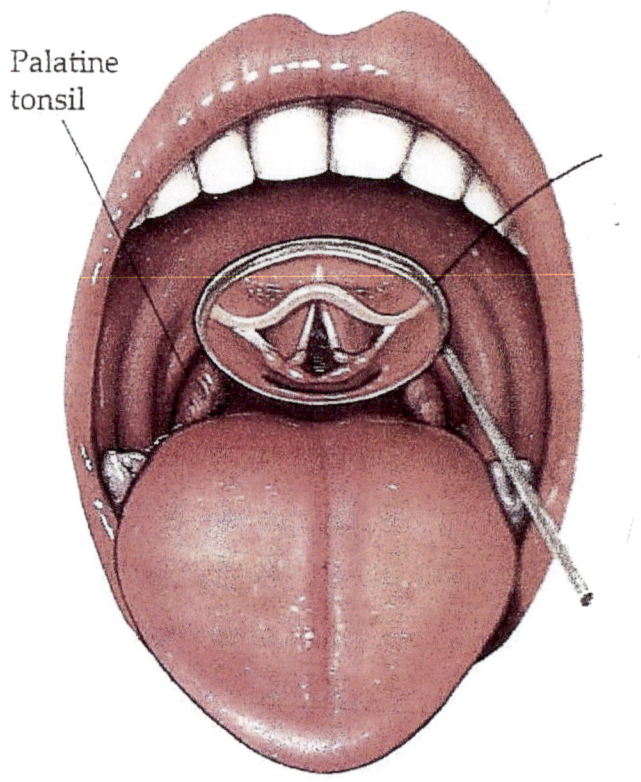

Patrick W. Tank for Anatomical Chart Company 2000

kenschwester fassungslos an. Niemand erklärte mir, dass sich die Narkose durch Intubation auf die Stimme auswirken kann und, dass ein Narkotikum für Vollnarkose eine extreme Muskelentspannung bewirkt, die die Stimme beeinflusst. Schockiert stellte ich fest, als ich wieder im Krankenzimmer zurück war und die Bettnachbarinnen wissen wollten, wie es mir ging, dass ich nur mit größter Mühe, meine Kehle dazu bringen konnte, ein paar tierähnliche raue Laute zu formen. Die Lautstärke war auch nicht wie sonst kontrollierbar. Da ich wie ein krächzender Rabe klang, wurde mir Angst und Bange um meine Opernstimme. Da ich ohnehin nichts tun konnte, schwieg ich die nächsten Stunden und ging in Meditation. Auf Befragen erklärte mir der Arzt später, dass es durchaus normal sei, dass nach einer Vollnarkose die Muskulatur bis zu 6 Stunden brauche, um wieder normal anzusprechen. Seit diesem Tag habe ich noch mehr Achtung vor jeder mühelos und klar erklingenden Sing – und Sprechstimme, denn der Stimmapparat ist wirklich ein göttliches Wunder.

Wer gern mehr über die Muskelfunktionen wissen möchte, kann im Internet einen der spannenden medizinischen Lehrfilme über das Innenleben von Hals und Kehle anschauen. Es gibt reichlich kostenfreie Angebote dazu. Als Sänger/in stellt man sich für die tägliche Praxis die Kehle am besten als schwingende Schaukel vor, die an vier Seilen hängt, die jeweils vorn und hinten neben dem Hals befestigt sind.

Die muskuläre Aufhängung der Kehle ist so genial konstruiert, dass der Kehlkopf tatsächlich aufgrund seiner Eigenschwingung beim ausgebildeten oder natürlich entspannten Sänger bei längeren Tönen leicht vibriert. Dieses natürliche Vibrato ist individuell unterschiedlich ausgeprägt und hört nur bei den ganz hohen Tönen im Fistelregister auf. Leider wird das natürliche Schwingen in der Kehle oft als absichtliches Vibrato von Opernsängern und Sängerinnen durch Zungenwackeln oder Kinnschwingen produziert. Das ist falsch und widerspricht der italienischen Gesangstechnik, denn die natürliche Eigenschwingung ist fast unmerklich, während absichtliches Gewackel auf Dauer Tonschwankungen auslöst, die die Intonation stören und sich bei fehlender Zwerchfell- und Beckenbodenkraft als unschönes Tremolo auf die Intonation auswirken und hässliche Schwebungen in den Ton bringen. Oft sind ältere Sängerinnen nach den Wechseljahren davon betroffen, weil die Hormone für die Stimme und die Muskelfunktionen auch eine Rolle spielen. Wird der Beckenboden vernachlässigt, kann sich durch Überlastung der

Stimmbänder und der Kehle das Tonzittern so verstärken, dass es nicht mehr bewusst abgestellt werden kann.

So manche Opernsängerinnen haben deswegen im Alter ihr Engagement verloren. Dieser Stimmfehler muss im Unterricht energisch ausgemerzt werden, sollte er schon in jungen Jahren vorkommen. Das unangenehme Tremolo löst eine falsche Intonation aus, klingt verkrampft und bewirkt bei empfindlichen Naturen eine heftige Ablehnung gegen Opernmusik, da es leider vielfach in Opernstimmen vorkommt. Als Kind war ich gegen Intonationsfehler und angespannte Stimmen so allergisch, dass ich bei manchen Sologesängen sofort aus dem Zimmer rannte. Auch heute noch wird mir bei falschem Vibrato einfach übel. Der natürlich schwingende Ton kommt von Herzen und berührt jeden gefühlsmäßig, während der künstlich erzeugte opernhafte Klang maskenhaft wirkt und Abneigung auslöst. Die Grenzen sind oft sehr fein, das Publikum dagegen kritisch und schwer zu belügen.

Die wichtigste Aufgabe eines Stimmtrainers für Sänger/innen ist daher, die Stimme und Kehle des Schülers zu Entspannung und natürlichem Muskelgebrauch hinzuführen, damit die authentische Stimme sich wohltuend entfalten kann und mit steigenden Anforderungen sanft und stetig wächst.

Körpersymmetrie und Kehlkopf-Balance

Damit die Stimmerzeugung auch ohne Mikrofon wirkungsvoll ist, müssen alle tonerzeugenden Organe in die optimale Position und Verfassung gebracht werden. Es mag nach Wiederholung riechen, wenn ich so oft betone, dass der Kehlkopf in der Mitte, im Zentrum der Kehle und des Halses sein soll, damit der Stimmklang wirklich voll herauskommt. Doch was bedeutet das wirklich für die sängerische Praxis? Die Resonanzräume füllen sich mit Luft und die Schwingung der Luft muss wie eine Säule gleichmäßig aufrechterhalten werden, während sich alle Resonanzräume verbinden: Nasennebenhöhlen, Stirnhöhle, Mund, Gaumen und Nacken. Der Nacken muss dazu energisch gestreckt werden, das Kinn leicht abgesenkt, damit der Raum im Mund nach hinten nicht durch die Zunge versperrt wird. Die Kiefergelenke sollen entspannt sein, der Mund nur leicht geöffnet. Dann spürt man beim Singen die Stimme im Kopf, im Nacken, im Gesicht, in der Brust hinter dem Brustbein und ein wenig um den Bauchnabel herum. Hat der Ton einen Körperklang, dann kann es sich subjektiv so anfühlen, als ob er außen, vor dem Gesicht produziert würde oder durch die Augen nach außen. Dies ist jedoch nur möglich, wenn der gesamte Körper sich in einer balancierten Aufrichtung befindet. Um die volle Resonanz zu finden, ist die Embryohaltung hilfreich mit leicht gerundetem Rücken. Diese Haltung kann am besten im Sitzen oder Liegen, auch im Hocksitz, eingenommen werden. In der Körperbalance ist es leichter, die Zahnreihen übereinander zu bringen, denn viele Menschen besitzen einen Über- oder Unterbiss des Oberkiefers.

Es ist für die Stimmproduktion wichtig, dass der Biss-Abstand der Zähne möglichst ausgeglichen wird. Auch durch Nackenwirbelverschiebungen oder Wirbelsäulen-Asymmetrien kann der Kehlkopf selbst aus der Mitte verschoben sein, was zu einem ungleichen Ansprechen von Resonanzräumen führt. Zusätzlich zu Asymmetrien ergibt sich oft eine Zungenverspannung besonders zur Zungenwurzel hin, die ein enormes Hindernis für die Befreiung der natürlichen Stimme darstellt. Fehlende Zentrierung beeinflusst alle Muskeln rund um Gesicht, Kiefer, Nacken, Schultern und Wirbelsäule bis hin zu den Füßen. Das alles wirkt sich nicht nur auf die Haltung, sondern auch die Stimme aus. Solche Unregelmäßigkeiten sind an der Tagesordnung und erscheinen oft als genetisch vererbte Muster, doch da alle Muskeln und Sehnen wie ein Netzwerk zusammenarbeiten, ist Muskel- und Stimmarbeit mithilfe von Symmetrie-Übungen besonders wertvoll. Viele der anscheinend ererbten nachteiligen Körpermuster stellen sich bei der Korrektur als imitierte Muster heraus, da Säuglinge alles durch Nachmachen erlernen und auch die Großeltern dazu als Vorbild dienen. Quantenphysikalisch gesehen, kann man sagen, dass jeder Körper einfach Licht und Energie ist und diese Muster schon in der Keimzelle übernommen worden sein können, selbst wenn sie eine emotionale Grundlage haben, die sich im Körper durch Organe oder Muskeln auswirkt. Verhaltenstendenzen prägen sich oft schon in den ersten drei Jahren und den Anfängen in der Schule, wenn Kinder mit Stress in der Familie und Anforderungen konfrontiert werden. Die häufige Tendenz zu schiefen Zähnen habe ich vielfach an Kindern aus schwierigen Elternehen beobachtet: Disharmonie, Streit, Aggression und Scheidungen im Elternhaus verursachen oft ein schiefes Wachstum der bleibenden Zähne und deswegen tragen so viele Kinder Zahnspangen. Ergonomie- Training wie hier für die Stimme vorgestellt, können sehr viel Positives bewirken, wenn sie rechtzeitig begonnen werden, sogar eine Zahnspange ersparen.

Da ich selbst zweimal, im Kindes- und im Erwachsenenalter mit Zahnspangen konfrontiert war und später für meine Stimme Übungen entdeckte, die noch vorhandene Zahn- und Kieferfehlstellungen korrigieren, kann ich guten Gewissens aus Erfahrung sagen, dass die Korkenübung und der Fingernagelbeißer nicht nur die Stimme und die Aussprache, sondern auch die Kiefergelenke behandeln. Mein Kieferorthopäde würde sich heute sehr wundern, wie gut ich meinen vorderen Engstand unten verbessert habe. Zahnärzte wundern sich regelmäßig, weil die Zähne bei mir nicht an den Stellen stehen, wo sie eigentlich zu vermuten wären nach der anatomischen Zuordnung. Durch die nachfolgend dargestellten Übungen, kann jeder Trainierende viel für seinen Körper und die Stimme erreichen, wenn die Übungen sorgfältig, langsam und mit Beobachtung im Spiegel durchgeführt werden.

Das Ergebnis des Stimm- und Körpertrainings ist immer ganzheitlich und wird oft nicht nur den Sprech- oder Zungenfehler beseitigen, sondern auch ein emotionales Problem beheben oder sogar einen chronischen Schmerz oder eine Krankheit. Es ist ratsam, sich positiv überraschen zu lassen. Mir gelang mit diesem Training eine Entdeckungsreise zu einem ganz neuen Körpergefühl mit viel mehr Selbstvertrauen, denn ich konnte abstehende Schulterblätter, ein Hohlkreuz, ein fliehendes Kinn, einen Unterbiß des Unterkiefers, einen Engstand der unteren Vorderzähne und Gelenkkorrekturen an Hüfte, Knie und Füßen erreichen, das allerdings über 2 Jahrzehnte hinweg. Trotz der langen Zeit kann ich sagen, dass sich das sehr für mich gelohnt hat und ich mich heute gesünder fühle, denn je. Das Alter spielt bei diesem Training keine Rolle, den Benita Cantieni ist mit ihrem Beckenboden-Training auch mit über 40 Jahren gesund geworden und hat sich von Deformationen des Körpers befreit. Die Bereitschaft sich zu verändern und weiterzuentwickeln muss jedoch da sein. Leider zwingt uns die Schule und Gesellschaft viele Überzeugungen auf, dass körperliche Mängel oder Krankheiten nicht aus eigener Kraft behebbar seien, das ist absolut kontraproduktiv.

Beginnen wir mit einigen Körperhaltungen, die für Körper und Stimme hilfreich sind, um die Symmetrie einzurichten. Die bekannte Hatha Yoga Stellung „Pflug" hilft jedem Sänger, seine Schulter- und Nackenmuskulatur zu entspannen. Ich nutze den Pflug dazu, den Nacken zu dehnen und die Nackenwirbelsäule aufzurichten im Verhältnis zu Brust und Kopf. Die zweite Wirkung des Pfluges ist die Korrektur des Kehlkopfes, der durch die richtige Ausführung genau in die Mitte des Halses gebracht wird.

Um den Pflug für die Stimme zu nutzen, geht der Übende langsam in die Pflugposition, möglichst bis die Füße hinter dem Kopf den Boden berühren mit ausgestreckten Knien. Ist das nicht möglich, kann man eine Bequem-Version davon nutzen und die Knie etwas gebeugt lassen. Wenn man den Pflug eingenommen hat in der Grundstellung legt man zuerst die Arme neben dem Körper an der Seite ab und spürt in die Position hinein. Dabei kann man ausprobieren, wie weit man den Nacken locker und gedehnt lassen kann, wobei das Kinn auf die Brust abgesenkt wird. Auch die Schulterblätter sollten in der Grundstellung schön flach am Rücken angelegt sein, die Schultern möglichst locker gesenkt werden. Erst anschließend greift man mit den Händen um die Fußgelenke oder etwas höher an die Beine, wenn die Beweglichkeit nicht ausreicht, um eine Balance zu finden, bei der Nacken und Kehle so entspannt sind, dass man auch Töne singen kann. In dieser hier nachstehend abgebildeten Position kann man seine Liedphrasen oder ganze Arien singen und Tonübungen machen. Wer das in Ruhe ausprobiert, wird feststellen, dass anschließend der Kehlkopf besser positioniert ist, der Nacken entspannter und die Resonanz zwischen den Nebenhöhlen und dem Nacken besser anspricht. Diese Haltung zeigt den leicht gerundeten Rücken wie in der Embryo-Position, die Maria Callas sehr gern beim Einsingen benutzt hat.

Nackendehnung & Kehlkopfzentrierung im Pflug

Die Yogaposition "Pflug" lockert nicht nur den Nacken, sondern auch die Lippen und das Gesicht. In dieser Position kann man auch gut prüfen, inwieweit die beiden

Zahnreihen übereinander liegen und, ob der Biss der vorderen Zähne passt. Hier kommt dann die später noch beschriebene Übung des Fingernagelbeißers zum Einsatz, mit der man die Aussprache der Wortsilben ganz nach vorn bringen kann und die Resonanzräume für sich neu mit Tönen entdeckt. Der Pflug lenkt die Aufmerksamkeit auf diese Körpermuster, die sich um Nacken, Kiefer, Kinn und Zunge eingeschlichen haben und oft unbemerkt bleiben trotz Gesangsunterricht. So arbeiten wir einfach an der Lockerung der Grundlagen. Wer ständig in Büro oder Schule am Computer oder Schreibtisch sitzt oder nicht die richtigen Sitzmöbel in passender Höhe verwendet, neigt dazu, nachlässig mit dem Körper umzugehen und seine Körperhaltung und die Sitzgewohnheiten vergammeln einfach. Auch bei Überforderung, Burnout, emotionalem Stress und mangelndem Selbstwertgefühl im Beruf oder privat findet man häufig, Verspannungen in Nacken, Schultern und Rücken, einen zurückweichenden Unterkiefer mit fliehendem Kinn, schiefe Zähne, schlechte Aufrichtung der Wirbelsäule bei Frauen häufig mit Hohlkreuz verbunden und viele Fehlstellungen mehr. Sitzhaltungen wie ein Eichhörnchen oder ein Fragezeichen oder Beckenschiefstände beeinflussen nicht nur das Wohlbefinden, sondern auch die Stimme ganz enorm.

All diese Unregelmäßigkeiten können in der Pflugposition grundlegend ausgeglichen und angepasst werden an eine gesündere Einstellung zum eigenen Körper und der persönlichen Stimme. Die göttliche Natur hat uns ein fantastisches Instrument gegeben, das wir nur entsprechend stimmen müssen, damit es so wunderbar erklingt, wie es von Geburt an vorgehsehen war. Der Pflug zentriert den ganzen Körper, wenn man tief in diese Position mit Geduld hineinspürt und sich angewöhnt, mindestens ein Lied oder ein paar Stimmübungen in dieser Position zu trainieren. Durch die Lage des Kopfes auf dem Boden entsteht durch Absenken des Kinns auch eine Feststellung des Kehlkopfes, der dann nicht nach oben ausweichen kann, wenn man über die „Passaggio" – Übergangslage hinweg singt. Das ist sehr gut für Menschen, die gewohnheitsmäßig den Kehlkopf wie ein Klavier behandeln und versehentlich die Töne mit der Kehle nach oben stemmen. Bei Männern mit hervorstehendem Adamsapfel korrigiert diese Haltung den Kehlkopf, indem sie den Adamsapfel sanft ein wenig in Richtung Nacken bewegt. So kommt der Kehlkopf in die Mitte.

Entspannntes Kinn und zentrierte Kehle im „Pflug"

Vor ein paar Jahren habe ich die ganze Szene aus La Traviata für einige Wochen in der Pflugstellung einstudiert und auswendig gelernt. Da das Rezitativ mit den Worten – es ist merkwürdig! – beginnt, war das auch eine merkwürdige Idee im Sinne des Textes, doch danach hörte meine alte Gewohnheit, die Kehle hochzuziehen bei den höheren Tönen einfach auf und ich wurde nicht mehr heiser. Die Zentrierung und Balance der Kehle wird leider bei vielen Methoden völlig außer Acht gelassen. Doch, wenn die Kehle nicht entspannt in der Mitte des Halses sitzt, können die restlichen an der Stimme beteiligten Muskeln auch nicht korrekt loslassen.

Zunge, Zungenwurzel, Kiefer & Kinn – im Chor für den Ton

Die Stimm-Muskeln dürfen vollkommen entspannt sein und müssen grundsätzlich auf lockere Art benutzt werden, andernfalls bleiben die Töne einfach sprichwörtlich im Halse oder Munde stecken oder im schlimmsten Fall verschwinden sie nach hinten hinter die Zunge. Mancher Sänger klingt dann wie ein halb ertrunkener Kanarienvogel oder der typische Knödeltenor, der natürlich auch ein Knödelsopran sein kann. Knödeltenor ist der übelste Schimpfname, den man einem Sänger verpassen kann. Der Knödel ist die Zunge, die sich beim Singen anspannt und einen künstlich aufgeblasenen metallischen Ton verursacht, da die Stimmbänder dann nicht frei schwingen können, sondern sich hart zusammenpressen. Zungenentspannung ist weitaus wichtiger für jeden Singenden als eine von Natur aus wunderschöne Stimme, denn nur wenn die Zunge von vorn bis hinten entspannt ist und wie ein ausgebreiteter Teppich hinter den unteren Zähnen liegt, kann der Kehlkopf mit den Stimmlippen ungehindert arbeiten und in sich schwingen.

Jede muskuläre Anspannung der Zunge wird im Ton hörbar, es gibt leider viele Stimmen, die metallisch hart oder kehlig klingen. Das ist immer ein Anzeichen, dass die Zunge sich in den Stimmklang einmischt. Beim Thema Zunge erinnere ich mich gern an ein Foto von Pavarotti aus seiner Biographie, auf dem er seine Zunge so weit herausstreckt, dass sie wie ein roter Bart das ganze Kinn bedeckt. Sie hängt sozusagen wie italienische Bettwäsche in Neapel aus dem Schlafzimmerfenster. Ich bin sicher, dass er diese Aufnahme mit Absicht gemacht hat, um zu demonstrieren, wie locker eine Sängerzunge sein muss, damit eine Stimme so wunderbar wie Pavarotti klingt. Die Zunge hat nicht nur die Aufgabe, den Zähnen bei der Verarbeitung der Nahrung zu helfen und die Geschmacksnuancen an das Gehirn zu melden, sondern ist auch für die Produktion aller Vokale und der Schließkonsonanten L, R, T zuständig sowie für den Knacklaut K am Gaumen. Klare Aussprache ist jedoch nur möglich, wenn die Zunge nirgendwo steif im Weg steht und so schnell wie möglich jeweils den Resonanzweg frei gibt. Leider kommt es häufig vor, dass die Zunge sich im Team der Stimmerzeuger gern als der Boss aufführt. Zähne, Lippen, die Brust, das Zwerchfell und der Beckenboden werden davon beeinflusst. Die Zunge gehört nämlich mit zu den stärksten Muskeln im Körper, obwohl das selten auffällt. Da wir Menschen auch emotionalen Stress, unverdaute Erlebnisse und starke Gefühle in den Körperzellen und den Organen speichern, bringen wir aus der Kindheit so manche Belastung mit, die als Verspannung in der Zunge oder in den Kiefergelenken und den Lippen sitzt. Besonders wenn Kinder viel erzogen und gemaßregelt werden, stauen sich Emotionen in der Zunge.

Kinder, die gehindert werden, sich frei auszudrücken, erkennt man an übergroßer Schüchternheit, hochgezogenen Schultern, gesenktem Blick und leiser Stimme. Bei Kindern mit Schockerlebnissen kommen noch Spasmen oder ADHS und Autismus hinzu. Wir alle neigen dazu, im Laufe des Lebens eine emotionale Mauer um das Herz oder bestimmte Organe aufzubauen, die uns schützt, damit wir nicht mehr so verletzt werden. Das Vorschieben der Schultern und zurückziehen des Brustbeins mit Senken des Kopfes ist so eine Verteidigungshaltung. Das Hochziehen der Schultern zeigt an, dass wir das Schicksal hart tragen müssen. Ein vorgeschobenes Kinn drückt Protest und Selbstverteidigung aus. Diese Körpersprache der unerlösten Gefühle ist weitgehend international, auch wenn es kulturelle Unterschiede gibt. Oft wird den Kindern die von Natur aus laute Stimme abtrainiert, damit sie sich anpassen und nicht stören. Schüchterne Kinder findet man niedlicher als freche. Alle Erziehungsmaßnahmen bewirken eine Einschränkung der natürlichen Beweglichkeit. Die Zunge verspannt sich, weil der fröhliche Ausdruck oder das natürliche Schreien zurückgehalten werden muss. Die Zunge muss die schlechten Gefühle beherrschen oder das Weinen zurückdrängen und die emotionale Energie friert in den Muskeln und Organen ein. All das geschieht mehr oder weniger automatisch und sinkt dann ins Unterbewusstsein. Der Eisberg des Unterbewusstseins, der viel mehr als das Bewusstsein ausmacht, führt dazu, dass sich die obere Körperhälfte von der unteren trennt und die natürliche Balance verloren geht. Kaum ein Erwachsener hat noch den eleganten geschmeidigen Gang wie die Raubtiere oder den Stolz in der Haltung wie manche Naturvölker, die im Busch leben oder Beduinen in freier Natur.

Jedes Kind, das versucht nicht so hoch oder quietschig laut zu sein, spannt die Zunge an und diese Anspannung trennt die Funktion des Beckenbodens ab. Damit ist dann der Zungenknödel geboren, der mühsam wieder abtrainiert werden muss. Hier finden wir die rasiermesserscharfen durchdringenden Stimmen, die in großen Konzerthallen keine Resonanz haben. Wer sich selbst im Spiegel beobachtet beim Singen, muss wachsam sein, dass sich die Zunge nicht bei jedem Ton angespannt nach hinten bewegt.

Eine Reihe von guten Übungen entspannt die angespannte und auch die hyperaktive Zunge. Beim Training ist es hilfreich, die Zunge einfach längere Zeit auf der Unterlippe ruhen zu lassen und die Töne so entspannt wie möglich mit ganz viel Legato zu singen. So ist es leichter festzustellen, wann die Zunge sich ungewollt zurückzieht. Auch sind die unbewussten Kontraktionen der Zunge dann viel besser spürbar. Selbstbeobachtung ist hier mehr als die halbe Miete. Die Zunge erfordert viel Aufmerksamkeit.

Massage, Dreher & Zungenbeißer – Abhilfe für Zungenknödel.

Wenn Du gerade schweigst oder nicht singst, mag es leicht sein, die Zunge zu entspannen. Jedenfalls glaubt man das, da man Verspannungen aus Gewohnheit gar nicht spürt. Die Zunge bei der Tonerzeugung entspannt zu halten, ist eine große Herausforderung.

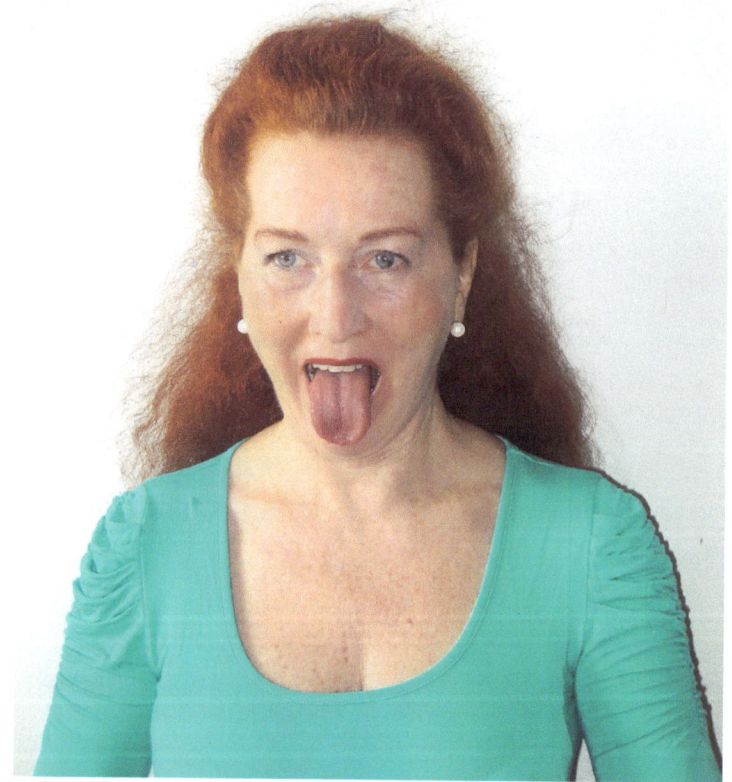

Relaxed tongue hanging out...

Erst wenn die Zunge wirklich entspannt ist, wird es Dir möglich sein, sie so weit wie Pavarotti oder ich auf diesem

Bild heraushängen zu lassen. Es erfordert einige Übung es so weit zu bringen, doch es lohnt sich, da dann viele Stimmstörungen einfach wegfallen. Es hat mich monatelange Arbeit gekostet, die Zunge in eine flache Position zu bringen. Meine Zunge pflegte sich wie eine Kobra im Mund aufzustellen. Eine einfache Massage hilft, die Zunge zu lockern und flacher zu machen. Diese Massage ist auch eine gute Vorbereitung für die anderen Zungenübungen wie z. B. die Yogastellung des Löwen, bei der die Zunge ganz weit aus dem Mund herausgestreckt wird, um Ärger, Frustration und Wut loszulassen. Nimm einfach ein Stofftaschentuch zur Hand und halte Deine Zunge zwischen Daumen und Zeigefinger mit beiden Händen. Du brauchst das Taschentuch, damit sie Dir nicht wegrutscht, denn die feuchte Zunge ist zu glatt, um sie festzuhalten. Während Du Sie aus dem Mund sanft herausziehst, massierst Du sie in der ganzen Breite zwischen den Fingern. Das fühlt sich nach einigem Eingewöhnen recht angenehm an und die Zunge lernt, dass sie bequem flach in ihrem Mundbett liegen darf. Nach einigen Tagen oder Wochen wirst Du bemerken, dass das Heraushängen Lassen der Zunge auch leichter geht als zuvor und vor allem die Töne sehr viel leichter aus Deiner Kehle perlen.

Moshe Feldenkrais und der Zungendreher

Moshe Feldenkrais wuchs in Tel Aviv auf und studierte Physik. Sein Wissensdrang galt vor allem dem Zusammenhang von Körper und Bewusstsein. Er studierte in seiner Freizeit medizinische, filosofische und psychologische Literatur und begann neben seiner Arbeit durch Selbstbeobachtung und an Bekannten seine Körpertherapie zu entwickeln. 1936 war er der erste Träger eines schwarzen Gürtels in den asiatischen Kampfkünsten. Körperbeherrschung und natürlicher Körperausdruck faszinierten ihn. Natürlich las er mit Interesse über Alexandertechnik, doch auch Hypnose wie bei Gurdjieff, Emile Coué und Milton Erickson interessierten ihn sehr. Sein Ziel war es, eine präzise funktionierende Körper-Befreiungstechnik zu entwickeln, die einen Menschen in sein psycho-physisches Gleichgewicht bringt und zu optimaler Gesundheit. Nur so würde jeder Mensch eine harmonische, ausgeglichene und herzliche Persönlichkeit werden. Seine Körpertherapie basierte auf der Erkenntnis, dass ein physischer Wandel auf jeden Fall einen Wandel der Persönlichkeit voraussetzte. Die Art, wie sich jemand bewegt, spricht oder singt und tanzt, kann nur durch eindringliche Selbstbeobachtung oder Awareness zusammen mit Körperbewegungen verändert werden. Genau diese Einsicht kam mir im Laufe meiner Erfahrung mit einer gebrochenen und dann wieder gefunden Stimme. Sobald jemand beginnt, intensiv nach innen in seinen Körper und seine Emotionen zu schauen, wird er sich wundern, wie viele eingefahrene Muster es da gibt. Ohne weiter auf den genialen Moshe Feldenkrais einzugehen, will ich hier eine seiner besten Übungen für die Zunge vorstellen: den Zungendreher.

Wenn Du die oberen Zähne bei geschlossenen Zahnreihen und fast geschlossenen Lippen mit der Zunge bedeckst, soll die Zungenspitze bis tief in den Zahnfleischsaum reichen und wirklich in dieser Rinne breit anstoßen. Aus dieser Position bewegst Du nun die Zunge langsam und stetig nach links bis zum äußersten Ende der Zähne, als ob Du über die Zähne und das Zahnfleisch massieren wolltest. Von der linken oberen Ecke wanderst Du mit der Zunge weiter nach unten links und bewegst die Zunge flach und breit über die gesamte Zahnreihe des Unterkiefers von links zur Mitte und dann nach rechts. Versuche auf jeden Fall bei dieser langsam kreisenden Bewegung bis über die äußeren Backenzähne zu gelangen. Sobald Du oben in der Mitte ankommst, beginnst Du genau andersherum mit der Zunge zu kreisen, bis Du wieder am Ausgangspunkt ankommst. Mache diese Übung so langsam und gleichmäßig wie möglich und genieße die Dehnung. Es kann sein, dass die Kiefergelenke ein wenig knacken oder irgendwo ein Dehnungsschmerz auftritt. Dann bist Du auf dem besten Weg, eine alte Anspannung loszulassen. Freue Dich darüber, doch erzwinge nichts. Du kannst diese Übung einfach in Pausen oder sogar auf der Toilette machen. Sie soll einfach dreimal hintereinander ausgeführt werden. Sobald Dir die Übung leichter fällte, bewege auch die Augen mit im Kreis. Das entspannt Dich und löst jeden Stress auf.

Die Wirkung des Zungendrehers

Der Zungendreher korrigiert die Kiefergelenke und befreit angespannte Kiefer vom nächtlichen Zähneknirschen, wenn man mit der Übung auch emotionalen Stress abbaut. Wenn Deine unteren Zähne einen Unterbiss auf weisen, wird sich das sanft mit dem Zungendreher ausgleichen lassen, denn die Kieferposition hat viel mit dem Selbstbild eines Menschen zu tun. Auch der hintere Teil der Zunge wird mit dem Zungendreher sanft gedehnt und lernt sich flach auszubreiten. Wenn Du die Übung gründlich und langsam ausführst, kannst Du sogar ein entspannendes Gefühl bis in den Nacken wahrnehmen. Sogar Kopfschmerzen können manchmal damit nach einem stressigen Tag aufgelöst werden. Erlaube Deiner Nackenwirbelsäule sich gleichzeitig aufzurichten. Ein verspannter zusammengezogener Zungenrücken wird so auf Dauer gebügelt. Die Zunge lernt entspannt flach zu liegen und gibt damit den Weg der Stimme frei, die endlich unbeschwert schwingen kann. Der Beckenboden wird Dir diese Arbeit sehr danken, denn er kann nur in Aktion treten, wenn die Zunge von ihren Verkrampfungen befreit ist. Auch der Rücken fühlt sich dann anders an als zuvor. Erforsche Deine Körperlandschaft selbst und genieße es.

Kristin Linklater & der Zungenbeißer

Die nächste Zungenübung ist ebenso spannend und wirksam. Damit wir keine wichtigen Personen aus dem Umfeld von Stimm- und Körpertherapie hier unterschlagen, ist Kristin Linklater hier zu erwähnen. Sie war eine auffallend talentierte Schülerin einer berühmten Lehrerin für Schauspiel, Iris Warren und entwickelte ihr Linklater Stimmtraining für Schauspieler und Sprecher in den 60er Jahren. Dabei handelt es sich um eine Kombination von Körperbewegungen, Tiefatmung und Stimmproduktion. Linklater's Übungen zielen ebenfalls darauf ab, Stress und Anspannung aus der Muskulatur und den Gefühlen herauszulösen und die authentisch-natürliche Stimme zu befreien. Ihr Stimmtraining ist ebenfalls eine Körpertherapie und erfordert Unterweisung durch einen Lehrer. Doch manche der Übungen können durchaus auch autodidaktisch sinnvoll eingesetzt werden. Die Verbesserung ist meistens sofort spürbar.

Der Zungenbeißer nach Linklater beginnt mit entspannter Zunge. Die Zunge liegt dabei hinter den unteren Zähnen. Dort ist die Ruheposition der Zunge und auch die Grundposition für Gesang. Lass' Deinen Unterkiefer locker sinken, sobald Du mit der Zunge die Zähne im Unterkiefer leicht berührst. Während die Zungenspitze wie festgeklebt an den vorderen Zähnen bleibt, rollst Du den Rest der Zunge breit zwischen den leicht geöffneten Lippen aus dem Mund nach vorn heraus. So erhältst Du eine schön geschwungene Zungenbrücke vor Deinem Mund. Du spürst die Zungenbrücke zwischen Deinen Zahnreihen und kannst nun die Zähne auf dieser Zungenbrücke sanft schließen. Es fühlt sich an wie ein Kauen auf der Zungenbrücke. Versuch' die Zunge mit Deinen Zähnen flach zu drücken und spüre hinter der Zungen innen wie sich der Raum zum Gaumen hin weitet. Bring' die Zunge ein wenig weiter nach draußen oder drinnen und kaue genüsslich auf ihr herum. Das massiert den Zungenmuskel und hilft ihm zu verstehen, was eine flache Zunge ist. Generationen von Sänger/inne/n haben sich mit Oma's Silberlöffel auf dem hinteren Teil der Zunge beim Singen gequält, um den Zungengrund zum Flachliegen zu motivieren. Wagnersänger haben das bis zum Erbrechen getan, um endlich den dramatischen Stimmklang zu befreien. Diese Löffelübung ist eine Quälerei, weil man davon nur Brechzeit und eine Antipathie gegen Singen bekommt. Der Löffel als Hilfsmittel gegen die ansteigende Zungenwurzel ist eher kontraproduktiv und auch schädlich, denn es behindert die natürliche Stimmproduktion und versucht krampfhaft Körpermuster zu verhindern. Das funktioniert leider nicht, da der Körper zuerst eine andere Einstellung der Person zu sich selbst erwerben muss, bevor er eine Musterumstellung vornimmt. Das ist einfach eine Schutzmaßnahme, denn der Körper hat ja einen Grund gehabt, warum er dieses Muster eingerichtet hat.

Nach den hier beschriebenen Zungenlockerungsübungen kannst Du sehr gut zum Singen übergehen und beobachten, ob sich schon Stimmveränderungen einstellen. Die Tendenz die Zunge zurückzuziehen und den Gaumen zu versperren, kannst Du nur beseitigen, indem Du viel mit auf der Unterlippe liegender Zunge singst, auch wenn dann nicht alle Buchstaben deutlich auszusprechen sind. Das macht nichts, es ist ja nur eine zweckdienliche Übung. Der Servietten-Knödel ist nicht nur ein typisches Bayerisches Nationalgericht, sondern mit der Serviette kann man wunderbar an der Auflösung des Zungenknödels arbeiten. In Bayern ist da auch besonders nötig, da die Bayerische Mundart wie auch die Sächsische besonders von Männer in manchen Gegenden mit hoher Stimmlage und nasalierend gesprochen werden. Zwar ist das der ideale Ansatz, ein guter Tenor zu werden, doch klingt die Stimme leicht metallisch hart und unangenehm eng und näselnd. Näseln gilt im klassischen Gesang als unverzeihlicher Stimmfehler.

Jeder Mensch, der singt, muss lernen, seine versteckten Emotionen in den verspannten Körperteilen zu lösen und herauszulassen, damit sich die Körperteile und vor allem die Stimme von dieser Last befreien können. Das ist nur mit großem Engagement und großer Selbstwertschätzung vollständig möglich. In unserer spirituell aufgeschlossenen Zeit glaube ich, dass immer mehr Menschen sich dazu bekennen werden, auf den Körper und die Intuition zu hören. Leider lernen Kleinkinder schon im Kindergarten, ihre Gefühle zu unterdrücken und ihre spontanen Lebensäußerungen zu bändigen, anstatt dass man sie unterrichtet, wie man sich von unterdrückten Emotionen, die dann in Zellen, Muskeln und Organen sitzen auf gesunde Art zu befreien. Hierzu bietet der Emotionscode auch im späteren Alter noch eine gute Chance, vor allem auch für die Singstimme. Beim Training der Zungenentspannung können viele Gefühle auftreten und sich lösen. Es ist wertvoll, diesen Vorgang einfach nur zu beobachten und geschehen zu lassen. Mit der Korkenmethode wird jeder bemerken, wie viel Anspannung in Zunge Kiefer und Lippen sitzen. Wer Spaß daran hat, im Familienkreise mit dem Korken zwischen den Zähnen kleine Stories vorzulesen, wird alle Lacher auf seiner Seite haben. Die Korkenübung eignet sich auch zum Vorlesen der täglichen Gute- Nacht- Geschichte.

Korken, Radiergummi und Schlüsselanhänger – Zaubertricks zur Kieferentspannung

Immer wieder höre ich, dass Menschen im Schlaf oder bei der Arbeit die Zähne zusammenbeißen und so den Kiefer strapazieren. Durch nächtliches Zähneknirschen können nicht nur die Zähne abgerieben werden, sondern auch die Kiefermuskulatur sich verkrampfen. Die tiefsitzende Idee, dass man sich für jeden Erfolg und bei jeder Arbeit anstrengen muss, verursacht diesen Stress. Auch das Gefühl nicht gut genug zu sein für alle Anforderungen, kann solche Anspannungen auslösen. Jedes unterdrückte Gefühl bleibt in den Muskeln sitzen und verursacht eine vage Empfindung von Schwere. Wenn also in irgendeiner Weise beim Gesangstraining Schwere oder Anspannung auftritt, ist es ratsam, in diese Empfindungen tief hinein zu spüren und sie dann aufzulösen. Zu Gesangstraining mit solcher Selbstbeobachtung gehört viel Geduld, die sich jedoch später auszahlt. Die meisten Verhaltensmuster sind unbewusst und fallen mehr dem Lehrer als dem Schüler auf, deswegen ist es hilfreich, sich bei Stimmtraining regelmäßig coachen zu lassen, damit man sich nichts Falsches antrainiert. Normalerweise beobachtet man bei sich selber keine steife Lippe oder die angespannte Zunge oder auch ein festgehaltenes Kinn und verspannte Gesichtsmuskeln wie eine Wellblechstirn. Wenn jeder Mensch sich mehr im Spiegel beobachten würde und auf gesunde Körperbewegung und Stimmproduktion achten würde, hätten die Orthopäden viel weniger zu tun. Für die Entwicklung von gesunden Zähnen, korrektem Biss und die Formung des Gaumenbogens ist es bei Babies sehr gut, wenn sie lange gestillt werden anstatt die Flasche zu bekommen. Die Babies, die kein Saugtraining an der Mutterbrust hatten, müssen sich viel mehr bemühen, später den weichen Gaumen für die hohen Töne und die Obertöne in Funktion zu bringen.

Leider verbreiten manche Gesanglehrer und Gesangschulen auch falsche Vorstellungen. So kämpfe ich regelmäßig gegen die Idee, dass das Kinn, wenn der Unterkiefer sich entspannt herabsenkt, unbedingt nach hinten zurückweichen müsse. Ganz im Gegenteil ist es förderlich, wenn das Kinn seine Position beim sich Öffnen des Kiefers behält und die Zahnreihen sich noch übereinander befinden. Gerade durch die hier demonstrierten Kieferübungen wird diese Symmetrie gefördert und das Kiefergelenk, das bei vielen Menschen ganz verspannt ist, wird sanft massiert und gedehnt. Mit der Fingerspitze oder dem Fingernagel in der Mitte zwischen den geschlossenen Zähnen kann jeder im Spiegel gut sehen und auch fühlen, ob die Zahnreihen symmetrisch übereinander sind und gut schließen. Ein Über- oder Unterbiss wird im Gegensatz zu der Meinung vieler Kieferorthopäden durch ein angespanntes Kiefergelenk verursacht oder auch durch falsch stehende Nackenwirbel. Die Angewohnheit den Unterkiefer nach hinten zu nehmen und so einen Überbiss zu produzieren, hat viel damit zu tun, dass Kinder sich bei autoritärer Erziehung aus Schüchternheit zurücknehmen und dies natürlich mit dem Kinn demonstrieren. Junge Menschen, die leise oder nuschelig sprechen, drücken damit Angst und Unsicherheit aus. Für Kinder, die unter Symptomen wie Autismus, extreme Schüchternheit oder Hyperaktivität und Konzentrationsmangel leiden, ist Musizieren und vor allem Singen eine wunderbare Therapie. Sie lernen sich emotional mit der Musik auszudrücken und vor allem, ihre Stimme zu erheben. Erwachsene, die als Kinder unterdrückt wurden, profitieren genauso davon.

Nun zu den Übungen für die Entspannung des Kiefers und der Muskeln rund um den Mund und im Mundraum und Rachen. Das Training mit dem Korken ist eine althergebrachte Übung für Schauspieler, die sich damit eine deutliche Aussprache erarbeiten. Wird der Korken nur ein paar Millimeter zwischen die vorderen Zähne gesetzt und in genau waagerechter Haltung leicht festgehalten, so bekommt der Mund eine runde oder leicht ovale Öffnung, die für die Stimmproduktion ideal ist. Der Korken soll nur leicht zwischen den Zähnen sitzen und mit den Lippen locker umschlossen werden. Die Zunge liegt dabei unter dem Korken hinter den unteren Zähnen, sie sollte beim Sprechen nicht nach hinten ausweichen. Wer das Korkensprechen täglich 5 Minuten über einige Wochen durchführt, kann damit das Lispeln oder Anstoßen mit der Zunge beseitigen und wird sich wundern, wie klar und resonant die Aussprache bald sein wird. Wenn man mit etwas Übung auch lernt, die Zunge ganz zu lockern, wird der Körper auch mehr den Beckenboden mit der Stimme verbinden, denn eine hyperaktive Zunge, die sich beim Sprechen anspannt, verhindert das oft und stört so die

Korken Training für Kiefer und Zunge

gesunde Resonanz. Als ich nach meiner zweiten Erfahrung mit einer Zahnklammer im Erwachsenenalter nach dem Entfernen ein Lispeln zurückbehielt, weil der Kieferorthopäde meinen Zähne irgendwie zurückbewegt hatte und die Zunge nicht mehr wusste, wo sie hingehört, habe ich das mit Korkensprechen und sehr präzisen Gesangsübungen ausgleichen können. Die Korkenübung hat für mich auch das fliehende Kinn korrigiert und meine Biss ausgeglichen und die Zunge entspannt. Ich kann jetzt viel leichter den Mund weit öffnen und ein Gähnen in Richtung Nacken und Gaumen nach hinten erzeugen, das für die Resonanz wichtig ist. Meine Kiefergelenke sind völlig entspannt und die Zunge kann ich jederzeit bewusst loslassen. Natürlich sollte auch das Korkentraining nicht übertrieben oder mit Anstrengung gemacht werden. Alles, was Spannung verursacht, ist beim Singen kontraproduktiv, es sei denn, die Muskelspannung sitzt im Beckenboden, der natürlich arbeiten darf. Hier die Form, wie der Korken mit den Lippen zu halten ist. Sollte der Korken nicht waagerecht stehen, so liegt das am Unterbiss. Es ist wichtig, genau darauf zu achten, dass der Korken bei den Sprech- oder Singübungen genau waagerecht bleibt. Am besten ist die Kontrolle im Spiegel. Wer mit dem Korken Schwierigkeiten hat, weil man den Mund ziemlich weit öffnen muss, kann auch mit einem Radiergummi die Übungen machen oder den Korken in der Hälfte durchschneiden.

Da Radiergummis einen scheußlichen Geschmack haben, sollte man sich am Besten einen Radiergummi für Zeichnen besorgen, der etwas weicher ist und diesen in der Plastikhülle eingepackt lassen. So funktioniert das Sprech- oder Singtraining dann ohne Hindernisse. Eine weitere Möglichkeit besteht darin, diese Übung mit einem Schlüsselanhänger aus Plastik oder einem flachen Plastikviereck zu machen. Dabei sind die Zahnreihen noch näher beieinander und die Zunge kann unter den Plastikgegenstand geschoben werden. Ein Bierdeckel oder ein mehrfach gefaltetes Blatt Papier kann man auch benutzen. Die Lippen dürfen bei jeder dieser Übungen leicht vorgestülpt werden, so als ob man sie ein wenig aufblasen würde.

Übung mit dem Radiergummi

zunächst sollte man Texte einfach nur lesen und so klar wie möglich auszusprechen versuchen, natürlich werden S und R nicht normal klingen, das macht jedoch nichts, es kommt nur auf die deutliche Aussprache der Buchstaben an, die nicht von der Zunge am Oberkiefer gebildet werden wie S oder Zungen R. Wenn das saubere Sprechen klappt, kann man auch den Text von Liedern und Arien auf diese Weise deklamieren.

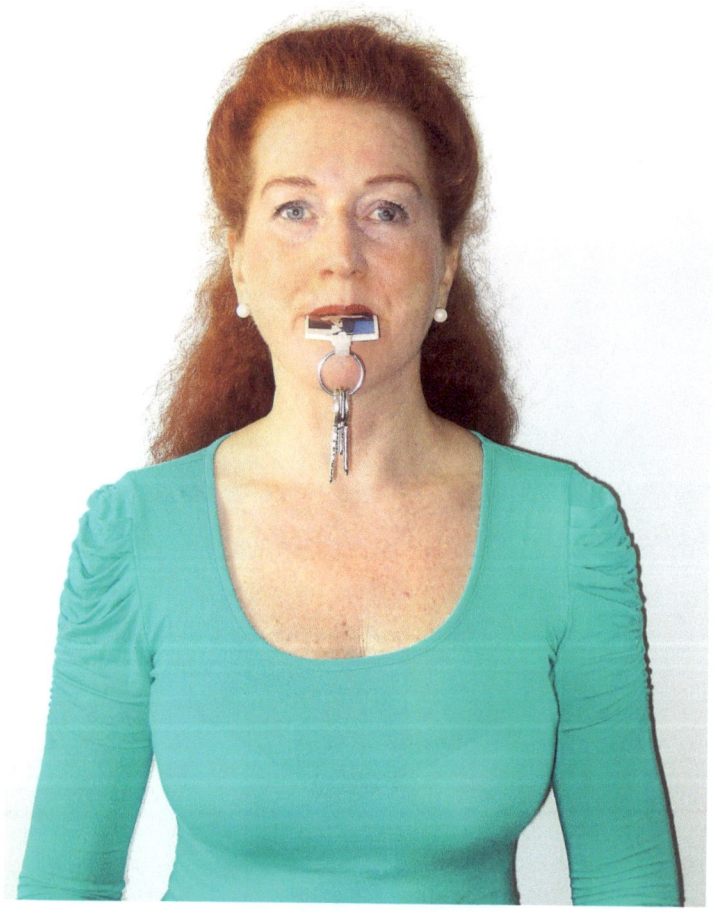

Übung mit dem Schlüsselanhänger

Die Übung ist vor dem Spiegel zu machen, damit man wirklich sieht, wenn der Kork oder der Radiergummi die korrekte Position verlässt. Die Zahnreihen und der Kiefer versuchen natürlich, in der gewohnten Bahn zu bleiben, sobald man sich daran macht, ein Verhaltensmuster zu ändern. Es ist wichtig, nicht aus Versehen die falsche Position der Zähne noch zu stärken, indem man das Training nachlässig oder ohne Selbstbeobachtung macht, denn dann nützt es nichts. Auch darf der Korken nicht durchgebissen werden oder mit Druck bearbeitet. Die Lippen sollen ebenso wie die Zunge und der Kiefer entspannt bleiben. Das Trainingsgerät wird nur locker mit den Zähnen gehalten. Jeden Tag einige Minuten Stimmtraining mit Kiefer- und Zungenentspannung wirkt Wunder. Die Aussprache der Worte wird sofort wesentlich Sobald man die Kiefer- und Zungenlockerung ausreichend im Griff hat, braucht man diese Hilfsmittel nicht mehr, denn dann ist es möglich, nur mit dem Fingernagelbeißer zu arbeiten, bei dem die Zähne dann fast ganz geschlossen sind. Das ist jedoch für Anfänger zu schwierig und hat auch nicht die Lockerungswirkung auf den Kiefer. Bei allen Übungen ist auch darauf zu achten, dass das Kinn zum Brustbein hin abgesenkt gehalten wird und der Nacken lang und gerade aufgerichtet ist. Nur, wenn der Nacken lang gedehnt ist und das Kinn nach unten sinkt, ist der Kopf in der Balance und fühlt sich schwerelos an. Die Schwerelosigkeit des Kopfes befreit die Muskulatur ab den Ohren abwärts und sorgt dafür, dass die Schulterpartie auch entspannt ist.

Nur, wenn Kopf, Nacken und Schultern beim Stehen in der Balance sind und sich leicht und entspannt anfühlen, kann man den ganzen Körper für die Stimme nutzen und den richtigen Opernsound bewirken. Wer seine Körperhaltung und Sprechmuster verändert, darf sich nicht wundern, wenn gerade bei der Kieferentspannung Dehnungsschmerzen auftreten oder Muskelkater von der Korkenübung. Das ist am Anfang völlig normal und braucht niemand zu beunruhigen. Ich selbst habe eine Asymmetrie an der Wirbelsäule und innen am Gaumen durch konstantes Training beseitigt, die durch die Folgen eines Unfalls verursacht war. Natürlich haben sich diese Veränderungen auch durch zeitweilige Schmerzen bemerkbar gemacht. Immerhin lächeln meine Zähne jetzt in gleichmäßigen Reihen, was seit meinem 12. Lebensjahr niemals mehr der Fall war. Nach all diesen Körperkorrekturen, die ich mir erarbeitet hatte, fiel mir besonders auf, dass sich mein Selbstsicherheitsgefühl positiv verstärkt hatte. Das ist ein willkommenes Geschenk für viele schüchterne junge Menschen, die Gesang trainieren.

Die Wirkung der Übung mit Korken, Radiergummi oder Schlüsselanhänger

Bei all diesen Übungen ist darauf zu achten, dass der Tonansatz nicht unter den Punkt in der Mitte zwischen Oberlippe und Nase fällt. Wenn es leichter fällt, sich den Ton auf der Nasenspitze vorzustellen, kann auch dieser Punkt – Nasenbalkon- in der Vorstellung als Ausgangspunkt genutzt werden. Diese Punkte entsprechen dem Tonansatzpunkt gleich hinter den oberen Schneidezähnen, wie er bei Lilli Lehmann gezeigt wird. Bei tiefen Tönen und tiefem Sprechen zieht man gedanklich von dort eine Linie nach unten zum Brustbein hin, wo die Vibration dann spürbar wird. Die Korkenübung und die beiden Varianten veranlassen die Zunge sich locker an die untere Zahnreihe anzulehnen und sich möglichst aus der Bildung der Vokale und Konsonanten herauszuhalten. Während die Lippen fast geschlossen und kaum am Sprechen beteiligt sind, werden die Laute von den Kiefermuskeln und einer minimalen Beteiligung der Zunge geformt. Damit die Aussprache wirklich klar wird, müssen die Muskeln innerhalb des Mundes und die Kiefermuskeln sehr viel mehr arbeiten als sie es normalerweise tun. Die Lippen bleiben trotzdem entspannt und die Gesichtsmuskulatur wird nur als aufgespannt wie ein Regenschirm empfunden, was sehr angenehm ist und das Bildung von Gesichtsfalten entgegenwirkt. Auch der hintere Teil der Zunge bleibt nun flach liegen und stört die Mundresonanz nicht, die sich am Gaumen formt. Auf diese Weise arbeiten die Muskeln mehr im Team für die Tonerzeugung zusammen und vor allem wird der Vordersitz des Tones, die Resonanz hinter den oberen Zähnen gefördert, die das Echo im Raum hervorruft und für den großen Opernton verantwortlich ist. Caruso und Tetrazzini weisen darauf hin, dass der fast geschlossene Mund dem Sänger hilft, durch ein nach hinten gewendetes Gähnen den Nacken und die Nackenresonanz zu öffnen, damit ein großer Ton entstehen kann. Dazu muss der Nacken natürlich durch die Wirbelsäule gerade aufgerichtet sein. Die Korkenübung bringt die Mundöffnung unter Kontrolle und verhindert die Tendenz vieler Sänger/innen, den Mund viel zu weit zu öffnen, ohne dass eine Notwendigkeit dazu besteht. Die Mundöffnung ergibt sich beim Profi automatisch im Verhältnis zur Tonhöhe.

Weicher Gaumen – die Sängerkuppel – Alto in Palato

Es hat etwas Mühe gekostet, ein Foto vom Gaumen aufzunehmen, auf dem man die Symmetrie des Gaumens beobachten kann. Jeder Gesangsschüler sollte einmal bei sich selbst in den Mundraum schauen und prüfen, inwieweit der Gaumen sich symmetrisch hebt beim Singen. Man kann den weichen Gaumen gut ertasten, denn er ist hinter dem Zäpfchen nicht zu sehen. Wenn Du Deine beiden Daumen hinter den Zähnen am Gaumen nach hinten gleiten lässt, wirst Du hinter den oberen Backenzähnen auf zwei kleine knöcherne Erhebungen stoßen. Genau hinter diesen kleine Hügeln beginnt der weiche Gaumen, der sich bei den hohen Tönen wie ein Zeltdach oder eine Kuppel hebt. Manchmal sind die Vibrationen der Töne auch am weichen Gaumen zu spüren. Die Höhe dieser Gaumenkuppel ist sehr wichtig für die Brillianz der Obertöne und der hohen Töne. Die Mischung der Obertöne macht den Silberglanz der Glöckchen in der Stimme aus, durch den manche Sängerstimmen das Publikum verzaubern und die Herzen berühren. Die Fähigkeit, den weichen Gaumen mit jedem hohen Ton mehr und mehr anzuheben, macht die Tonqualität aus. Auf dem Foto ist der harte Gaumen mit den Gaumenbögen und dem Zäpfchen zu erkennen. Die Zunge liegt flach im Mund und berührt beim Singen möglichst die unteren Vorderzähne. So kommen die Obertöne besser zur Geltung und die Resonanz kann frei schwingen.

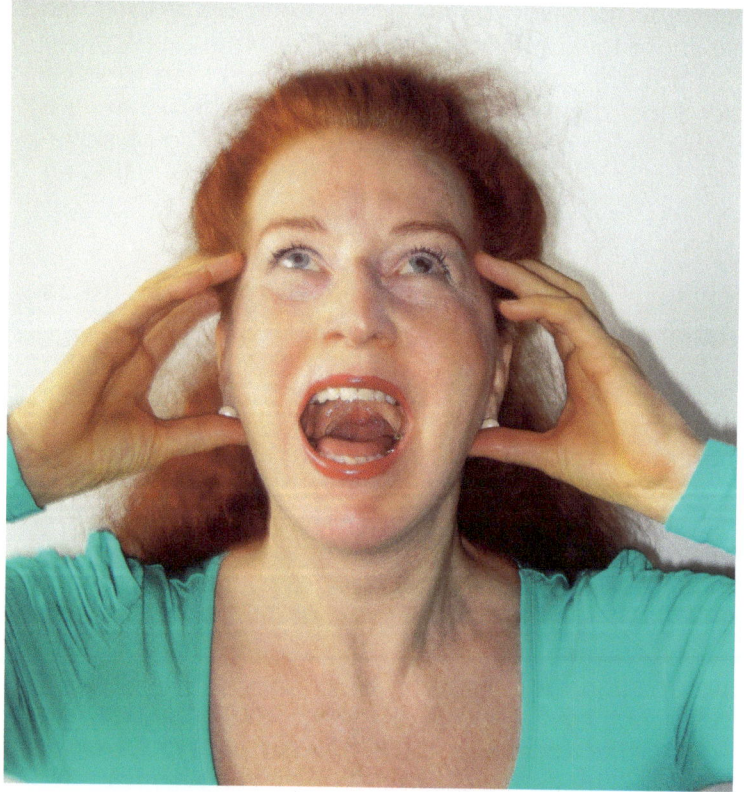

der weiche Gaumen hinter dem Gaumenbogen

Der weiche Gaumen mag auch Massage und lässt sich mit etwas Fingerkraft dehnen, das kannst Du einfach vorsichtig ausprobieren. Auch die Muskulatur um das Kiefergelenk herum ist dehnbar, wenn man eine Fingerspitze in die Kuhle hinter den fast geschlossenen Backenzähnen legt. Einige Übungen tragen dazu bei, diesen weichen Gaumen in die Kuppel einer gotischen oder barocken Kirche zu verwandeln. Mit einer vorsichtigen Massage oder einem nach hinten in den weichen Gaumen und zum Nacken hin geöffneten Gähnen kann man diese Kuppel angenehm öffnen. So entspannt sich gleichzeitig die Zunge und das Gesicht wird gespannt, die Augen weit geöffnet wie bei einem natürlichen Facelifting. Wenn Du die Dehnung mit dem Sprechen verbindest, lass' Deine Sprache so klingen als ob Du wie die Amerikaner eine heiße Kartoffel im Mund bewegen würdest. Joan Sutherland wies in einem Interview über Gesangstechnik darauf hin, dass sie einen sehr hohen Gaumen besitze und wie wichtig das für den Koloraturgesang sei. Die hohen Töne springen an diesem Gaumen wie Akrobaten entlang. Aus diesem Grund bezeichnet man im italienischen Belcanto diese Technik auch – alto in palato – hoch am Gaumen.

Durch eifriges Training mit bestimmten Übungen oder Silben wie mü, mü, mü wird der weiche Gaumen zur Bewegung angeregt. So entstehen dann die engelhaften hohen Töne, die nicht nur zur Weihnachtszeit so gut zu Sopranstimmen passen. Der weiche Gaumen verrät viel über die emotionale Lage einer Person, denn bei Menschen, die unter Stress stehen oder Menschen die traurig oder depressiv sind, klingt die Stimme eher bedeckt oder dunkel, weil der weiche Gaumen nicht gespannt ist, sondern „durchhängt". Durch Gesang kann diese depressive Neigung wunderbar leicht abgebaut werden, wenn der Mensch bereit ist, sich auf eine Veränderung einzulassen. Singen ist Medizin für Menschen aller Altersstufen, denn es fördert die Ausschüttung von Glückshormonen und vertieft die Atmung, was zu einer Steigerung der Immunabwehr führt. Singen und Tanzen müssten aus diesem Grund nicht nur in jeder Schule, sondern auch in jedem Seniorenstift Pflichtfächer für die Gesundheit sein.

Fingernagelbeißer statt Schnuller

Viele Sänger/innen fühlen sich hilflos, wenn sie die Absicht haben, Opernsänger/innen zu werden und nicht wissen, wie der dramatische Ausdruck einer vollklingenden Stimme zustande kommt. Der Versuch große Opernstimmen wie Maria Callas, Kirsten Flagstad, Grace Bumbry, Jessye Norman, Gwyneth Jones, Birgit Nilsson oder von Schaljapin, Gigli, Hans Hopf, Pavarotti und viele andere zu imitieren, ist nicht ratsam, wenn dies nicht aus einer Bewusstwerdung der Körperfunktionen heraus geschieht. Es gehört eine intuitive Beobachtungsgabe dazu, winzige Körper- und Muskelbewegungen zu erfassen und zu analysieren. Ich habe das jahrelang als Hobby betrieben, das hat mich dann auch in Bereiche wie Hypnose und Modelling geführt, doch für den Anfänger ist das nicht so ohne weiteres brauchbar.

Hier hilft es mehr, sich auf die Selbstbeobachtung mit dem Spiegel einzulassen und die hier angegebenen Übungen zu nutzen, die aus meinen jahrelangen Studien von Muskelfunktionen der Stimme und des Körpers in der Praxis entstanden sind. Später wird man durch das Verstehen der eigenen Stimmfunktionen klarer erkennen, was die großen Vorteile dieser Übungen sind. Manche Stimmen sind von Natur aus eher dramatisch angelegt, andere haben lyrischen Charakter oder wirken zarter. Das hängt von der Körperkonstitution und den Absichten der Seele ab. Es bringt nichts die Natur forcieren zu wollen, doch es lohnt sich sehr, eine gute Stimmtechnik zu erlernen, um das Beste aus seinen persönlichen körperlichen und stimmlichen Anlagen zu machen. Viele der ganz großen Talente haben Jahre des Kämpfens um die richtige Handhabung der Stimme gebraucht, so auch Caruso, der zu Beginn seiner Karriere mit dem Schimpfwort „Säuseltenor" von Kollegen gebrandmarkt wurde. Er hat dann bei dem bekanntesten Maestro für Sänger, Vergine, Unterricht genommen, um sein Manko auszugleichen. Vergine hatte zwar nie an den Erfolg Carusos geglaubt und ihn trotzdem einen rechtswidrigen Vertrag über die Abgabe von 10 % seiner späteren Gagen unterzeichnen lassen. Anscheinend hatte er Carusos Hartnäckigkeit und Ausdauer richtig eingeschätzt.

Luft in der Stimme und Mangel an Resonanz sind Folgen einer falschen Benutzung der Stimmbänder und des Kehlkopfes, typische Folgen auch einer Einmischung der Zunge in die Stimmproduktion. Diese Mängel lassen sich durch korrektes Training auf jeden Fall beheben. Das weiß ich von mir selbst, denn ich besaß nie eine Opernstimme und klang nur wie ein mädchenhafter Engel. Heute verändere ich Stimmen nur durch wenige Stimm-Körperübungen, die millimetergenau ausgeführt werden müssen, da ich jede Nebenschwingung von Tönen oder Asymmetrie der Stimmfunktionen sofort heraushöre.

Für die Opernstimme oder Bühnenstimme ist es wichtig, die Vokale korrekt zu produzieren, da viele Sprachen der nördlichen Hemisphäre nicht so klangvoll und resonant klingen wie z. B. Italiener, Griechen oder Südländer aus den slawischen Ländern. Italiener sind aus einer Menschenmenge immer sofort herauszuhören. Das liegt an der Gewohnheit, die Vokale sehr weit vorn in den Resonanzräumen zu produzieren. Davon abgesehen nutzen die romanischen Sprachen einen ununterbrochenen Sprechfluss, der musikalisch als Legato bezeichnet wird. Das fördert ebenfalls die Resonanz der Stimme. Italien wurde sicherlich durch emotionsgeladene Theatralik der Italiener, die schon von den Römern bekannt war, zur Wiege der Oper. Also kann man sich für die Vokale beim Singen einiges bei den Italienern abgucken.

Was ich mir bei der altitalienischen Singtradition abgeschaut habe, ist der Vordersitz – Avanti – für die Stimme. Vordersitz ist der wichtigste Punkt, um mit der Stimme in das Echo des Saales singen zu können. Nachdem ich bei mehreren Meister wie Caruso, Tetrazzini, Lamperti und auch García und Marquesi nachgelesen hatte, dass das Aufreißen des Mundes zu Klangverlust führt, wurde mir klar, dass der Innenraum des Mundes und der Nebenhöhlen besser komprimiert werden kann und in Schwingung

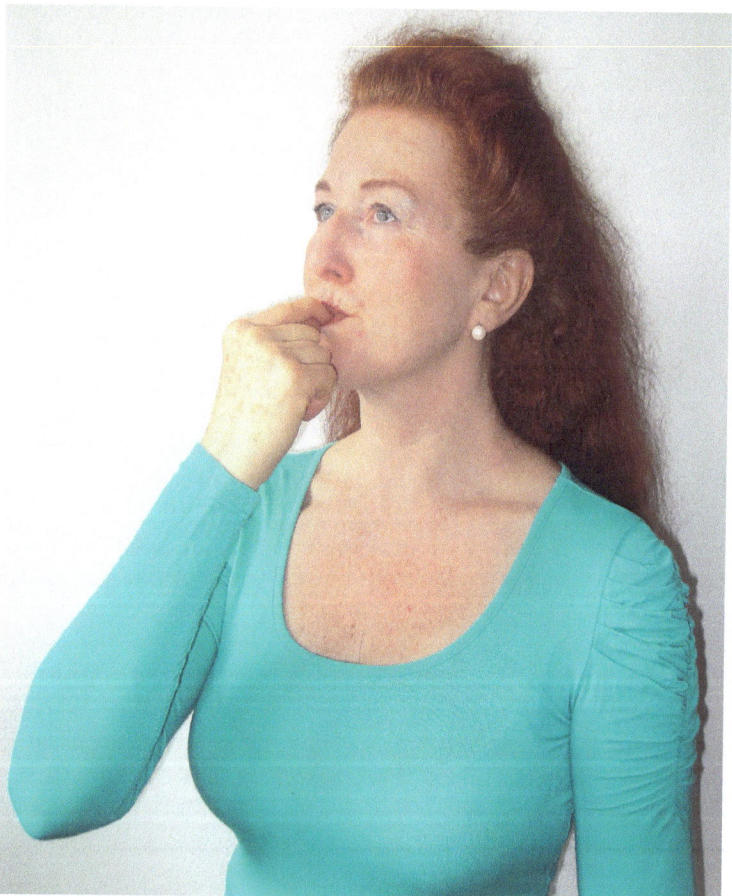

Fingernagel des Zeigefingers zwischen den leicht geschlossenen Zahnreihen

kommt, wenn der Ton nur durch eine kleinere Öffnung nach draußen geht. So bin ich auf den Fingernagelbeißer gestoßen, eine Übung, die große Wirkung hat, wenn man sie korrekt ausführt. Hier nun ein paar Bemerkungen zur Technik.

Der Fingernagelbeißer, wie hier auf dem Foto, ist ein wunderbarer Trick, um den Vordersitz für die Töne zu aktivieren. Besonders für Skalen und Läufe auf Vokale eignet sich diese Übung sehr gut, um die Übergänge der Töne auszubügeln und ein vollständiges Legato zu erreichen. Der Fingernagel sollte genau in der Mitte der Vorderzähne zwischen den leicht und locker geschlossenen Zähnen sitzen. Der Kiefer ist dabei ganz entspannt, ein leichtes Gähnen nach hinten in Richtung Nacken bringt den hinteren Teil der Zunge dazu, sich abzusenken und flachzuliegen und dann kann es mit dem Training losgehen. Es ist sehr hilfreich, den Vokalausgleich im Wechsel von A und I anhand von Skalen oder auf und Ab-Bewegungen im Quintraum mit dem Fingernagelbeißer zu üben. Man fängt am besten unterhalb der Passaggio-Lage, also unterhalb des Registerwechsels an, den man bei sich beim Singen beobachtet hat.

Wer den Vaccai als Übungsmaterial nutzt, kann auch diese Stücke mit dieser Übung kombinieren. Später singt man auch die Texte und ganze Arien mit dieser Methode. Vor allem bei hohen Koloraturarien ist es hilfreich, in der Mittellage der Stücke mit dem Fingernagelbeißer zu beginnen und dann die höheren, stark verzierten Abschnitte anzugehen. Der Fingernagelbeißer bringt die Aufmerksamkeit des Sängers immer wieder zum Vordersitz des Tones zurück, sodass der Trainierende sich nicht emotional von der richtigen Position wegreißen lassen kann. Am besten gelingt die Fingernagelbeißer-Disziplin, wenn man sich dabei im Spiegel beobachtet. Durch den fast geschlossenen Mund dringen die Vokale und Silben nur durch den Schlitz nach außen und müssen in der Nasennebenhöhlenresonanz korrekt verankert werden. So fühlt man die Töne mehr im Gesicht und wenn möglich auch in der Stirn. Dadurch wird die vordere Resonanz sehr angenehm verstärkt. Oft sind die Vibrationen auch im Gesicht zu spüren wie eine leichte Gesichtsmassage. Wer am Anfang ein wenig Probleme hat, den Fingernagel ruhig und konzentriert in der Position zu halten, kann mit leicht vorgeschürzten Lippen – in der Schnabelposition – mit geschlossenem Mund auf MMM seine Tonskalen durchlaufen und wird so durch die Vibration des MMM an Lippen auch spüren, wo der Vordersitz des Tones ist. Anschließend fällt es leichter mit dem Fingernagelbeißer weiter an Liedern und Arien zu arbeiten.

Es gibt eine Vorstellung, die die Wirkung des Fingernagelbeißers noch intensiviert. Probiere einfach einmal, das Einatmen in kleinen Schnüfflern durch die Nase wie beim Riechen an einer Blüte oder einem guten Parfüm durchzuführen, bevor Du mit dem Singen beginnst. Diese Gewohnheit riechend in kleinen Schüben einzuatmen, ist ein guter Tipp von Luisa Tetrazzini, der bewirkt, dass die Nase und der weiche Gaumen aktiviert werden und das Gesicht sich in neugieriger Erwartung eines Genusses aufspannt. Die Vorbereitung auf einen guten Duft ist auch die Vorbereitung auf einen genüsslichen Ton.

Überhaupt ist dieses Lustgefühl beim Einatmen sehr wichtig, um die Genuss-Muskeln des Körpers mit für das Singen zu aktivieren: den Beckenboden, Bauch und den Pyramidenmuskel, der auf Englisch einfach „Bikini" heißt. Mit der gespannten Erwartung auf etwas Schönes fängt man den Körper für den Ton auf der emotionalen Ebene ein und macht auch das Publikum neugierig. Bestimmte Körperreaktionen sind uns aus der Säuglingszeit schon so vertraut, dass sie sich automatisch auf die Zuhörer übertragen und ansteckend wirken. Da Gesang eine stark gefühlsgeladene Kunst ist, empfindet man das hier besonders intensiv.

"Avanti, Avanti," Vordersitz der Stimme & der Balkon der Diva

Warum ist "Avanti" - „Vordersitz" so wichtig im Operngesang? Avanti bedeutet auf Italienisch nicht nur einfach „vorn", sondern „avanti, avanti!" heißt auch – nun los doch! Die ungeduldigen, temperamentvollen Italiener nutzen dieses Wort bei jeder Gelegenheit, wo es darum geht, schnell in die Gänge zu kommen. Auch diese Bedeutung passt das sehr gut auf den Vordersitz der Stimme, da es beim Anspringen der Stimme um eine Initialzündung geht, mit der die Stimme genau in den richtigen Resonanzräumen gleich startet. Zwar ist der Ansatzpunkt für den Tonsitz nach der Zeichnung von Lilli Lehmann hinter den oberen Vorderzähnen, doch kann man sich eher merken, dass die Nasenspitze bzw. der zentrale Punkt gleich unter der Nase der Balkon für die Stimme ist. Von dort aus springen die Töne dann korrekt in das Echo im Raum, wenn man im Mundraum Platz geschaffen hat.

Der Vordersitz des Tones hat viel mit dem Inneren der Nase zu tun, wie wir aus der „Riech-Übung" mit dem Parfüm oder einer Blüte schon gelernt haben. Manche Sänger stellen sich einfach vor, den Ton mit dem Inneren der Nase zu ergreifen oder in den Ton zu beißen, damit die Tonschwingung auch unmittelbar in die Nebenhöhlen geht. Diesen Vordersitz erlernt man spürbar, indem man einen etwas nasalen Klang auf **NG** erzeugt oder Silben wie **ing, ang, eng, ung** oder **ging, gang, geng, gong-** aneinanderreiht. Sobald der Vordersitz durch diese Vorübung spürbar geworden ist, kann man dazu übergehen, die Vokale a und i auf diese Position zu bringen.

Der A-Vokal ist im Italienischen viel breiter und weiter vorn in der Resonanz als in der deutschen Sprache. Dadurch haben es Romanen etwas leichter, die Vordersitz-Resonanz zu erreichen. Man kann das Deklamieren von italienischen Worten mit vielen Vokalen gut mit dem Fingernagelbeißer trainieren und so den Vordersitz aktivieren, wie z. B. mit Valpolicella, Solario, Calzone, Animato, Gambetta, Stazione, Salone, Andare, mangiare usw. Im Stimmkurs nutze ich die ganze italienischen Speisekarte und lasse die Teilnehmer einander die Getränke und Speisen oder Desserts einfach zurufen. Der A-Vokal wird mit flachliegender Zunge gesprochen und ist daher der Vokal, der am tiefsten liegt und deswegen nicht so leicht in den Vordersitz rutschen will. Das I sitzt höher und hat eine hinten hochgebogene Zunge, deswegen kombiniert man es im Unterricht mit dem A im Wechsel. So kann auch der Anfänger für sich allein gut den Vordersitz für den Ton trainieren und über den Registerübergang hinweg gleiten. Wichtig ist bei jeder Übung im Spiegel nachzuschauen, ob der Nacken aufgerichtet ist, der Kiefer locker hängt und das Kinn zum Brustbein gerichtet ist.

Um den Vordersitz noch deutlicher zu illustrieren, nehme ich gern auf ein Zitat von Maria Callas Bezug. Sie sagte einmal in einem Interview, dass sie von ihrem Kanarienvogel David mehr gelernt hätte als von manchen Gesanglehrern. Sie hat den Vogel beim Singen oft beobachtet und bemerkt, dass er seinen Ton zwischen die Augen projizierte und natürlich der Schnabel dazu halft, den Ton weit vorn in den Raum zu schleudern. Die Nasenöffnungen über dem Schnabel waren dafür auch sehr wichtig. So wird klar, dass die Lippen ein wenig nach vorn gestülpt sein sollen, um den Ansatz für den Ton vorzubereiten. Deswegen sagen auch manche Sänger, dass sie das Gefühl haben, den Ton zu küssen. Für das Training ist es gut, immer in der unteren MIttellage zu beginnen, um den Vordersitz des Tones auch zu spüren. Das subjektive Gefühl kann dabei sehr unterschiedlich sein, bei manchen Sängerinnen wird die Verbindung zu einem ausgehaltenen Ton als Faden beschrieben. Am besten ist es, sich selbst aufzunehmen beim Üben, um dann durch das Abhören die Unterschiede festzustellen. Durch den Fingernagelbeißer wird sich in wenigen Tagen und Wochen der Tonansatz positiv verändern und die Resonanz der Stimme wachsen. Die Zunge bleibt dabei immer hinter den unteren Vorderzähnen liegen, man kann kontrollieren, ob sie dort noch liegt, wenn man sie an die Zähne leicht anstoßen lässt. Wer sich über die Position der einzelnen Vokale genauer informieren möchte, kann auf der Tabelle von Lilli Lehmann nachschauen, die in diesem Buch abgebildet ist. Wer sich ganz auf den Vordersitz konzentrieren möchte und prüfen will, ob sich durch den Fingernagelbeißer nun die Resonanz verbessert hat, kann seine Fingerspitze unter die Nase in die Mitte über den Lippen legen und seine Lippen aufwärts stülpen und so hineinspüren in die Resonanz. Der Ton sollte immer oberhalb der Oberlippe einsetzen, damit die Stimmregister verbunden bleiben. Zieht man von diesem Punkt unter der Nase zum Gaumen hin eine waagerechte Linie, so sieht man die direkte Verbindung zur Resonanz am weichen Gaumen.

Dort treffen Brustresonanz und Nasenresonanz zusammen. Der Start des Tons muss diesen Bereich wachkitzeln, damit der weiche Gaumen sich zu einer Kuppel nach oben ausdehnt. Wenn der weiche Gaumen durch eine hyperaktive Zunge an seiner Bewegung gehindert wird, kann der Vordersitz sich nicht entfalten. Der Ton klingt dann entweder vernuschelt oder aber die Stimme wird heiser, wenn der Zungengrund Druck auf die Kehle ausübt, um einen metallischen Klang zu erzeugen. Oft muss man die Zunge geradezu überlisten, sich aus dem natürlichen Vordersitz herauszuhalten, damit der Ansatz des Tones ungehindert, wie von Natur aus erwartet, eintreten kann.

Die nächste hier vorgestellte Übung ist ebenfalls eine wunderbare Übung für den Vordersitz des Tons und die Lockerung von Lippen und Zunge. Wenn man von den Vokalisen mit Fingernagelbeißer ein wenig müde geworden ist, kann man anschließend zum Lockern den Motorradbrummer machen.

Motorradbrummer mit Flatterlippen für Vordersitz & Schmollmund für Legato

Diese Übung ist bei Kindern sehr beliebt. Sie macht Spaß und fühlt sich im ganzen Körper gut an. Sie ist ein guter Ausgleich zum Lockern nach intensivem Ansatztraining für

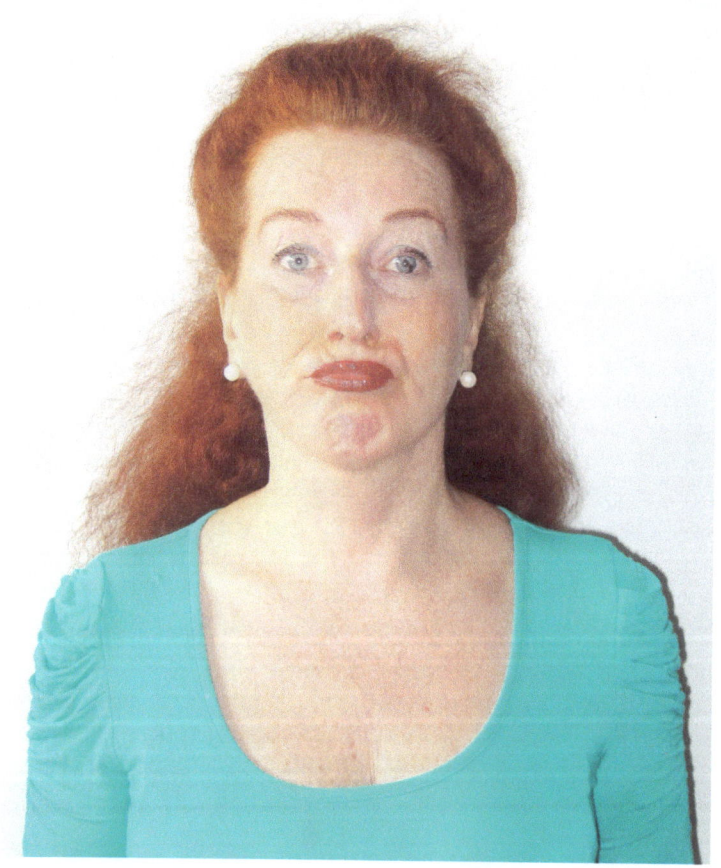

Motorradbrummer mit Schmollmund

die Vokale A und I. Beim Motorradbrummer werden weder Vokale noch Silben angepeilt, sondern nur das Geräusch der Flatterlippen genutzt. Es klingt genauso, wenn kleine Jungs so tun als ob sie Motorrad oder LKW fahren und mit dem heftigen Brummgeräusch eines startenden Motors durch das Zimmer rennen. Genau dieses stimmhafte Geräusch ist der richtige Ton. Das Brummgeräusch darf ruhig laut und kräftig sein. Es entsteht außerhalb des Körpers zwischen den Flatterlippen und bringt nicht nur die Lippen, sondern oft das ganze Gesicht in Vibration. Diese Übung macht gute Laune und ist gesund. Schon Babies lieben diese Töne und Geräusche und drücken damit ihr Wohlbefinden aus. Für werdende Sänger/innen lohnt es sich, auf den Körper zu hören und sich auf das kindliche Ausprobieren von Tönen mit Spaß einzulassen.

Wer den Motorradbrummer dann in seiner persönlichen Sprechlage mühelos ausführen kann und die Flatterlippen beherrscht, kann dazu übergehen, eine Gesangsübung daraus zu machen, indem das Lied- und Arienprogramm mit dem Motorradbrummer verbunden wird. Es gilt also, die Töne tatsächlich mit dem Lippenflattern zu verbinden. Wer sich angewöhnt hat, beim Sprechen oder Singen, die Lippen anzuspannen, wird sich wundern, dass das Flatterlippen- Singen dann einfach nicht funktioniert. Die Flatterlippen-Übung ist eine Kontrollübung für korrekte Tonerzeugung. Durch Lippen- oder Zungenanspannung wird beim Singen oder Sprechen häufig der fehlende Einsatz von Beckenboden- und Schambeinmuskeln ausgeglichen, sodass eine falsche Stimmstütze entsteht. Wer mit dem Lippenflattern auf Töne große Schwierigkeiten hat, muss seine Zunge und die Lippen komplett entspannen lernen.

Das geht am Anfang am leichtesten auf einfache Kinderlieder oder Schlager. Nach kurzer Zeit wird man dann so weit sein, dass man auch seine Arien mit dem Motorradbrummer singen kann. Die große Kunst besteht dann später darin, die Koloraturarien auch mit Lippenflattern einzuüben, um bis in das Pfeifregister locker zu bleiben.

Die hohen Töne können mit einer Sirene von oben nach unten in das Lippenflattern integriert werden. Dabei nutzt man das Lippenflattern um jeweils einen Ton höher die Sirene anzusetzen. So erweitert man seinen Tonumfang ohne Anstrengung.

Das Lippenflattern kann auch mit den hier empfohlenen Yogastellungen und Beckenbodenübungen kombiniert werden. Im Pflug erreicht man eine Kehlkopfpositionierung in der Ausgangslage, der Normalposition des Kehlkopfes für die Sprechstimme. So ist man sicher, dass der Kehlkopf dort auch bleibt, während man seine Lippenflatterübungen für die höheren Töne macht. Durch den Nabellift und das Waschbrett erreicht man auch eine gerade Aufrichtung der Wirbelsäule und die Nackenstreckung, sodass man die Aufmerksamkeit auf die lockere Zunge und die Kieferentspannung beim Motorradbrummer auf Töne richten kann. Es ist hilfreich, die Körperübungen mit den Stimmübungen und der Atemrechnik zu kombinieren. So steigert sich die Wirkung.

Wenn die Vordersitzübungen ihre Wirkung zeigen und mehr Sicherheit im Tonansatz besteht, vermutlich bei Anfängern nach einigen Wochen, kann man seine Erfolge noch erfolgreicher für den Tonansatz für den Opernton umsetzen. Die charismatische Wirkung von Caruso's und Callas' Tönen beruht auf der geschickten Nutzung der Raumresonanz. In der italienischen Fachsprache nennt man diesen Effekt – cantare sul eco – wörtlich übersetzt, in das Echo hineinsingen. Sobald ein Sänger den Vordersitz über den gesamten Stimmumfang beherrscht, ist es für ihn leichter, den Ton von der Stirnhöhle aus mit der Nasenresonanz und der Brustresonanz zu verbinden. Dies bewerkstelligt man, indem man vom dritten Auge aus, der Stelle zwischen den Augenbrauen in der Mitte, den Ton ansetzt und dabei nicht die beiden anderen Resonanzräume außer Acht lässt. Beim Training empfehle ich zuerst die Nasenresonanz mit der Brustresonanz zu verbinden und dann vom Nasenpunkt aus weiter die hohen Töne mit Stirnresonanz zu erobern, während man die Tiefe von der Nase zur Brust bis hin zu einer zarten Vibration hinter dem Bauchnabel verbindet. Bei den hohen Tönen ist die Echowirkung in großen Räumen leichter wahrzunehmen. So entsteht beim Training der Ganzkörperklang, der für professionelle Sänger/innen ein Markenzeichen ihrer Stimmkapazität ist. Überhaupt ist das Tönen mit dem ganzen Körper ein urtümliches Lustgefühl, das an Säuglinge erinnert, denn im Kleinkindalter waren die meisten von uns noch intensiv mit dem Körper über ein natürliches Lustempfinden oder ein heftiges Unlustgefühl verbunden, dies natürlich auch bei der Stimmproduktion. Deswegen ist das gesamte Stimmtraining auch so gesund und heilsam für manche Gemüts- und Körperkrankheiten.

Niemand sollte sich frustrieren lassen, wenn der Vordersitz sich nicht auf Anhieb einstellen läßt. Es gehört eine Körperbalance dazu und ziemliche Stimmbeherrschung, um den Vordersitz korrekt über den gesamten Stimmumfang führen zu können. Auch muss beim Training zwischen der Ausarbeitung beider Extremlagen abgewechselt werden. Das sicher Gefühl für die Trainingsrichtung haben natürlich gute Lehrer. Wer sich beim Singen oder Sprechen Mühe macht oder sich anstrengt, kommt zu falschen Ergebnissen. Doch ist es oft nicht so einfach einen Muskelschmerz, der vom Loslassen eines lange chronisch verspannten Muskels entsteht, von einer übertriebenen Anstrengung zu unterscheiden.

Mit dem Motorradbrummer und den vorgeschobenen Flatterlippen bekommt der Ton auf jeden Fall mehr Power und mehr Raumresonanz. Beim Üben darf man ruhig etwas übertreiben und die Lippen bis zur Nase hin aufwölben. Besonders für Menschen mit sehr schmalen Lippen ist dies hilfreich. Die Durchschlagskraft der Übung wird jeder Trainierende bald auch in seiner Sprechstimme bemerken. Wer die Lippen konstant geschürzt hält wie zum Kuss kann seinen Legatoton enorm verbessern und spürt wie der Beckenboden als Stimmstütze integriert wird. Mit vorgeschobenen Lippen ist es außerdem schwer, den Kiefer anzuspannen oder die Zähne aufeinander zu beißen. Die

Kontrolle, ob der Beckenboden auch mitarbeitet, ist leicht, denn, sobald die Flatterlippen aufhören zu schwingen und der Ton erstarrt oder wegbleibt, ist klar, dass der Beckenboden nicht mehr im Team ist und die Zunge sich vermutlich eingemischt hat.

Die Wirkung des Motorradbrummers mit dem Lippenflattern

Der Motorradbrummer mit Lippenflattern ist eine genial Stimmübung, die den Körper in die Stimme integriert. Wie schon beschrieben, stirbt sofort der Ton bzw. das Motorrad stottert, sobald keine Kraft mehr vom Beckenboden, vom Bauch und vom Zwerchfell hinter dem Lippenflattern steht. Die nach vorn gewölbte Schnute zwingt gleichzeitig die Lippen, sich aufzublasen und keine Anspannung zuzulassen. Gleichzeitig ist der Kiefer entspannt und hängt locker im Gelenk bei geschlossenen Lippen. Da man bei diesem Lippenflattern automatisch die Augen weit öffnet und das ganze Gesicht wie einen Regenschirm aufspannt, kommt noch ein kostenloses natürliches Facelifting dazu.

Der Motorradbrummer ist eine Übung für die gute Laune, befreit von festsitzenden Anspannungen und Emotionen und bringt den Körper als Ganzes zum Klingen. Für alle Menschen, die eine Stimmverkrampfung mit Heiserkeit, falschen Luftansatz, zuviel Druck auf die Stimme haben, ist der Motorradbrummer die Rettung für ihre Stimmbänder. Letzten Endes bringt der Motorradbrummer die Stimme in den richtigen Ansatz für das Training des Vordersitzes und die Nutzung aller Resonanzräume. Das Lippenflattern bringt auch den Beckenboden in Aktion und trainiert den weichen Gaumen, der sich nun mehr dehnen muss. Die Töne können nicht mehr nach hinten in den Mundraum abrutschen. Längere Phrasen im Legato durchzuhalten wird viel leichter, denn wer über eine Minute ununterbrochen mit den Lippen flattern kann, lernt auf jeden Fall die Zwerchfell- Rippen-Stütze kennen. Sobald sich das

Brummen und Lippenflattern in der Tiefe mit der Resonanz hinter dem Brustbein verbindet, wird auch die Thymusdrüse stimuliert, die für das Immunsystem und die hormonelle Steuerung des Körpers zuständig ist. Das ist ein zusätzlicher gesundheitlicher Effekt. Die Zunge lernt durch das Lippenflattern nicht wie eine Kobra im Mund zu stehen, sondern einfach wie ein Teppich flach ausgebreitet zu liegen. Zusätzlich ist das Lippenflattern eine Entspannungsübung für die Lippen, das Lippenfalten verhindert und die Lippen auch im Alter schön in Form hält. Das Lippenflattern wird bei manchen Personen auch emotionale Wirkungen haben, da Menschen oft unbewusst durch angespannte Muskeln um den Mund und Kiefer herum oder im Kopf, Nacken und Schulterbereich Emotionen anstauen, die sich dann beim Lösen der Anspannung auch entladen wollen. Niemand sollte sich wundern, wenn das Lippenflattern auch vergessene Gefühle aus der Tiefe heraufholt. Beim Singen gibt es keine Möglichkeit, irgendwelche Gefühle zu verbergen, das ist ja gerade das Schöne daran.

Facelifting durch Vibrationen – spann' den Schirm auf!

Es gibt einige schöne Übungen, die da Gesicht wie einen Regenschirm aufspannen. Konzentriere Dich auf die Stelle Deines Hinterkopfes, wo Du einen Pferdeschwanz binden würdest. Dorthin ziehst Du jetzt gedanklich Deine Gesichtsmuskeln auseinander und öffnest auch die Augen weit. Das ist ein Muntermacher für das Gesicht und die Konzentration. Vor allem, wenn Du müde oder erkältet bist, solltest Du das machen. Ist die Nase einmal blockiert, kannst Du ein langes gesummtes MMMMM oder NNNGGG stimmhaft in Deiner bequemen Tonlage erzeugen und dazu diesen Sound genüsslich durchkauen, während Du die Lippen wie einen Kussmund auf und ab rollst. Bewege alle Muskeln Deines Gesichts und mach die wildes-

ten Grimassen dabei. Das ist total entspannend. Lass'
Dich total in den Sound hineinfallen.

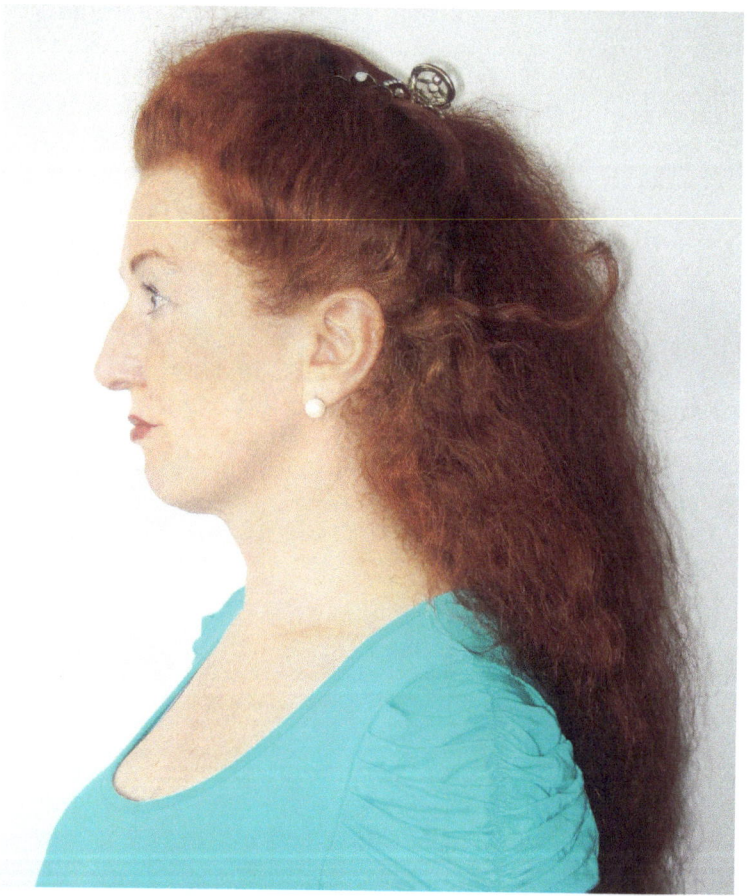

Kronenpunkt am Hinterhaupt für ewige Jugend

Die Stelle am Hinterkopf hat eine besondere Bedeutung.
Der Indische Gelehrte Swami Niranjananda Saraswati
lehrt, dass dieser Kronenpunkt nah beim Hinterkopf ein
Energiezentrum ist, das für die Jugendlichkeit zuständig ist.
Er empfiehlt seinen Schülern, sich auf diese Stelle oft zu
konzentrieren. Wir nutzen sie dagegen als Aufhänger für

die Gesichtsübungen. Hier siehst Du die Stelle am Hinterkopf genau, denn dort sitzt die Haarspange. Bevor Du Dich beim Summen in eine Biene verwandelst, kannst Du auch auf diese Weise Deine Lieblingslieder auf die Silbe Muh singen und versuchen, die Resonanz im Gesicht und Nacken gleichzeitig zu spüren.

Caruso's „Ei" gegen widerspenstige Zungen –, ‚eine Zeitungsente'

Es gibt einen Stimmfehler, der häufig den Tenören nachgesagt wird, deswegen heißt er auch der Tenorknödel. Bei diesem Phänomen handelt es sich um eine starke Zungenwurzel-Verspannung, die eine stark metallische Färbung des Stimmklangs verursacht und trotzdem nicht das Volumen einer natürlichen Opernstimme erzeugt. Durch die starke Zungenanspannung kann der Tenor dann nicht seinen Körper für die Stimme korrekt einsetzen, der Beckenboden wird beiseitegelassen und die Zungenwurzel behindert die Nutzung der natürlichen Stimmunterstützung durch Bauch, Becken und tiefgestelltes Zwerchfell. Wenn so ein Stimmfehler zunächst unbemerkt bleibt und dann noch mit der Bauchpresse künstlich kombiniert wird, die genau entgegengesetzt zur natürlichen Atembewegung arbeitet, dann haben wir es mit einem ganz verkorksten Gesangstil zu tun, der mit Belcanto nichts zu tun hat und doch schon zum Entsetzen aller Anhänger von guter italienischer Singtechnik auf manchen Opernbühnen angekommen ist. Athletentum ist beim Singen keineswegs angebracht, selbst wenn Sport, Schwimmen, Laufen, Fitness und Ausdauersportarten gut dazu passen und die Kondition steigern. Caruso hat anscheinend gerade deswegen demonstrieren wollen, wie entspannt seine Zunge im Mund beim Singen flach liegt, indem er ein rohes Ei auf die Zunge nahm und dieses singend im Mund behielt, ohne es zu zerbrechen. Nach Aussage eines Journalisten soll Carusos Frau Dorothy diese

Aussage bestätigt haben. Vermutlich handelte es sich dabei eher um einen Scherz für die Presse. Der Artikel erschien unter dem schlagenden Titel – das Ei zur Zähmung der Zunge und weckte natürlich die Neugier jeden Lesers.

Noch heute, über ein halbes Jahrhundert später, wirbt eine Belcanto Lehrerin mit diesem Slogan und veranlasst ihre Schüler und Schülerinnen, tatsächlich mit gekochten Eiern Gesang zu trainieren. Bei großen Menschen mit auffallend großem Mund mag das ja ohne Brechreiz gehen, doch bei den meisten dürfte es nur Würgen anstatt der Zungenentspannung hervorrufen. Caruso und andere zeitgenössische Lehrer haben niemals im Belcanto-Unterricht mit rohen oder gekochten Eiern im Mund hantiert. Das Ganze war eine humorvolle Zeitungsente.

Caruso kannte das Zungenproblem aus eigener Erfahrung, da er in seiner Jugendzeit eine angespannte Zungenwurzel hatte und deswegen von Gegnern als der „windige Tenor" belächelt wurde. Vielleicht hat er irgendwann einmal das Training mit einem kleinen Gegenstand auf der Zunge als Lockerungsübung ausprobiert. Noch heute gibt es Gesanglehrer, die ihre Schüler mit diesen mittelalterlichen Foltermethoden traktieren - silbernen Kaffeelöffeln, Suppenlöffeln oder gar Ostereiern und Tischtennisbällen auf der Zunge. Ich halte das für großen Unsinn. Ich habe es zum Spaß aus Neugier einmal mit einem kleinen Ei aus Holz ausprobiert und damit nichts erreicht außer Brechreiz.

Die Korkenmethode oder der Fingernagelbeißer sind viel effektiver, wenn man diese bewusst mit der flachen Zunge kombiniert. Meine persönliche Erfahrung hat mir gezeigt, dass es wie in der Alexandertechnik am besten geht, wenn man leicht und spielerisch ohne jede Anstrengung die natürliche Dehnung der Muskeln und Gelenke trainiert und so die Stimme weiterentwickelt. Disziplin ist gut, Härte und Übertreibung allerdings fehl am Platz. Totale Entspannung ist die beste Vorbereitung für den großen Körpereinsatz bei der Opernstimme. Das Publikum reagiert äußerst sensibel auf jede Verspannung.

Stimmbandschluss statt Schluckauf

Eine klare Aussprache und gute Textverständlichkeit sind die Ziele jeden guten Opernsängers. Der Text soll beim Publikum ankommen, auch wenn das bei hohen Tönen nicht immer möglich ist. Für die Sprechdeutlichkeit wird theatralische Deklamation in unterschiedlichen Tonhöhen benutzt, wie es auch Schauspieler trainieren. Diese Tradition entstammt den griechisch-römischen Amphitheatern. Antike Dramen wurden auf diese Weise in einer Art Singsang oder Sprechgesang vorgetragen und konnten die Zuhörer richtig mitreißen. Das Ganze war so dramatisch und emotional, dass die Zuschauer völlig die Zeit vergaßen und in den Augenblick des Erlebens voll eintauchten.

In der altitalienischen Schule gab es eine besondere Methode, die Klarheit der Aussprache und den Tonansatz zusammen zu bringen. Meister Lamperti beschreibt das in seinem Kapitel über den Stimmband-Verschluss. Besonders der A-Vokal musste demnach mit einem bewussten Glottis-Verschluss angesetzt werden. So mussten vor allem Heldentenöre den Glottis-Verschluss zuerst stimmlos erlernen über das fast unhörbare Paukentönchen, um dann den stimmhaften Glottis-Verschluss auf Vokale zu trainieren. Glaubte man früher, der Stimmbandverschluss sei eine reine Funktion, die mit der Atmung zusammenhängt, so wurde spätestens seit Frederick Husler's Stimmforschungen klar, dass keine Muskelreaktion ohne Nervenimpuls steuerbar wäre. Gute Gesangslehrer unterrichten auch heute noch das Paukentönchen als Entspannungsübung für die Stimme nach einem anstrengenden Training. Leider wird zu wenig Wert darauf gelegt, den stimmhaften Glottis-Verschluss mit Vokalen zu üben, was für jede Stimme einen großen Fortschritt in der Kraft und Resonanz bedeutet. Der Glottis-Verschluss muss von einem Vocal Coach gezeigt werden, damit ein Gesangsschüler ihn erlernen kann. Es ist nicht möglich, dieses Phänomen hier theoretisch nachvollziehbar zu beschreiben. Doch es soll keineswegs unerwähnt bleiben. Es hört sich wie ein ganz leichtes Ploppen eines Flaschenkorkens an, wenn man diesen aus der Flasche zieht. Ob das Phänomen im Kehlkopf wirklich mit dem Bernoulli Effekt zu tun hat, den der gleichnamige Physiker entdeckt hat, ist fraglich. Bernoulli stellte fest, dass sich Geschwindigkeit und Druck entlang einer Strömungslinie umgekehrt proportional verhalten, sodass ein Hubschrauber langsam an einer Felswand entlang fliegt, von der Wand angezogen wird und gegensteuern muss. So sieht man zwei Blätter Papier sich aufeinander zu bewegen, wenn man zwischen diesen leicht hindurchbläst. Der Sänger muss also seine Muskulatur auf einen Ausgleich dieses Effektes einstellen. Dadurch wird klar, dass zu starkes Anblasen des Tones absolut kontraproduktiv ist und zur Schädigung der Stimmbänder führt.

An anderer Stelle wurde bereits erwähnt, dass die arabische Sprache über einen Buchstaben verfügt, der genau den Glottis-Verschluss auf den A-Vokal wiedergibt. Die arabische Sprache, die sich aus der Poesie von Wanderbeduinen in Wüstenregionen entwickelt hat, besitzt einen metallischen, kräftigen Klang. Auch in der Koran-Kantillation wird dieser metallische Klang bevorzugt. Der Glottis-Verschluss kann gut mit diesem arabischen Buchstaben – AIN - trainiert werden, wenn man sich das von einem Muttersprachler demonstrieren lässt. Es fühlt sich so an, als würde man kurz vor dem Erbrechen noch ein A sagen. Die Zunge muss bei diesem Laut aus dem Weg gehen, sonst funktioniert es nicht. Daher ist der korrekte Stimmband-Verschluss ein Muss für gute Tenöre, die auch in der Höhe den markanten Heldentenor-Klang erzeugen wollen. Hans Hopf, ein Wagner Tenor des letzten Jahrhunderts war berühmt dafür.

Sobald der Stimmbandschluss in der Sprechlage oder Tiefe erlernt ist, heißt es ihn auf die hohe Lage zu übertragen. Dazu kann man die Übungen mit der Mickey Maus Stimme benutzen. Der korrekte Stimmbandverschluss befreit jede Stimme von den gefürchteten Wacklern, einem zu starken Tremolo, das bei alternden Sängern und Sängerinnen mit überanstrengten Stimmen leicht auftritt. Es braucht viel Geduld, das zu reparieren, doch es lohnt sich sehr. Die besten Opernsänger/innen dieser Welt sind immer jene, die mit entspannter Kehle singen, Beckenboden, Bauch und Zwerchfell korrekt nutzen. Der Stimmbandverschluss lässt sich dann nämlich auch viel leichter erlernen. Sobald der Zungenmuskel weich wird, tritt die Glottis in Aktion. Alles im Körper basiert auf Teamwork und korrekter Arbeitsverteilung.

Beim Training des Glottis-Verschlusses ist streng darauf zu achten, dass die Zungenwurzel locker bleibt, den sonst überträgt sich Anspannung auf die Stimmmuskulatur. Besonders bei jungen Sängern, die gern dramatischer klingen möchten, besteht die Gefahr, dass die Stimme durch Forcieren Schaden nimmt. Niemand kann ungestraft gegen die Natur seiner Stimme verstoßen. Es lohnt sich nicht, Töne mit Gewalt anzugehen. Es bringt viel mehr, wenn die Stimme gleichmäßig von der Mitte nach außen trainiert wird und der Stimmbandverschluss aus der Sprechlage in die hohe Sprechlage mit der Micky Maus Stimme übertragen wird und dann langsam über den Umfang ausgedehnt.

Erst wenn der Stimmbandverschluss mühelos im Sprechbereich auf die Vokale A und I gelingt, kann man diese Funktion auf die Singstimme übertragen. Gerade für dieses Thema benötigt jeder Anfänger einen guten Vocal Coach oder Gesanglehrer. Bei jungen Bühnenstars, die vorzeitig aus Karrieregründen ihre Stimme überfordern und mit falscher Technik singen, ist Ungeduld hier selbst zerstörerisch. Es gibt eine gesunde Muskelspannung und eine ungesunde Verspannung, diese beiden sind für ungeschulte Ohren oft kaum zu unterscheiden. Leider kann der Stimmbandverschluss auch nicht theoretisch in praktisch brauchbarer Form erklärt werden. ER muss einfach von Lehrer zu Schüler gezeigt und korrigiert werden, bis alles stimmt. Durch meine Unterrichtstätigkeit und die Bücher berichten mir Sänger und Sängerinnen häufig über ihre Stimmprobleme und Hindernisse auf dem sängerischen Weg und so höre ich immer wieder herzzerreißende Stories von abgebrochenen Ausbildungen und Karrieren. Oft liest man auch in Programm-heften zu Opernaufführungen, dass die Künstler in den Hauptrollen zunächst ganz andere Fächer als Gesang studiert haben und erst durch privaten Unterricht später zur Bühne gekommen sind. Mein Eindruck ist, dass manche jungen Sänger/innen zu früh überfordert werden durch ihren Anspruch an sich selbst und die harte Konkurrenz auf Bühnen. Dagegen haben es andere, die schon gestandene Menschen mit einer anderen Ausbildung sind, leichter, auf dem langsameren Weg ihre Seelenaufgabe zu finden. Leider sind Musikhochschulen nicht immer der Ort, an dem die beste Vorbereitung erfolgt.

Der Stimmbandschluss ist ein Thema, das in professionelle Hände gehört, denn um den korrekten Ansatz zu verstehen, muss der Schüler es beim Lehrer abhören und nachmachen lernen.

Missverständnisse über Körper und Stimme – Antworten

In zahlreichen Foren im Internet findet man eine ungeheure Menge von Fragen zur Stimme. Sprechen und Singen scheinen die Themen mit den größten Fragezeichen und Unklarheiten zu sein. Leider sind sogar unter Fachleuten noch viele Irrtümer über den Stimmgebrauch und gesunde Stimmentwicklung verbreitet. Manche Methoden eignen sich für die Sprechstimme so wie die Linklater-Methode für Schauspieler, andere wie italienischer Belcanto sind eigens für den Gesang entwickelt, da sie den gesamten möglichen Stimmumfang einbeziehen. Körpertherapien wie Rolfing, Alexandertechnik, Feldenkrais und Achtsamkeit im Allgemeinen sind sehr hilfreich, doch sie bringen wenig Erfolg, wenn der Lehrende leider die italienische Belcanto Schulung nicht kennt. Wer Achtsamkeit für Körper und Stimme unterrichtet, muss sich für Gesang auch mit dem Operngesang auskennen und sich damit intensiv beschäftigt haben.

Pures Fitness-Training mit Zungenakrobatik, Gewichten auf Brust und Bauch und ähnliche Foltermethoden bringen für Gesang wenig, wenn sie nicht mit intelligentem Verständnis für die Kehlkopf- und Körperfunktionen trainiert werden. Körper und Stimme müssen ausbalanciert werden, um mühelos zu funktionieren. Dazu sind Anatomie-Kenntnisse notwendig. Die Aufgaben der wichtigsten Gelenke im Körper müssen bekannt sein. Ich habe jahrelang Fitness trainiert, doch die Tatsache, dass sich jemand, der schwerer ist als ich, auf meinen Brustkasten stellen kann und ich das nur mit den Zwischenrippenmuskeln ausgleiche, verdanke ich lediglich kontinuierlichem Gesangstraining für die richtige Stimmstütze, nicht jedoch dem Gewichtheben. Das wichtigste am Fitnesstraining sind Muskelentspannung nach der Anspannung und Körperbalance: alle Bewegungen sind korrekt aus der Mitte auszuführen. Dabei ist es wichtig, immer mental das Idealbild vor Augen zu haben.

Nun kommen wir zu typischen Sängerfragen, die sich in zahlreichen Internet-Foren und in Emails in unterschiedlicher Formulierung stets wiederholen. Ob im Chor oder als Solist, Sänger/innen haben stets die gleichen Fragen oder Hindernisse auf dem Weg. Daher hier die wichtigsten Antworten.

Wie bezwingt man eine steife Zunge?

Ganz bestimmt funktioniert das nicht so, wie es eine israelische Gesangslehrerin mit großem Marketing-Erfolg am Ei von Caruso demonstriert, nämlich mit einem gekochten Ei auf der Zunge Arien zu singen.

Selbst gekochte Eier sind für diesen Zweck ein reiner Marketing-Gag in den sogenannten Meisterklassen, die diese Lehrerin unterrichtet, deren Stimme in der Jugend durch falschen Gebrauch zerbrach und niemals repariert wurde. Sie kann den Schülern bis heute keinen Ton vorsingen, um ihnen richtig oder falsch zu demonstrieren. Deswegen lässt sie ihre Gesangsstudenten stundenlang den Weg der Stimme in Worten wiederholen, anstatt zu singen und das Richtige zu trainieren. Es sollte mich sehr wundern, wenn das sture Auswendiglernen einer Definition die Erleuchtung für Gesang bringen würde. Auch unter „spirituellem Deckmantel" funktioniert das wohl nicht. Caruso hat nirgendwo ernsthaft behauptet, mit einem Ei im Mund Gesang trainiert zu haben. Dies ist nur ein einziges krasses Beispiel von Ratschlägen, die Sänger in der Ausbildung von unqualifizierten Lehrern zu hören bekommen. Auch das Motivieren zum Lautsingen oder Brüllen in manchen Gesangsklassen bringt absolut nichts außer kaputten Stimmbändern.

Da mein Mund zu klein war, um ein gekochtes Ei ganz hineinzubringen, habe ich die Empfehlung spaßeshalber mit einem kleinen Plastik- oder Holzei ausprobiert, um zu sehen, ob sich dadurch tatsächlich eine Wirkung zeigt, denn ich gehöre zu den Menschen, die alles prüfen, bevor sie etwas zielgerichtet ablehnen. Doch das Ei hat mir nichts gebracht außer Brechreiz. Die korrekte Empfehlung lautet hier, die Zunge auf jeden Fall bewusst und aktiv zu entspannen und sich auf diese entspannte Zunge während der Stimmübungen, am besten vor dem Spiegel, zu konzentrieren. Die Zunge ist bei den meisten Menschen verspannt, weil sich dort alte Gefühle, die nicht ausgedrückt werden durften in der Kindheit gestaut haben. So entstehen diverse Anspannungsmuster in der Zungen und auch um den Kehlkopf herum. Darüber hinaus ist auch Oma's Silberlöffel kein geeignetes Hilfsmittel, verspannte Zungen aus dem Weg zu räumen. Jeder Fitness-Trainer weiß, dass angespannte Muskeln durch Dehnübungen und nicht mit herunterdrücken sanft korrigiert werden.

Deswegen lautet mein erster Tipp immer, nicht auf falsche Propheten zu hören, ganz gleich, wie berühmt sie sein sollten, sondern zu prüfen, ob die Stimme innerhalb von ein bis zwei Monaten hörbare und fühlbare Fortschritte macht. Ist das nicht der Fall, ist es nicht in Ordnung und man sucht sich lieber einen guten Lehrer.

Italienischer Belcanto hat klare Grundlagen, die seit über 400 Jahren bekannt sind. Stimmlockerheit und Selbstsicherheit gehen Hand in Hand bei gutem qualifiziertem Stimmtraining. Anatomie-Kenntnisse der Stimme sind für Stimmtrainer unerlässlich. Magische Stimmwunder gibt es nicht, sondern nur gutes effizientes körperorientiertes Training. Die besten Zungenübungen sind hier im Kapitel für die Zunge aufgeführt: die Zungendehnung mit dem Taschentuch, der Zungenkreisel von Feldenkrais und das Kauen auf der herausgedehnten Zungen nach Linklater. Wer einen Zungenknödel hat, muss viel Geduld aufbringen, diesen abzutrainieren und vor allem darauf achten, dass Beckenboden, Pyramidalis und Bauchmuskeln im Zusammenspiel mit der Zwerchfell-Zwischenrippen-Stütze eingesetzt werden. Bewusste Entspannung der Zunge – d.h. die Zunge flach und breit hinter den unteren Zähnen liegen zu lassen, kann in jeder freien Minute geübt werden. Die Massage der heraushängenden Zunge mit einem Stoff-Taschentuch damit sie nicht wegrutscht, ist eine sehr gute Übung zur Entspannung. Auch darf man sich nicht wundern, wenn dabei verdrängte Gefühle wachgerüttelt werden. Davon abgesehen müssen verspannte Zungen immer zusammen mit klemmenden Kiefergelenken gelockert werden, da diese oft mit den verdrängten Emotionen, die in einer verspannten Zunge versteckt sind, einher gehen.

Operngesang muss persönlich gezeigt werden!

Jeder Schüler lernt am besten von einem Lehrer, der ihm genau die richtige Technik für die Stimmbildung vorführt. Leider gibt es zu viele Gesanglehrer/innen mit eingeschränkter Stimmfunktion, die als Kompromiss unterrichten, weil sie nicht an der Bühne bleiben konnten oder dort nicht hingekommen sind. Wer jedoch selber Stimmprobleme hat, die nicht überwunden sind, wird kaum korrekt die Übungen vorführen können oder sich über die Technik 100% sicher sein. Selbstsicherheit in der Stimmtechnik ist aber die wichtigste Voraussetzung, um ein Stimm- oder Gesangslehrer zu sein.

Wer ernsthaft singen lernen will, darf sich an den Besten auf diesem Gebiet orientieren. Wer an seinem Lehrer Zweifel hat, sollte wechseln und erneut prüfen, ob die Wellenlänge und die Unterrichtsmethode passen. Das Prinzip der Mühelosigkeit ist für Stimmbildung ungeheuer wichtig. Nur, wenn der ganze Körper mühelos funktioniert, kann die Stimme auch locker und entspannt schwingen.

Sollte man sich nach dem Unterricht müde oder angestrengt fühlen, stimmt etwas nicht und, das ist sofort in der nächsten Stunde zu klären. Ich wundere mich immer wieder darüber, wenn mir besonders junge Tenöre berichten, dass ihre Lehrerin großartig ist, ihnen jedoch nie in der Stunde etwas vorsingt. Stimmermüdung ist ein Zeichen für falsche Muskelanspannungen in Zunge, Kiefer oder der Körperhaltung. Dies ist sofort zu überprüfen. Stimmliche, emotionale und körperliche Anstrengung kann nach großen Auftritten auftreten, das ist normal. In anderen Fällen muss dies sofort geklärt werden und auf Mühelosigkeit als Ziel hin trainiert.

Groß, klein, oval, rund oder ein Spalt? Was ist die richtige Mundöffnung für Gesang?

Kaum ein Thema regt zu so vielen Spekulationen an, wie die Frage nach der richtigen Mundöffnung und Mundform im Gesang. In Chören erlebt man oft, wie Chorleiter ihre Chormitglieder zum Aufreißen des Mundes auffordern, in der Annahme, dann würde mehr herauskommen. Leider ist das ein Ammenmärchen, auch wenn es hübsch aussehen mag, wenn eine Reihe von Sängern mit blitzenden weißen Zähnen und Zahnpasta-Lächeln im Chor singt. Zungenlockerung und Vordersitz der Stimme – avanti – müssen gleichzeitig trainiert werden, damit die Zunge sich flachlegt und die Nackenresonanz freigibt. Vordersitz lässt sich jedoch nur trainieren, wenn die Stimme auf den Ansatzpunkt des Stimmsitzes genau hinter den oberen Vorderzähnen gebracht wird. Dort ist sozusagen die Mitte für den gesamten Stimmumfang. Die Stimme sollte zumindest in der Vorstellung immer von dort aus starten. Wer gern mit den Fingern arbeitet, um ein Thema zu „begreifen", kann den Zeigefinger auf den Punkt in der Mitte unter der Nase oder die Nasenspitze legen.

Wer den Fingernagelbeißer nutzen möchte, kann einen Fingernagel zwischen die vorderen Zähne platzieren und mit fast geschlossenem Mund singen. Dies aktiviert den Stimmsitz und veranlasst den Unterkiefer nicht aus der Position zu weichen. Gleichzeitig müssen die Kiefergelenke gelockert und der Rachenraum gut geöffnet werden.

Am besten stellt man sich beim Gesangstraining den Mund weit geöffnet im Nacken vor, also genau verkehrt herum, während die Lippen wie ein Schnabel leicht nach vorn gespitzt nur soweit wie nötig geöffnet werden. Für das Training des Vordersitzes reichen Schlitze.

Ein trainierter Sänger spürt die Tonschwingung im Mundraum auf der vorderen Zunge, wenn diese ganz entspannt ist und formt den Ton in der kleinen Kuhle auf und unter der Zunge. So wird Singen absolut leichtgängig und die Stimme frei. Der Ton aus einer leicht geschlitzten Öffnung wie bei den Orgelpfeifen oder aus einem winzigen Löchlein ist viel durchschlagender als der Ton aus einer großen Röhre. Das ist reine Physik. Das Singen mit gutem Vordersitz hat etwas mit dem Bauchreden gemeinsam, denn beim Bauchreden muss der Stimmkünstler seinen Mund unbewegt halten, damit das Publikum auf den Trick hereinfällt, dass die Puppe in der Hand des Bauchredners wirklich spricht. Das Bauchrednertraining ist ein ideales Hilfsmittel den Vordersitz und unbeteiligte Lippen zu üben.

Damit bekommt man den Vordersitz der Stimme unter Kontrolle, wenn man es mit der Micky Mausstimme für die hohe Lage und der tiefen Bärenstimme für das untere Register verbindet.

Anfänger lassen sich oft durch Vorbilder täuschen, wenn sie sehen, dass Pavarotti und Leontyne Price bei dramatischen Arien oder in der Höhe den Mund wie ein Scheunentor aufreißen. Die Öffnung des Mundes ergibt sich bis zum hohen h ganz von selbst, wenn man mit lockeren Lippen im Vordersitz beginnt, das weite Öffnen hängt von der gewünschten Lautstärke und der dramatischen Wirkung ab, es wird jedoch nicht bewusst oder absichtlich hervorgerufen, sondern ergibt sich beim Hineinspüren in den Ton und die Emotion.

Das Geheimnis des Operngesanges ist mehr das Zulassen der Tonschwingungen als das bewusste Abzielen auf Klangwirkungen. Die Stimmpower ist mehr eine Frage der Körperbalance als der Mundöffnung. Das zweite Thema zur Mundöffnung ist die Form dieser Öffnung. Im Allgemeinen wird die oval- längliche Form bevorzugt, sobald durch größere Öffnung in der Höhe die runde Form überschritten wird. Die oval – längliche Form basiert auf entspanntem Mund und Lippen, sie öffnet sich mühelos mit zunehmender Höhe.

Jeder Sänger und jede Sängerin muss dies vor dem Spiegel trainieren, da fast jeder Mensch aus der Kindheit Gewohnheiten mitbringt, die Lippen irgendwie anzuspannen oder den Mund irgendwie asymmetrisch zu verziehen, anstatt locker zu bleiben. Alle störenden Verhaltensmuster müssen aufgelöst und in die Optimalform der Lippen verwandelt werden. Bei Sopranistinnen wie Edita Gruberova in der Arie der Konstanze, Martern aller Arten, die sie schon zu Beginn ihrer Karriere sang, sieht man deutlich, wie sie bewusst die ovale Mundform für die Koloraturen einsetzt, damit die Farbe der Vokale italienisch bleibt und der Vordersitz ihr nicht entgleitet. In der slawischen Gesangstradition ist das Oval für die Mundform als Tonideal am stärksten ausgeprägt.

Bei Caruso liest und sieht man auch eine Betonung des Mundes in die Breite, damit beabsichtigt er eine mehr dramatische Wirkung. Auch Amelita Galli Curci singt mehr mit breitem Mund, sie hält bewusst die Öffnung klein und hat einen geradezu magischen Vordersitz und sehr helle Obertöne wie eine Nachtigall in der Höhe.

Dagegen hat Caruso in dramatischen Szenen auch mit weit geöffnetem Mund gesungen und zugleich Druck auf die Stimmbänder ausgeübt. Die geschah aus emotionaler Betroffenheit und dem Wunsch, die Rolle vollkommen auszuleben. Seine schauspielerische Leistung war immer an den Ausdruck der Arie angepasst. Die überwältigende Wirkung seiner Auftritte auf das Publikum machte sein Charisma aus, doch opferte er so die Gesundheit seiner Stimme dem Drama des Heldentenors, denn er musste sich in späteren Jahren einer operativen Stimmknötchen-Entfernung unterziehen. Maria Callas hatte nie ein Problem mit dem Forcieren ihrer Stimme, denn sie besaß den natürlichen Vordersitz in ihrer Sprech- und Singstimme und nutzte den Körper zur Unterstützung. Für die Mundöffnung trainierte sie vor dem Spiegel größte Natürlichkeit. Das ist auf allen Videos zu sehen. Die üble Nachrede, dass sie später keine Stimme mehr gehabt hätte, ist falsch, denn es ist bekannt, dass Depressionen die Stimme beeinflussen, jedoch nicht zerstören können. Ihre unglückselige Verbindung zu Aristoteles Onassis hat ihr sichtlich die innere Balance geraubt, doch ihre Stimme war noch Stunden vor dem Tod, bei ihrer letzten dramatischen Aufnahme vollkommen makellos präsent.

Das Zentrum der Stimme und die Körper-Stimm- Balance – wo ist die richtige Mitte?

Eine der Kernfragen in der Stimmerziehung ist: „Wo befindet sich die Mitte der Stimme?" Wer wie Maria Callas oder Ivan Rebroff über einen Stimmumfang von fast vier

Oktaven singt, hat guten Grund zu dieser Frage, denn die Töne dürfen niemals aus dem Sitz der Stimme geraten, sonst wirkt es klanglich als wenn ein Kind aus dem Sitz eines Karussels herausfällt oder von der Schaukel stürzt. Die Mitte der Stimme ist genau der Ansatzpunkt hinter den oberen Schneidezähnen, so wie er in der Abbildung von Lilli Lehmann angezeigt wird.

Man kann sich diesen Punkt auch auf der Nasenspitze vorstellen und mit leicht geschürzten Lippen zu diesem Punkt hin singen. Selbst wenn der Punkt nicht für den ganzen Ambitus der Stimme als Ansatz gilt, weil in der Tiefe die Brustresonanz überwiegt, so bleibt er von der Idee her immer die Grundlage für alle Töne, ganz gleich in welchem Register gerade gesungen wird. Diese Vorstellung, die Stimme immer dort in der Mitte unter der Nasenspitze oder auf der Nasenspitze zu lassen, ist besonders wichtig, wenn man einen gesunden Vordersitz trainieren will und lernen möchte, die Stimme weit in den Raum zu projizieren, wie es für Opernhäuser notwendig ist. Dieser Stimmsitz, den ich Balkon der Diva nenne, ist die Basis für die große Opernstimme. Um den Stimmsitz zu aktivieren, müssen die Lippen locker und fast geschlossen bleiben, sie dürfen wie ein Vogelschnabel ein wenig nach vorn geschürzt sein.

Wie findet man den Stimmansatz?

Koloraturen und schnelle Läufe sind nur möglich, wenn dieser Stimmsitz unverändert in der Mitte der Stimme, also auf der Nasenspitze bzw. hinter den oberen Schneidezähnen bleibt. Wenn der Ansatz und die ovale Mundöffnung stimmen, kann auch die gleichmäßige Färbung der Vokale und Töne beibehalten werden, die im italienischen Operngesang als Ideal so erwünscht ist.

Es hilft Anfängern sehr, einen Finger auf den Punkt in der Mitte unter der Nase oder sogar auf die Nasenspitze zu legen, um sich auf diese Stelle leichter konzentrieren zu können. Bei manchen Schülern lasse ich die Vorderlippe ganz stark nach oben unter die Nase ziehen und mit fast geschlossenem Mund singen, damit sie lernen, den Stimmsitz dort besser zu fühlen. Vor allem im Stimmübergang zwischen dem tiefen und hohen Register ist das hilfreich. Die Verbindung zur Nebenhöhlen – Resonanz wird so erleichtert. Zugleich wird die Verbindung zwischen Nasenansatz, Kuhle unter dem Kinn und dem Brustbeinansatz hergestellt, die für die Klangsäule wichtig ist.

Wie findet man die Verbindung der Resonanzräume?

Das ist eine Kernfrage im Gesang. Subjektiv wird der Vordersitz der Stimme von Sängern und Sängerinnen empfunden, als ob der Ton vor der Nase außen entstehen würde. Das ist ein bisher kaum untersuchtes Phänomen. Hat man diesen Vordersitz der Stimme mit den dargestellten Übungen erlernt, so verbindet man zuerst die kleine Kuhle unter dem Kinn, wo die Zunge schwingt, wenn man dorthin tastet, mit der Brustresonanz hinter dem Brustbein, indem man den Kopf und Nacken so aufrichtet, dass man diese beiden Resonanzräume gleichzeitig spürt.

Anschließend konzentriert man sich auf die Mitte zwischen den Ohren, um mit der Stimme den Singknochen zu aktivieren, der an dieser Stelle im Schädel liegt und die Vibrationen auf die Wirbelsäule überträgt. Ein inneres Gähnen nach hinten und zum weichen Gaumen hin, öffnet dazu auch die Nackenresonanz. Wenn diese Resonanzräume verbunden sind und man die korrekte Körperhaltung erreicht hat und leichtfüßig auf den Beinen steht, so kann man auch einmal die Hand über den Nabel legen und beim Singen ertasten, bei welchen Tönen man die kleine Vibration hinter dem Nabel spürt. Sie ist oft kaum merklich und daher nicht so schnell zu entdecken. Wenn alle Resonanzräume mühelos funktionieren, ist die Zunge locker und man fühlt sich wie durch die Stimme beim Singen leicht angehoben.

Wie kann man wissen, ob die Stimmbänder korrekt schließen oder die Zunge verspannt ist?

Der Ansatzdruck der Stimmbänder und ihre natürliche dreidimensionale Funktion bewirken, dass sich die Stimme bei entspannter Zunge ganz wie von selbst entfalten kann. Nur, wenn der Kiefer oder die Zunge in irgendeiner Form festgehalten werden, können sich ungesunde Muster der Stimmproduktion entwickeln, die auf die Stimmbänder einen übermäßigen Druck ausüben und dann zuviel Luft durch die geöffneten Stimmbänder pressen.

Caruso und Lamperti erwähnen, dass eine schmale oder fast geschlossene Mundöffnung falsche Tonpositionen heilen kann und falsche Gewohnheiten auflöst. Manuel García, der erste Sänger und Gesanglehrer, der aus wissenschaftlicher Neugier ein Laryngoskop benutzte, um die Funktion der Stimmbänder beobachten zu können, hat sich zuerst intensiv mit dem Glottis-Verschluss auseinandergesetzt. Er trat auch dafür ein, den Stimmbandschluss bewusst durch eine Absicht zu setzen. Damit war er dem Phänomen des Nervenimpulses bei der Stimmproduktion auf der Spur, dass erst vor ein paar Jahrzehnten von Professor Husler korrekt beschrieben wurde. Leider wurden Garcías Formulierungen, die er am Pariser Konservatorium in französischer Sprache niederschrieb, von späteren Generationen missverstanden und fehlgedeutet. Durch Husler's Praxisforschung weiß man, dass die Stimme auf einen Nervenimpuls, d.h. eine klare Absicht reagiert und der Stimmbandschluss tatsächlich nicht durch den physikalischen Bernoulli Effekt, sondern durch einen Nervenimpuls entsteht. Es gibt noch heute Gesanglehrer, die fasziniert von der Aerodynamik zwischen zwei Papierblättern hindurchblasen und zeigen, wie diese Blätter sich durch den Luftstrom einander annähern. Das ist Physik, die für Hubschrauber wichtig ist, wenn sie an Bergwänden entlangfliegen und den Abstand nachkorrigieren müssen, um nicht an die Wand gedrückt zu werden.

Die Stimme arbeitet jedoch nicht nur physikalisch, sondern psychologisch und willentlich. Jedem Sprecher ist diese Tatsache geläufig, wenn er für rhetorische Zwecke einen härteren markanten Stimmton einsetzt, um zu überzeugen, während der Hypnotiseur eine weiche, leicht überhauchte Stimme als Entspannungseffekt einsetzt, um Menschen in eine Trance zu führen. Der Stimmbandverschluss ist für Heldentenöre und die hohe Stimmlage enorm wichtig, damit keine wilde Luft die Vokalfärbung des Tones stört. Allerdings muss das bewusste Schließen der Stimmbänder wirklich mit einem guten Lehrer trainiert werden, da der Anfänger kaum unterscheiden kann, ob die Zunge noch beteiligt ist oder sich aus dem Weg begeben hat.

Folgende Übung kann jeder leicht ausprobieren. Bei entspannter Kehle kann der Glottis-Schluss gut in der tiefen Sprechlage mit dem sogenannten Paukentönchen einstudiert werden. Dabei handelt es sich um ein tonloses Schließen der Stimmbänder, es klingt wie ein kleiner Gluckser , ein Rülpser oder ein leichtes Knacken in der Kehle und fühlt sich angenehm an. Dieser Glottis-Schluss ist sehr sanft und kann mit Training nach und nach mit Tönen verbunden werden. Dann entsteht der Ton wirklich an der innersten Stelle der Stimmbänder, doch kann nur ein erfahrener Sänger sagen, ob man es richtig macht.

Mehr dazu ist im Kapitel über Frederick Husler für die Stimmschulung nachzulesen. Wer das Paukentönchen beherrscht, kann anschließend den Stimmbandverschluss auf a und i über Tonskalen üben. Dabei ist es gut, sich stets im Spiegel zu beobachten, denn der Spiegel und das Aufnahmegerät sind oft die besten kritischen Beobachter. Sie beschönigen nichts und zeigen einem jeden Fehler, wenn man bereit ist, genau hinzuhören und sich die Zeit nimmt, Trainingsaufnahmen wirklich in Ruhe durchzugehen.

Gesunde Stimme im gesunden Körper - Leichtigkeit statt Forcieren

Während der Jahre meiner persönlichen Stimmreparatur traf ich wiederholt Sänger und Sängerinnen, die die Bühne verlassen mussten, weil sie ernsthafte Stimmprobleme bekommen hatten. Stimmprobleme scheinen geradezu bei Berufssängern an der Tagesordnung zu sein. Das ist mir erst bei der Ausbildung so richtig bewusst geworden. Ich traf eine Stimmlehrerin, die in ihrer Jugend vielversprechend begonnen hatte und mit Zwerchfellbruch, mangelndem Glottis-Verschluss und hyperaktivem Magen aufhören musste. Ihre Stimmgesundheit hatte sie, wie sie selber berichtete, durch Forcieren und übertriebenes Krafttraining eingebüßt. Der falsche Ehrgeiz, mehr dramatische Stimme als vorhanden herauszuholen und mit Lexika oder Schwergewichten auf dem Bauch zu singen oder die Stimme zu stemmen, anstatt die Leichtigkeit zu üben, rächt sich bitter bei vielen. Dazu kommen dann bei Bühnenkarrieren noch Schlafmangel, nächtliche Erfolgsparties und Schlemmereien mit Alkohol oder emotionaler Stress durch Premieren, zu kurze Einstudierphasen für die Rollen. Das bringt die beste Naturstimme zum Entgleisen.

Ist die Abwärtsspirale einmal eingeleitet, ist diese schwer zu stoppen, denn anstatt locker zu sein, wird dann noch mehr mit Kraftaufwand losgelegt. Pavarotti ist ein Paradebeispiel für das traurige Ende einer wunderbaren Naturstimme. Bauchspeicheldrüsenkrebs ist typisch für Menschen, die zu fett und zu viel essen und sich dem Alkohol hingeben, all das auch noch zu später Nachtstunde. Das Künstlerdasein fordert zu Exzessen heraus, denen Sänger, die an der Bühne bleiben wollen, mit großer Disziplin begegnen müssen. Edita Gruberova ist hier das Paradebeispiel für eine gesunde Sängerinnenkarriere. Sie achtet stets auf mäßiges Essen, trinkt nie vor Vorstellungen Alkohol und lebt sehr bewusst, wenn auch oft aus dem Koffer durch ihre zahlreichen Auftritte. Sie geht daher in bester

Gesundheit und bei gesunder, jung wirkender Stimme auf ihr 40jähriges Bühnenjubiläum zu. Auch das Vorurteil, dramatische Stimmen benötigten ein Körpergewicht wie Montserrat Caballé ist ein Fehlschluss, denn die Tochter von Montserrat ist groß und schlank und hat von ihrer Mutter glücklicherweise die Stimme, jedoch nicht die Figur geerbt. Maria Callas nahm 30 kg ab, um ihr Ideal als Koloratursopran zu verkörpern. Sumi Jo, die zierliche Koreanerin, gehört derzeit zu den berühmtesten Koloraturstimmen und beweist stets aufs Neue ihr schauspielerisches Talent und ihre Stimmpower.

Respektiere die Bedürfnisse des Körpers, denn er dankt es Dir mit einer gut funktionierenden Stimme!

Viele Bühnenkünstler klagen über Knie- und Rückenbeschwerden. Joan Sutherland schreibt in ihrer Autobiografie, dass sie in späteren Jahren ein orthopädisches Stützkorsett trug. Andere Primadonnen haben Knieoperationen wegen des häufigen Stehens. Ich bin überzeugt, dass es unnötig ist, von häufigen Auftritten mit Gesang eine Körperbehinderung zu bekommen oder krank zu werden. Entweder wird der Körper dann auf unnatürliche Weise belastet oder es gibt eine genetische Veranlagung zu einer bestimmten Schwäche. Es ist auch auffallend, wie selten Gesangsstudenten an Hochschulen mit Körpertraining wie Fitness oder Alexandertechnik oder Feldenkrais in Berührung kommen. Es ist mehr oder weniger reiner Zufall, wenn ein Sänger diese Methoden kennt und nutzt. Berufsmusiker sind leider die Berufsgruppe mit der höchsten Rate an Berufskrankheiten und Berufsunfähigkeit im Alter. Das müsste keineswegs so sein, wenn man die Ergonomie hier zum Thema machen würde. Nur an der Hamburger Hochschule gibt es einen Studienzweig, der dies berücksichtigt. Viele Berufssänger an den großen Opernhäusern haben die Bedeutung des Lebensstils und Lebenswandels für ihren Beruf begriffen: Birgit Nilsson sitzt zwischen den Proben auf ihrem Heimtrainer und radelt sich fit für den nächsten Auftritt. Edita Gruberova betonte in Interviews immer wieder, dass das Geheimnis ihres langjährigen Bühnenerfolges ihre Disziplin sei.

Anatomie & Physik: Obertöne, Sängerformanten und die Ästhetik der Stimme

Die Erforschung der Stimmakustik wurde erst möglich, nachdem die Naturwissenschaften über technische Geräte verfügten, mit denen man besser in die Kehlkopffunktionen eindringen kann. Das Laryngoskop bot nur wenige Einblicke. Ein Pionier auf dem Gebiet der physikalischen Akustik war Hermann Helmholtz, der besonders an der menschlichen Wahrnehmung interessiert war. Er war ein Busenfreund des Anthroposophen und Firmengründers von Siemens AG, Werner von Siemens. Sein Interesse galt besonders der Tonqualität des gesungenen Tones. Helmholtz war der erste, der die silbernen Glöckchen, die bei besonders schönen Opernstimmen in den hohen Tönen zu hören sind, untersuchte und herausfand, dass diese mit bestimmten Obertonfrequenzen zusammenhingen, die es bei Instrumenten nicht in dieser Form gab. Diese Erkenntnis führte ihn auf die Spur seiner späteren Formanten – Theorie. Sein Schüler, J. Ellis führte seine Forschungen fort und erkannte, dass die Tonproduktion im Kehlkopf beim Sprechen und Singen sowohl von der Position des Kehlkopfes als auch von der Öffnung im Rachen beeinflusst wird. Er beschäftigte sich intensiv mit Phonetik. 1952 veröffentlichten die amerikanischen Wissenschaftler im Bell Telefon Labor, Peterson und Barney, den ersten Artikel über die Formanten-Theorie der menschlichen Stimme. Sie erkannten, dass bestimmte Obertöne und Frequenzen in Profisängerstimmen häufiger vorkamen als bei Laien und, dass bestimmte Stimm-Charakteristika das Publikum faszinierten. Später fand man heraus, dass Profisänger in der Stimme einen tiefen und einen hohen Sängerformanten entwickeln, der ihre Stimmen im Sinne des Chiaro-Oscuro Ideals der italienischen Oper formt und das Charisma der Opernstimme auslöst. Opernsänger/innen öffnen beim Singen besonders den Nacken und den weichen Gaumen ähnlich wie beim Gähnen, allerdings ohne die Zunge anzuheben, während der Kehlkopf in tiefer entspannter Position bleibt. Auf diese Weise wird der Resonanzraum weit und groß, während die Stimmbänder fester schließen.

Später wies vor allem Frederick Husler darauf hin, dass Caruso den dunklen Klang seiner Tenorstimme durch einen Trick bewirkte, indem er den Kehlkopf in den Nacken „verschluckte". Diese Muskeldehnung und Flexibilität der Kehle ist ein typisches Kennzeichen der Profi-Opernstimme und die Basis für die Formantenbildung. Der Vorzug der Faszination durch Gesang musste allerdings mit dem Verlust der Klarheit der Vokale und der Textverständlichkeit beim Singen bezahlt werden. Die ersten wissenschaftlich orientierten Gesangslehrer wie Manuel García, der Ältere, wiesen die Sänger daher an, ihre Vokale nur soweit abzudunkeln, dass die Worte der Musik verständlich blieben. Das war und ist nach wie vor das Ideal der italienischen Belcanto-Schule.

Heutzutage wird der Sängerformant als Klangband von hohen Frequenzen zwischen 2.500 und 3.500 Hertz definiert. Dieser Formant ist vor allem in Tenorstimmen und in dramatischen Sopranstimmen mit dunklem Timbre wie bei Maria Callas präsent. Diese typischen Sängerformanten, die das Brilliante und Dunkle im Klang vereinen, scheinen tiefer in das Gehirn einzudringen und das limbische System und die Amygdala zu stimulieren, d.h. den Sitz der Emotionen. Dies mag dazu geführt haben, dass Tenöre in der Operngeschichte seit der Renaissance die Hauptrollen spielten und die Kastratenstimmen so beliebt waren. Der gleiche Effekt aus dunklen Tönen in der Tiefe und silbrigen hohen Tönen macht die Wirkung der Koloratursoprane aus. Das Training zielt bei jungen Sängern und Sängerinnen darauf, die Stimme so zu entwickeln, dass alle Resonanzräume voll angesprochen werden und die Kehle sich niemals aus der entspannten Position nach oben bewegt. Dabei muss konstant der Vordersitz für die Raumakustik und die Klarheit der Aussprache erarbeitet werden. Die Aufhänge-Muskulatur der Kehle, die vorn und hinten an vier Bändern fixiert ist, muss dabei gleichmäßig beansprucht werden, sodass der Kehlkopf in seiner entspannten Mittelposition verbleibt. Es ist ein akrobatischer Balanceakt, der mit täglicher Übung und Spiegeltraining gelingt, denn die Körperhaltung hat großen Einfluss auf die Tonentwicklung. Leider sieht der Sänger nicht was sich in der Kehle abspielt, sondern kann es nur fühlen. Deswegen ist es unerlässlich, seine persönlichen Tonaufnahmen vom Unterricht und Training stets abzuhören. Nur so kann der Gesangsstudent lernen, was er verbessern kann.

Atem – tönendes Leben & die tonlose Stimme

Richtig atmen ist die Grundlage für korrektes Singen und eine gesunde Stimmfunktion. Leider sind über das richtige Atmen beim Singen viele Ammenmärchen im Umlauf, sogar bei Profis und Gesangslehrern. Wie ist das Phänomen des endlos fließenden Atems zu erklären und wie lernt man die tiefe Atmung? Carusos Geheimnis ist leicht zu erklären, doch kaum jemand scheint es zu glauben. Alle traditionellen Belcanto-Lehrer der italienischen Schule erklären, dass der Atem durch die Nase hinein geht und nur zu einem geringen Teil durch den Mund hinaus, während des Singens. Eigentlich zeigt uns auch der Körper deutlich, dass die Nase für das Atmen vorgesehen ist, denn der Mund dient lediglich der Nahrungsaufnahme und der Verständigung. Wenn Opernsänger/innen das Publikum mit endlos langen Phrasen beeindrucken, zwischen denen kein Atem zu bemerken ist, so kann der Zuhörer sicher sein, dass der Sänger meistens durch die Nase atmet. Nur bei dramatischen Stellen, die ein hörbares

Seufzen oder Atmen verlangen, wird die Mundatmung benutzt. Die Atemfrequenz lässt sich verringern, wenn beim Singen der Rippenkasten durch die Muskeln aufgespannt gehalten wird und der Atem nach langem Ausatmen auf Töne, schnell durch die Nase tief in die Lunge eingesaugt wird. Das ist der Idealzustand, von dem je nach Umstand und Luftbedarf auch abgewichen wird. Konstantes Einatmen durch den Mund stört die Aufwärtsdehnung der Kuppel im weichen Gaumen und verursacht dazu eine Versteifung der Zunge, die sich dann in den Ton einmischt. Im Kapitel über den Atem wird sich der Beweis hierfür zeigen. Alle Gesangsschüler streben nach der schönen, vollen authentischen Stimme, die leicht und mühelos funktioniert. Dazu ist richtiges Atmen ebenso wichtig wie die Symmetrie des Gaumens und die korrekte Aufrichtung des Körpers. Trotzdem ist die Stimme nichts ohne die entsprechende emotionale Verpackung. Die Stimmbänder bringen ohne Zutun des Willens keinen brauchbaren Ton hervor. Dies wurde mir durch ein persönliches Erlebnis sehr deutlich vor Augen geführt.

Wie schon zu Beginn einmal erwähnt, hatte ich nach einer Operation unter Vollnarkose für 6 Stunden einen fast totalen Stimmverlust und die Sprechmuskulatur konnte nicht reagieren außer mit einem krächzenden Geräusch. Ich schob die Panik beiseite und ging in Meditation. Als statt des unverständlichen Rasselns die Opernstimme wieder da war, empfand ich tiefe Dankbarkeit für die Tatsache, dass der Stimmapparat ohne das Gehirn und die Nerven und die ästhetische Absicht der Stimminhaberin eigentlich eine Rassel ist. Wie fantastisch doch die Natur die Fähigkeiten verteilt hat, aus einem Geräusch eine Sprache und dann eine gesungene Melodie zu machen.

Die magische Faszination der Opernstimme entsteht nur durch die künstlerische Absicht der Seele und wird durch das Nervensystem mit den Muskeln lediglich umgesetzt. Auch, dass jede Stimme einzigartig ist, wurde mir plötzlich so noch stärker bewusst. Die Tatsache, dass meine Stimme für 6 Stunden begraben gewesen war und ich wie

Orpheus auf Eurydike auf die Wiederkehr gewartet hatte, machte mir klar, wie vergänglich der Zauber der Singstimme ist und, dass die Musik ebenso schnell verfliegt wie ein kostbares Parfüm. Trotzdem können große Stimmen das Publikum so faszinieren, dass die Zeit stehenzubleiben scheint.

Atme – und ich sage Dir, wer Du bist!

Die Atmung eines Menschen ist nicht nur ein Barometer für seine Lebendigkeit, sondern auch für seine körperliche und psychische Gesundheit. Wir erkennen dies am besten im traumlosen Tiefschlaf, wenn ein Mensch ruhig, tief und gleichmäßig atmet. Stress, Aufregung, Ärger und Sorgen bringen den Atem aus dem entspannten Takt, während sportliche Betätigung ein Ansteigen der physischen Leistung verursacht. Dagegen beruhigen Yoga und Meditation den Atem und fördern zugleich die natürliche Tiefatmung und die Produktion von langsameren Gehirnfrequenzen, den Alpharhythmus. Im Alpharhythmus funktioniert das Gehirn besser, der Mensch ist entspannt und kann leichter seine kreativen Fähigkeiten nutzen. Dagegen sind psychische Belastungszustände wie Traurigkeit, Energiemangel und Trägheit mit oberflächlichem Atmen verbunden. Meistens gibt es keinerlei Harmonie zwischen der Einatmung und der Ausatmung. Stoßweises Atmen, die zahlreichen Atemstörungen bei älteren Menschen wie geräuschvolles Einatmen oder zu schnelle Atemzüge sind Krankheitssymptome, die vielfach mit Angst einhergehen.

Echte Traurigkeit, die nicht unterdrückt wird, äußert sich ebenso wie Lachen in einer schüttelnden Zwerchfellbewegung, die beim Lösen von Emotionen typisch und gesund ist. So kann der Körper unterdrückte Emotion abreagieren. Wird die Yoga-Tiefatmung längere Zeit trainiert, kann sie nicht nur die Stimme positive beeinflussen, sondern auch die Gesundheit und die Atemkapazität

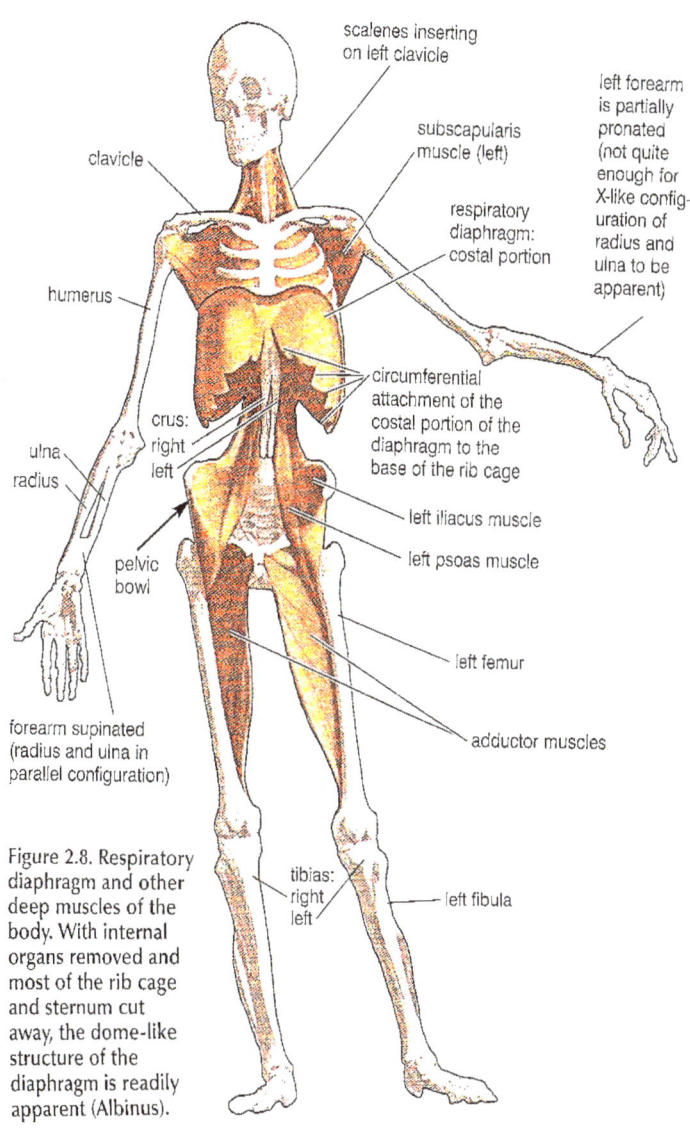

Figure 2.8. Respiratory diaphragm and other deep muscles of the body. With internal organs removed and most of the rib cage and sternum cut away, the dome-like structure of the diaphragm is readily apparent (Albinus).

H. David Coulter, Anatomy of Yoga, page 79

stärken. Jeder emotionale Zustand ist mit einem typischen Atemmuster und muskulären Anspannungen oder mangelnder gesunder Spannung verbunden und, sobald man das Atemmuster in Richtung Gesundheit verändert, ändert sich auch der krankhafte Zustand.

Ich habe immer wieder in meiner praktischen Arbeit mit Gesangsschülern beobachtet, wie ein Stimmfehler durch ein falsches Atemmuster ausgelöst wurde. Meistens stecken dahinter Unsicherheit, Angst, Stress oder zurückgehaltene, verdrängte Gefühle. Jede persönliche Schicksalssituation beeinflusst den Körper, den Atem und die Stimme. Die richtige Atmung funktioniert nur, wenn sich der Körper beim Stehen, Sitzen und Liegen in der richtigen Balance befindet. Hier an der Abbildung aus dem Buch "Yoga Anatomy" von H. David Coulter, sieht man deutlich, welche Teile bei aufrechtem Stehen an der Atmung zusammenwirken. Dazu sieht man auch sehr gut, wie die Aufrichtung des Skeletts aussehen soll. Der Rippenkasten ist gut zu erkennen, dahinter auch die Muskeln an der Wirbelsäule, die für eine gute Körperhaltung sorgen. Hals, Nacken und Steißbein sind bei aufrechtem Stehen mit entspannten Beinen übereinander in einer Achse und der Rippenkasten kann sich dann beim Einatmen nach allen vier Seiten gleichmäßig dehnen. Ist der Kehlkopf in der Mitte des Halses, das Kiefergelenk entspannt und die Schlüsselbeine ausgebreitet, so lässt sich der Atem auch besser in die tiefen Lungenspitzen am Rücken hineinholen, was die Atemkapazität um ein Vielfaches erweitert. Zieht ein Sänger die Schultern hoch, so behindert dies die Einatmung in die Lungenspitzen und die Rippendehnung.

Wenn dazu noch der Bauch beim Einatmen eingezogen anstatt herausgewölbt wird, entsteht eine Atempresse, die auch paradoxe Atmung heißt. Diese Kombination ist das Gegenteil der gesunden natürlichen Atmung. Leider findet man diese noch bei manchem Opernsänger in Gebrauch. Bei paradoxer Atmung ist es schwer, das Zwerchfell nach unten zu senken und in dieser Trampolinposition zu lassen. Dies ist jedoch Voraussetzung für ein entspanntes Funktionieren des Atemflusses. Auch wird so der Beckenboden und der Pyramidenmuskel über dem Schambein einfach abgeschaltet und die zweite Stütze abgesehen vom Zwerchfell wird ebenfalls in der natürlichen Funktion behindert.

Um die Atemfehler zu beheben, ist es oft sinnvoll, ganz locker im Liegen mit aufgestellten Füßen die Atemübungen zu beginnen. So lernt der Sänger besser die Muskulatur kennen, die an der korrekten Atmung beteiligt ist. Die Yoga- Übungen Nabellift, Waschbrett und Pflug sind in Kombination mit dem Atemtraining und Stimmübungen sehr geeignet. Sie wirken auch verkürzter Muskulatur im Rücken oder den hinteren Beinen entgegen und bringen das Becken in die aufrechte Position. Diese Übungen können in den Kapiteln über die Stimmproduktion nachgelesen und auf den Fotos angeschaut werden.

Da Emotionen in Muskeln und sogar Organen gespeichert werden, muss beim Gesangstraining der ganze Mensch bearbeitet werden. Es reicht nicht, nur Stimmübungen oder Atemtechnik zu trainieren. Die Heilung von ungesunden Atemmustern oder Körperspannungen geht immer Hand in Hand mit der Befreiung von Emotionen, die sich im Körper versteckt haben. Reine Stimmakrobatik nützt nichts. Viele Stimmprofis, auch manche sehr berühmte, haben sich leider nicht ausreichend von falschen und ungesunden Angewohnheiten getrennt. Die hier vorgestellten Atemübungen sind heilsam und befreien auch von Emotionen. Deswegen sind sie mit Achtsamkeit auszuführen. Man kann sie durchaus autodidaktisch nach der Beschreibung lernen.

Chi – Fu, Buddha's Atemtechnik als Hilfe gegen Lampenfieber

Die Chi – Fu Atemübung korrigiert ungesunde Atemmuster auf mühelose Art und Weise. Der Nacken soll dabei lang aufgerichtet sein, das Kinn entspannt hängen und der Atem tief in die hinteren Lungenspitzenfließen. Da viele Menschen nur oberflächlich atmen, also weder lang genug ausatmen, noch tief genug einatmen, ist die Chi Fu Atmung der erste Schritt zur Normalisierung. Bei der Einatmung auf die Silbe CHI wird der Atem bewusst durch die Nebenhöhlen eingesogen, dies kann leise oder mit einem leichten Schnarchen geschehen. Auch ist es erlaubt, die Silbe CHI nur zu denken, wenn man gerade in einer Umgebung ist, wo man keine Geräusche machen kann. Beim Einatmen konzentriert man sich auf den Bereich der Nase und Nebenhöhlen. Man kann die Oberlippe zur Schnute bis unter die Nase ziehen, um diesen Effekt zu verstärken. Die Schnute bleibt während der Ausatmung auch erhalten. Auf die Silbe FU wird leise, fast unhörbar, aber deutlich, solange kontinuierlich ausgeatmet, bis auch der letzte Atem aus der Lunge verschwunden ist. Jeder kann beim Ausatmen an sich selbst beobachten wie der Atem auf das geflüsterte, endlos lange Fuuuh entweicht, bis ein natürlicher Impuls entsteht, wieder einzuatmen. Sobald die Lunge diesen Reflex spürt, kann der nächste Atem wieder angesaugt werden.

Die Betonung sollte hier nicht auf dem Einatmen, sondern eher auf dem langen Ausatmen liegen. Je mehr Atem entweicht, umso mehr Raum spürt man für das nächste Einatmen. So vertieft sich der Atem wie von selbst und dehnt die Flanken. Wer dann später auf das lange Ausatmen die Stimmübungen macht und das Spreizen des Rippenkastens übt, hat gute Chancen, auch endlos lange Phrasen wie Caruso singen zu können. Wichtig ist, bei der ChI – FU Atmung die Lippen fast geschlossen zu halten, so dass der Atemstrom nur durch eine winzige Öffnung in der Mitte entweicht. Mental stellt man sich am besten vor, dass der Luftstrom beim Einatmen sogar durch die Augen und die Nase bis in die Mitte des Kopfes strömt und beim Ausatmen Fu wie ein Laserstrahl aus der Mitte zwischen den Augen in den Raum geht. Durch das Ausatmen bis an das Ende des Atems, wird der Reflex der

Lunge, tief einzuatmen ausgelöst und die aufgenommene Energie, d.h. der Sauerstoff, kann während des langsamen Ausatmens besser vom Blutstrom aufgenommen werden. Diese Atemübung stammt aus den buddhistischen Schulen des alten China und ist mehrere Tausend Jahre alt. Sie gilt als Geheimtipp auf dem Weg zur Erleuchtung.

Gesunde Wirkungen der Chi – Fu - Atmung

Die Verlängerung des Ausatmens und die Kombination von Atem und Klangsilben ist nicht nur in der indischen Yoga-Tradition beheimatet, sondern geht weit in die buddhistische Tradition Chinas zurück. Extrem langes Ausatmen und tiefe ruhige Einatmung beruhigen den Menschen bei Stress und senken den Blutdruck. Die Chi-Fu-Atmung kann zur Trance-Induktion genutzt werden und ist für Autogenes Training und Selbsthypnose sehr geeignet. Als Einstieg in die Meditation oder als Auftakt für außerkörperliche Erfahrungen eignet sie sich ebenso gut. Die Sauerstoff-Aufnahme des Blutes wird durch die allmähliche Vertiefung der Einatmung sanft gesteigert. So bekommen die Lungen und die anderen Organe mehr Energie und der natürliche Körpermagnetismus wird erhöht. Wer diese Übung täglich über 20 Minuten durchführt, wird bald eine Veränderung des Bewusstseins bemerken, die für den spirituellen Weg sehr nützlich ist. Es ist sogar möglich, die Herzfrequenz drastisch abzusenken, wie es manche indischen Yogis tun und Swami Rama es in einem Experiment für Yoga Nidra, den Tiefschlaf im Yogazustand, bewiesen hat. Manche Yogis gehen soweit, den Herzschlag auszusetzen.

Als ich diese Übung intensiv praktizierte, wurde bei einer Routineuntersuchung zufällig festgestellt, dass mein EKG völlig verändert war. Bei der Nutzung dieser Übung für Gesang muss man sich jedoch keine Gedanken machen, sondern einfach 5-10 Minuten zu Beginn des Gesangstrainings mit der Übung verbringen, damit sich die Wirkung einstellt. Die Körperenergie oder Lebenskraft, die in Indien PRANA und in China CHI heißt, wird durch die CHI – FU – Atmung stark aktiviert und in Zirkulation versetzt. So bekommt natürlich aus das Gehirn viel mehr Energie. Während der Atemübungen ist es nützlich alle Gedanken loszulassen und sich tief auf den Körper zu konzentrieren. So wird Gesang am besten vorbereitet. In entspannter Aufrichtung ausgeführt, dehnt diese Atemtechnik die Flanken und die Wirbelsäule. Man kann sie ausdehnen, indem man bewusst in alle Resonanzräume einatmet und so den Bühnenauftritt vorbereitet. Die CHI-FU-Atmung hat dazu noch die wunderbare Nebenwirkung, dass sie jegliches Lampenfieber und jede Aufregung zum Verschwinden bringt. Sie kann außerdem mit dem Nabellift und dem Waschbrett mühelos kombiniert werden. Große Könner auf der Opernbühne wie Callas und Caruso waren in der Lage, den Atem beim Singen in winzigen Portionen zu verströmen und das meiste davon mühelos in Töne umzusetzen. Das Geheimnis hinter diesem Können ist einfach ein langer, sparsamer Ausatemrhythmus bis an das Ende des Atems, gefolgt von einem schnellen Impuls der Lunge, sich so schnell und gründlich wie möglich mit neuem Sauerstoff zu füllen. Wer die CHI-FU-Atmung kontinuierlich übt, wird bald die gleichen Resultate erzielen. Dazu muss nur die Aufspannung der Rippen beibehalten werden.

Buteyko Atmung für die freie Nase – Sinusitis und Asthma, ade!

Der russische Arzt, Professor Konstantin Pawlowitsch Buteyko, entdeckte durch Zufall, während seiner Assistenz an einer russischen Klinik, dass Asthma-Patienten nicht am Sauerstoffmangel leiden, sondern in Wirklichkeit mit gestauter Luft gefüllte Bronchien haben, die sich durch übermäßiges Einatmen verkrampfen. Die Verkrampfung bringt die natürliche Lungenfunktion zum Erliegen und die feinen Ästchen der Bronchien durch Überdruck zum Platzen. Dies kann lebensgefährliche Lungenblutungen verursachen. Aufgrund dieser heftigen Reaktion ist ein Asthma-Anfall mit Erstickungsgefühlen und Todesangst verbunden. Die Geschichte, wie Professor Buteyko zu seiner intuitiven Einsicht und sogar zur Heilung kam, bringt jedem Gesangsschüler die korrekte Atmung näher, deswegen berichte ich sie hier kurz.

Buteyko litt bereits als Assistenzarzt mit 29 Jahren an unheilbar chronischem hohem Blutdruck, der mit Erstickungsanfällen und Panik einherging. Mit starken Medikamenten unterdrückte er diese Symptome. Als Arzt war er so begabt, dass er viele Patienten allein am Gesichtsausdruck diagnostizieren konnte, was ihn mit Stolz erfüllte und in den Augen der Krankenschwestern Bewunderung hervorrief. Eines Nachts kam ihm ein sportlich wirkender Mann auf dem Krankenhausflur entgegen, der nach Luft schnappte und Buteyko sagte zu den Krankenschwestern, dass dies ein Asthma-Anfall sei. Der Patient drehte sich abrupt um und protestierte, er leide nur an hohem Blutdruck, sonst nichts. Daraufhin wurde Buteyko schlagartig klar, dass seine eigene Krankheit auch Asthma war und nicht nur ein hoher Blutdruck. Er schämte sich vor sich selbst, dass er seine persönliche Krankheit nicht erkannt hatte.

Da seine Erstickungsattacken regelmäßig nachts auftraten, saß er im Nachtdienst allein in seinem Zimmer und als der Anfall eintrat, beschloss er, diesmal ein gewagtes Experiment durchzuführen, da er verstand, dass der hohe Blutdruck bei Asthma eigentlich eine Folge der Panik, nicht aber der Krankheit selber war. Als sein Herz raste und die panische Angst zu ersticken auftrat, konzentrierte er sich nur noch auf die Ausatmung und begann nach der Ausatmung eine kurze Atempause zu machen. Das kostete ihn unglaubliche Überwindung angesichts der Todesangst und war natürlich auch riskant, doch er wollte herausfinden, was sich hinter diesem Atemproblem verbarg. Als er einige Minuten beobachtete und bewusst lange ausatmete und dann vor der Einatmung stoppte, beruhigte sich sein Puls mehr und mehr. Das Herzrasen ließ nach und er setzte die langsame bewusste Atmung für ca. 30 Minuten fort.

Am Ende seiner konzentrierten Atmungsübung fühlte er sich nicht nur wesentlich besser, sondern hatte auch ein intensives Lichterlebnis, welches er sich nicht erklären konnte. Seine Lebensenergie und sein Bewusstsein hatten sich verändert. Dies war nicht nur die letzte Asthma-Attacke in seinem Leben, sondern auch der Beginn einer großartigen Karriere als Arzt für Asthma-Kranke und viele andere Patienten mit chronischen Leiden. Professor Buteyko entwickelte zusammen mit seinen Patienten eine Atemübung, die nicht nur Asthma heilt, sondern auch besonders gesund ist für Sänger und Sängerinnen. Viele Menschen haben leider ungünstige Atemmuster, die beim Singen zu Kurzatmigkeit führen und hier ist die Heilung dafür. Wer die Anleitung hier zur Buteyko Atmung zum praktischen Ausprobieren nicht ausreichend findet, kann sich auf youtube einige der Lehrvideos ansehen und mit dem Video zusammen die Atmung erlernen. Ich beschreibe die Grundlagen hier kurz. Die einzelnen Schritte sind kinderleicht nachzumachen. Viele große Operndiven wie Joan Sutherland und Kirsten Flagstad litten auf der Bühne unter Sinusitis. Kirsten Flagstad stand nach ihren Auftritten regelmäßig stundenlang unter der heißen Dusche, um sich davon zu erholen. Sicherlich spielten hier Allergien gegen Staub und die Hitze im Rampenlicht eine Rolle, doch Buteyko Atmung hätte auch hier gut geholfen. Mit Buteyko kann auch die Schwellung der Schleimhäute nachweislich reduziert werden.

Die Atemübung von Professor Konstantin P. Buteyko

Beim ersten Versuch, die Buteyko Atemübung zu lernen, sollte jeder möglichst aufrecht auf einem normalen Stuhl sitzen. Ganz wichtig ist die Tatsache, dass bei Buteyko-Atmung der Mund die ganze Zeit geschlossen bleibt und die Lippen locker aufeinander liegen. Es empfiehlt sich auch innen die Zunge weich und entspannt ruhen zu lassen. Diese Voraussetzung, nur durch den Mund zu atmen, kostet manche Menschen große Überwindung, vor allem, wenn sie Atemnot durch Schleimhautschwellungen oder sich ein ungesundes Atemmuster durch den Mund angewöhnt haben. Trotzdem liegt die Heilung gerade in dieser Umstellung und jeder muss sich mit Geduld wappnen. Beginne mit einem langen und gemütlichen Ausatmen bis an das Ende des Atemstroms. Sobald Du spürst, dass der Atem zu Ende ist, drückst Du mit dem Daumen und dem Zeigefinger beide Nasenlöcher zu und erlaubst Dir eine kleine Atempause. In dieser Atempause nickst Du ununterbrochen mit dem Kopf, als würdest Du jemand ein Ja signalisieren und zählst dabei von 1-10 oder mehr. Achte darauf, wie weit Du mit dem Nicken und Zählen kommst, bis der unwiderstehliche Drang wieder einzuatmen, Dich sozusagen übermannt. Erst dann nimmst Du die Finger weg und lässt den nächsten Atem in die Lunge einströmen.

Durch dieses Gefühl der Luftknappheit vor dem Einatmen wird der Lungenreflex, Luft anzusaugen, ausgelöst. Dadurch saugt die Lunge mehr Sauerstoff bis tief in die Lungenspitzen an und die Wirkung der Einatmung wird wesentlich intensiviert. Das Kopfnicken aktiviert das Atemzentrum im Hinterkopf und fördert die Konzentration auf die Atemübung. Wenn Du Deine Atemkapazität täglich mit dieser Übung für nur 5 Minuten erweiterst, wird die Übung Dir innere Ruhe, bessere Gesundheit und tiefe Konzentration schenken. Mit jedem Atemzug wird es Dir gelingen, das Zählen zuerst von 10 auf 20 Sekunden und schließlich bis zu 40 Sekunden wie gute Schwimmer auszudehnen und dann wirst Du erstaunt sein, dass Emotionen wie Stress, Angst oder Kummer und Sorgen Dir nicht mehr so viel wie zuvor im Alltag anhaben können.

Bei Menschen mit chronischer Sinusitis, Asthma oder Atemnot, Bronchialverengungen und Erkrankungen der Atemwege und Allergien ist es notwendig, die Übung

jeden Tag mindestens 15 Minuten durchzuführen und in schweren Fällen lieber einen Kurs unter Anleitung eines Buteyko Praktikers zu besuchen, da die Wirkung intensive Veränderungen auslösen kann oder auch einmal Angstanfälle auftreten können, wenn man sich überschätzt, anstatt sanft, ohne Ehrgeiz zu trainieren. Beobachte Dich selbst und fordere Dir keine Marathonleistungen als Anfänger ab. Das gilt ohnehin für alle Übungen, die mit sängerischen Leistung zu tun haben. Hier auf dem Bild sieht man gerade die Pause nach dem Ausatmen. Sobald jemand diese Übung im Sitzen beherrscht, kann er sie auf Waldspaziergängen, in Pausen auf der Toilette oder wo auch immer man gerade unbeobachtet ist, durchführen. Mit der Zeit wird sich die Schleimhautschwellung zurückbilden, Erkältungen nehmen ab und man fühlt sich in der Regel viel mehr mit Energie geladen und leistungsfähig. Das unangenehme Erstickungsgefühl in der Atempause mit Nase Zuhalten und Nicken wird einer gesunden Leichtigkeit Platz machen, die man sehr genießen kann. Sängern und Sängerinnen empfehle ich, die Buteyko Atmung dreimal täglich oder so oft wie möglich für einige Minuten zu machen, da diese Atmung die Lungen trainiert, sich bis in die tiefsten Spitzen und die feinsten Bronchien zu füllen. Auch das Zwerchfell wird gleichzeitig mit stimuliert und zu einem elastischen Trampolin ausgebildet. Tiefatmung mit schnellem Einatmen und langsamem Ausatmen ist die Basis für jeden Gesang, deswegen auch das beste Zungenlockerungs- und Kehlkopf-Entspannungstraining.

Caruso's Lungenvolumen hat sich durch jahrelanges Atemtraining entwickelt. Hätte er die Buteyko-Atmung damals schon gekannt, wäre er möglicherweise vor dem Rippenfellgeschwür, das ihn viel zu früh das Leben kostete, verschont worden. Wer sich mit der Übung unsicher fühlt, kann sich auf youtube einige Videos mit Anleitungen dazu ansehen und mitmachen oder meinen Stimmkurs besuchen. Die Übung ist für gesunde Menschen recht einfach zu lernen.

Wirkungen und Nebenwirkungen von Buteyko Atemtechnik

Die Wirkungen dieser simplen Atemübung grenzen nicht nur an Wunder, sondern sind wirklich wunderbar. Wer sich als Patient mit chronisch verstopfter Nase und Sinusitis oder Entzündungen stets mit neuen Nasentropfen und Sälbchen herumgeplagt hat, wird innerhalb von wenigen

Tagen staunen, wie anders sich Nase und Schleimhäute anfühlen. Durch den Druck mit Daumen und Zeigefinger wird eine leichte Akupressur ausgeübt, die zusätzlich zur dehnenden Wirkung auf Brustkorb und Lunge die Nase öffnet. Niemand sollte sich wundern, wenn das auch positive Effekte auf Darmkrankheiten hat, denn hinter der Kneifzone liegen auch Darmpunkte versteckt. Unter Anleitung von Professor Buteyko wurden nicht nur Asthma-Patienten weltweit von ihrem Leiden erlöst, sondern auch Menschen mit nächtlichen Atemaussetzern von Atemgeräten befreit. Allergien, chronische Nervenleiden bis hin zu Krebs fielen dieser Therapie zum Opfer und die Berichte im Internet auf der Homepage der Buteyko Klinik zeugen davon, wie auch die Aussagen vieler Patienten auf den youtube Videos. Inzwischen ist die Buteyko Atmung als Heilungsweg anerkannt, leider in Deutschland noch nicht so verbreitet wie in englischsprachigen Ländern. Nun zu den Nebenwirkungen, die eigentlich keine krankhaften Anzeichen sind. Am Anfang kann bei intensivem Training eine Art Trancezustand mit Schwindelgefühl auftreten. Die erhöhte Sauerstoffzufuhr verändert die Energie-Aufnahme im Blut und das führt zu mehr Sauerstoff im Gehirn. So können Empfindungen von Schwindel, leichter Abgehobenheit bis hin zu unerklärlichen Lichterlebnissen auftreten. All diese Zustände sind auf mehr Sauerstoff im Blut zurückzuführen und sind grundsätzlich nicht ungesund. Bei Auftreten von starken Emotionen und störendem Schwindel sollte man die Übung etwas kürzer oder weniger intensiv machen, bis sich der Körper an den neuen Zustand gewöhnt hat. Jede Heilung geht mit Nebeneffekten einher. Das muss man einfach wissen. Falschmachen kann man hierbei nichts, solange man nicht forciert. Es ist genau wie beim Singen. Wer nicht forciert oder presst, macht keine Fehler.

Noch eine Randbemerkung hier zu einer wichtigen Sängerfrage. Auf die häufige Frage, ob das Einatmen durch den Mund beim Singen erlaubt sei, antworte ich immer, dass jeder Singende beim Training grundsätzlich die Nasenatmung benutzen und vertiefen sollte. Es gibt nur wenige Ausnahme-Situationen in dramatischen Arien, bei denen hörbar geatmet oder geseufzt wird oder die Atemmenge zu gering ist, sodass die Mundatmung dazu genommen wird. Da es sich hierbei um Ausnahmen handelt, empfehle ich jedem, die Nasenatmung für Gesang zu trainieren, bis man diese mühelos beherrscht. Es ist besser die Pausen zwischen langen Phrasen beim Einstudieren zu verlängern, als die Mundatmung herzunehmen, um im Takt zu bleiben. Die Mundatmung tendiert dazu, das nach Luft schnappen auszulösen. Schnelles und ungenügendes Einatmen ist jedoch ein Indiz für Atemnot und macht den Sänger nur nervös und stört das Vertrauen in die Fähigkeit, eine lange Phrase zu Ende singen zu können. Die Nase ist die natürliche Filterstelle für Temperaturen, Staubpartikel, Gerüche etc. und sollte nicht durch die Mundatmung außer Kraft gesetzt werden. Mundatmung kann unter Umständen auch die paradoxe Atmung auslösen und bringt den Stimmsitz in Gefahr, da der weiche Gaumen bei der Mundatmung stets schlaff herunterhängt. Kein Sänger sollte jedoch auf der Bühne seine präzise Intonation aufs Spiel setzen.

Nasensog und Nasenclip Test – der Tonsitz

Buteyko Atmung ist besonders nützlich als Vorbereitung für den Start vor dem ersten Ton einer Phrase. Die Resonanz in den Nebenhöhlen profitiert von der Befreiung von Verschleimung. So kann der Vordersitz für den Ton besser entwickelt werden. Der Ton wird dann von der Nasenspitze und der Stirn aus in den Raum projiziert. Nachdem die Regel beachtet worden ist, dass der Tonansatz niemals unter den zentralen Punkt gleich unter der Nasenspitze fallen darf, kann der Tonansatz von der Nasenspitze aus mit der Stirn verbunden werden. Dazu zieht man die Gesichtshaut bewusst durch Aufreißen der Augen zu der Ansatzstelle, wo der Pferdeschwanz auf dem Hinterkopf sitzt. Die Oberlippe wird dabei wie eine Schnute zur Nase nach oben hin bewegt. In Nase und Nebenhöhlen schafft man nun bewusst mithilfe von Buteyko Atmung eine Weite und stellt sich vor, man würde den Ton mit der Atemluft einsaugen oder einschnüffeln wie einen angenehmen Duft. Dieser Saugreflex, den Babies beim Nuckeln an der Mutterbrust haben, bringt den weichen Gaumen in Aktion und bereitet die hohen Töne und die Obertöne der Gesangsstimme vor. Um zu spüren, wie das klappt, können kurze Silben in mittlerer und hoher Tonlage auf me, me, me oder mu, mu, mu und mo, mo, mo gesungen werden. Beim Singen dieser Silben soll sich auch die Resonanz im hinteren Bereich des Gaumens und zum Nacken hin öffnen.

Der Ton ist innen in der Mitte zwischen den Ohren ebenfalls zu spüren. Der Ton bleibt mit etwas Übung wie ein feiner Laserstrahl in Verbindung mit den Nebenhöhlen. Die Operndiven der guten alten Zeit zwischen 1900 und 1920 besaßen diesen Vordersitz in besonders hohem Maße. Höre Dir einmal Aufnahmen von Amelita Galli-Curci und Luisa Tetrazzini dazu an und vergleiche diese mit heutigen Sängerinnen. Es fällt auf, dass beide Sängerinnen im obersten Register silbrig fast wie Engelsstimmen oder Kinderstimmen klingen. Das hängt mit dem wohltrainierten Vordersitz der Stimme zusammen. Amelitas Avanti-Position ist ideal, deswegen nutze ich sie gern für bestimmte Koloraturarien als Vorbild. Um diesen silbrigen glockenreinen Ton zu bekommen, hilft es auch, sich hinter der Stirn an der Nasenwurzel einen winzigen Luftballon vorzustellen, der beim Singen von längeren Phrasen immer größer wird. So hilft man dem weichen Gaumen die Kuppel hochzuhalten und der Ton scheint dann wie aus den Augen in den Raum fliegen. So wird auch der Singknochen im Gehirn zwischen den Ohren mit in Vibration versetzt.

Beim Training des hohen Registers sollte jeder Singende überprüfen, ob die Zunge auch locker hinter den unteren Zähnen liegt und die Lippen locker in Schnutenform bleiben, damit kein falscher Druck auf die Stimmbänder entsteht. Alles muss sich mühelos anfühlen, selbst wenn das

Gaumen Heben am Anfang für manche untrainierten Singstimmen mühsam ist. Wer mit dem Vordersitz in Kombination mit der Buteyko Nasenatmung Probleme hat, kann davon ausgehen, dass eine Zungenanspannung oder zuviel Luft auf die Stimmbänder vorliegt. Manche Menschen, besonders jene, die unter beruflichem DAuerstress stehen, erzeugen ihre Stimme mit starkem Luftdruck auf die Stimmbänder und werden dann schnell heiser. Dieses Muster kann mit Buteyko und dem Motorradbrummer sowie viel Vordersitz-Training geheilt werden.

In hartnäckigen Fällen von Zungenknödel mit Lippendruck und Kieferanspannung empfehle ich Sängern sogar, sich ein preiswertes Didgeridoo aus Bambus zu kaufen und täglich einige Minuten darauf zu blasen. Didgeridoo ist ein australisches Instrument der Aborigines, mit dem man Töne und Geräusche über weite Entfernungen projizieren kann. Das tiefe Brummen spürt man als Vibration angenehm im Körper und deswegen ist das Tönen auf dem Didgeridoo gesund. Die fortgeschrittenen Didg – Spieler erzeugen mit Tricks die sogenannte Zirkularatmung, bei der Aus- und Einatmen fast gleichzeitig ablaufen, sodass ein endloser Ton entsteht. Das wirkt sehr entspannend. Mir hat dieses Instrument nicht nur Spaß, sondern vor allem Lippen- und Zungenentspannung gebracht. Nach einigen Minuten Didgeridoo klang meine Stimme immer viel besser. Auf Youtube lohnt es sich, einmal Adèle aus Frankreich auf diesem Instrument zu hören. Sie gibt Konzerte und macht Straßenmusik.

Der Nasensog wird selten ausführlich und korrekt beschrieben. Luisa Tetrazzini erwähnt ihn nur indirekt mit der Idee, das Riechen am Duft einer Blume als Beginn des Tones einzusetzen. Richard Brünner, der bekannte Lehrer der Tölzer Sängerknaben, der aufgrund einer Kriegsverletzung keine Opernkarriere machte, ist der einzige, der in seinem winzigen Büchlein mit selbst gezeichneten Beispielen diese Sängerfunktion beschreibt. Er scheut sich auch nicht, bildhaft das Gefühl zu beschreiben, das bei der Anwendung dieser Technik entsteht. Es fühlt sich so an, als ob man den Ton beim Singen mit einer Pinzette oder Zange am Wickel fassen würde. Die Nase ist dann wie eine Kneifzange, die den Ton fasst. Diese Übung wird in

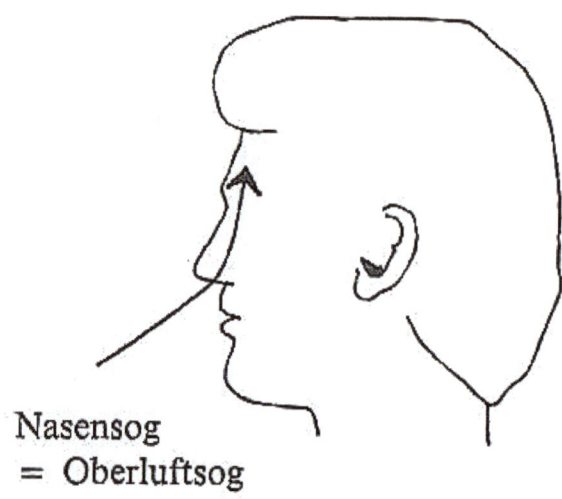

Nasensog
= Oberluftsog

Richard Bruenners Zeichnung

Verbindung mit den vorher genannten Vorübungen leichter fallen. Bei all diesen Übungen empfehle ich, sie vor dem Spiegel zu machen und sich zwischendurch immer wieder zu beobachten, denn häufig entgehen dem Schüler Muskelbewegungen, die ein Zeichen für Anspannung sind. Zum Beispiel neigen viele dazu, die Stirn zu runzeln oder die Augenbrauen zu heben, bis diese fast unter dem Haaransatz kleben. Eine solche Wellblechstirn ist ein Zeichen dafür, dass hier die Stirnmuskeln vergebens versuchen, die fehlende Aufspannung des weichen Gaumens für die Obertöne zu ersetzen. Da die Muskeln grundsätzlich ein sozial eingestelltes Team sind, gibt es immer Ausweich- oder Hilfsreaktionen von Muskeln, wenn die eigentlich zuständige Muskulatur überfordert oder untrainiert ist. Falten im Gesicht, auch solche in den Mundwinkeln deuten auf falsche Angewohnheiten hin, die Stimme zu produzieren und müssen strikt mit Geduld abtrainiert werden, wenn man Opernarien singen will. Das ästhetische Ideal klarer Vokale und verständlicher Aussprache erfordert diese Präzision und ein glattes freundliches Gesicht sieht beim Singen viel schöner aus, als künstlich aufgerissene Augen und eine Wellblechstirn.

Mir kommt dabei eine blutjunge Sängerin auf dem Münchner Weihnachtsmarkt in Erinnerung, die wunderbare Töne wie ein richtiger Weihnachtsengel sang, jedoch ihr Gesicht so verkrampfte, dass man bei den hohen Tönen wegschauen musste, um sich nicht den Tongenuss durch eine Fratze verderben zu lassen.

Der Spiegel ist hier sehr zu empfehlen, denn er lügt nie. Nachdem die Möglichkeiten für den Tonansatz an der richtigen Stelle und mit entspanntem Lächeln geklärt sind, will ich den Lesern eine gute Prüfmöglichkeit an die Hand geben, mit der jeder den korrekten Tonansatz besser finden kann. Ein kleiner Nasenclip, den manche Sportler beim Schwimmen oder Tauchen nutzen, damit kein Wasser in die Nase eindringt, hilft jedem Sänger herauszufinden, ob der Tonansatz und die Resonanz an der richtigen Stelle platziert sind. Setze den Nasenclip zum Singen auf und prüfe, ob die Stimme noch genauso klingt wie ohne Nasenclip. Sollte die Stimme wegbleiben, sind die Resonanzräume nicht korrekt genutzt. Sollte die Stimme anders oder auch nasal klingen, ist auch das zu korrigieren. Mit dem Nasenclip Test findet auch jeder Laiensänger schnell heraus, ob der Tonansatz richtig ist.

Das Zwerchfell – Dein Stimm- Trampolin

Das Zwerchfell ist ein flacher Muskel, der wie ein Zeltdach unter den Lungenflügeln hängt. Es ist mit Sehnen am Rippenkasten befestigt. Sobald sich die Lungen beim Einatmen mit Luft füllen, wird das Zwerchfell wie ein straff gespanntes Trampolin auseinander gezogen. Es erstreckt sich dann flach quer durch den Brustraum. Der Ton springt dann quasi wie ein Akrobat von diesem Trampolin ab. Dabei muss der Kehlkopf in tiefer entspannter Position bleiben und die Zunge soll flach und locker im Mundraum liegen und nur minimal für die Formung von Vokalen und Konsonanten eingesetzt werden. Solange der Brustkasten mit der Atmung und den Muskeln zwischen den Rippen weit geöffnet bleibt, kann der gesungene Ton frei schwingen und die Resonanz sich weit im Raum verbreiten. Das ist die Voraussetzung für ein perfektes Legato. Mit der Buteyko Atemübung wird der spontane Einatmungsreflex der Lunge wieder auf natürliche Weise trainiert und die sängerische Schnappatmung zwischen den langen Phrasen funktioniert einwandfrei. Im Alltag nutzen kaum Menschen die Tiefatmung. Nur Yogis, Sportler, Schwimmer und Taucher z. B. und Opernsänger kennen die Wirkung von tiefen Atemzügen. Gute Opernsänger wie Caruso nutzen ein Minimum an Luft beim Ausatmen, das meiste setzt sich in Ton um und klingt dann raumfüllend. Bei Caruso kann man sehr gut die aufgerichtete Körperhaltung mit stark vorgewölbter Brust sehen. Seine Lungenkapazität muss sehr groß gewesen sein. Er sang auch im täglichen Training ungeheuer lange Phrasen. Diese Körperhaltung mit erhobenem Brustbein, weit geöffneten Rippen, vorgewölbter Brust, langgestrecktem Rücken und Nacken, das Kinn dabei zum Brustbein abgesenkt, sieht man bei ihm auf fast jedem Foto.

Auch Maria Callas trainierte ihre Rollen stets vor dem Spiegel, um jede Muskelbewegung der Rolle anzupassen. Die Interkostal-Muskeln arbeiten Hand in Hand mit dem Beckenboden und dem Muskel über dem Schambein zusammen und so entsteht die Stimme auch im Hara-Zentrum, das drei Finger unter dem Nabel liegt. Wer die Verbindung der Stimme zum Nabel hat, fühlt sich wesentlich selbstsicherer auf der Bühne und wirkt kraftvoll wie die Kämpfer in den asiatischen Kampfsportarten. Für Gesang kann man von dieser Körperhaltung ausgehend sehr gut die hier schon beschriebene CHI-FU-Atemübung nutzen, um seine Fähigkeit zu steigern, lange Phrasen beim Singen durchzuhalten. Der gespreizte Rippenkasten fühlt sich dann wie eine Boje an, die auf dem Ozean schwimmt und den Sänger wie einen Schwimmer sicher über die Fluten der Töne trägt. Selbst Vögel oder andere kleine Tiere werfen sich in die Brust, wenn sie auf Partnersuche – Balz sind. Sie machen sich damit sozusagen attraktiv für das Gegenüber und strahlen mehr Sicherheit aus. Als Mann mag sich jeder Leser Gedanken machen, ob er dieses Signal nicht auch im Alltag jederzeit als Karrierezubehör verwenden möchte. Auch Mädels sehen viel attraktiver aus, wenn sie wohl aufgerichtet dastehen, anstatt herumzuhängen wie viele Jugendliche es heutzutage so „lässig" tun. Es sollte nur nicht so übertrieben und unbalanciert mit vorgeschobenem Becken wie bei den Models sein. Das ist eine provozierende Zurschaustellung von vermeintlichem Sex-Appeal, die nichts mit natürlicher Balance und Körperbeherrschung oder Selbstbewusstsein zu tun hat. Alles, was nur antrainiert, jedoch nicht natürlich empfunden ist, wirkt verkrampft und stößt das Publikum eher ab. Mit natürlicher Aufrichtung und gesundem Selbstvertrauen lebt und singt es sich leichter.

Tenöre auf der Folter – die Bauchpresse ...

Viele Gesanglehrer zeigen ihren Schülern noch heute die Bauchpresse, um die Bauchmuskulatur für die Stimme zu aktivieren. Manche Sänger trainieren sogar im Liegen mit schweren Wörterbüchern oder Hanteln auf dem Bauch. Meine persönliche Erfahrung war, dass das reine Training der Bauchmuskeln keine Wirkung auf die Stimme hat, da es mit dem Zwerchfell nicht zusammenarbeitet. Im Gegenteil veranlasst die Anspannung wie zum Beispiel bei Sit ups oft auch die Kehle sich zu verspannen. Das ist dann kontraproduktiv. Wenn jemand wirklich sein Zwerchfell spüren und erleben möchte, sollten 5 Minuten lautes Lachen ihn schnell auf die richtige Spur bringen. Unterricht in Lach-Yoga würde dem werdenden Sänger mehr nützen als das Gewichte Heben oder Fitness. Dann kann man bei langsamem Gehen lieber das Wörterbuch auf dem Kopf platzieren, um seine Körperbalance einmal richtig kennenzulernen. Zum Aufwärmen der Stimme eignet sich der Lokomotiven – Sound besser als irgendwelche Verrenkungen oder die Imitation von Hundebellen.

Nimm den Intercity zum Zwerchfell

Eine einfache und lustige Stimmübung ist der Lokomotiven Sound. Diese Übung ist auch für Chöre eine gute Sache. Es gibt zwei Versionen davon, einmal die Buchstabenfolge mit Zischlauten wie „F – S – SCH" oder die Explosiv-Laute „P – T – K". Diese Buchstaben sind zuerst in gemächlichem Tempo zu beginnen und dann immer mehr zu beschleunigen. Die erste Übung klingt im Chor wie eine echte Dampflokomotive. Die zweite Übung lockert die Lippen auf sehr angenehme Art und imitiert das Zuggeräusch, wenn man in einem schnell fahrenden Zug sitzt und das Rattern über die Schienen hört. Diese Übung macht auch Kindern und Senioren so richtig Spaß.

Wer das Training nicht gewöhnt ist, kann am Anfang bei längerem Training sogar Muskelkater davon bekommen. Viele Laute, die wir alle als Babies gern von uns gegeben haben, sind für Stimme und Körper gesund.

Yoga Atmung & Stimmstütze aus dem "Hara"

Selbst wenn manche Singbegeisterten keine Sportskanonen sind und weder Tiefseetaucher, noch Yogis oder Marathonläufer werden wollen, so lässt sich nicht vermeiden, dass man beim Gesangstraining auf Dauer einfach ein durchtrainierter Sportler wird. Viele Opernsänger/innen halten sich zwischen den Proben körperlich fit, so wie Birgit Nilsson auf ihrem Heimtrainerfahrrad, um den Anforderungen an die Stimme, dem langen Stehen auf Bühnen sowie der schlechten Luft und Hitze gewachsen zu sein.

Für Anfänger in der Tiefatmung empfehle ich, das Einatmen vom Nabel aus zu beginnen: dabei stellt man sich vor, man würde durch den Nabel hindurch die Luft in die Lunge einziehen. Hierbei hilft auch die bildliche Vorstellung, den Atemstrom in der Lunge bis in die Lungenspitzen, vor allem im unteren Rücken zu bringen. Einfach hineinspüren, bringt viel. Wer eine Weile konsequent trainiert, wird bald bemerken, dass sich die Lungenspitzen dann zuerst mit Luft füllen, bevor der obere Teil der Lungen aufgefüllt wird. Es ist angenehm, diese Tiefatmung im Liegen mit aufgestellten Füßen und gebeugten Knien zu üben, so dass der Rücken ganz flach auf dem Boden liegt. Es darf nur ein kleines Geräusch beim Einatmen durch die Nase am Gaumen hörbar und spürbar werden, der Mund bleibt geschlossen, die Lippen sind weich entspannt. Der Abstand zwischen den Füßen beträgt genau eine Hüftbreite, das ist die Entfernung zwischen den beiden tastbaren Hüftkämmen seitlich im oberen Becken, dort wo die Knochen zu tasten sind.

Beim langsamen Einatmen darf man das Gefühl genießen, wie sich der Körper ringsherum mit Luft füllt. Es fühlt sich fast an als würde man einen Schwimmreifen um die Taille tragen oder als wäre man eine schwimmende Boje auf dem Wasser. Dieses tragende Gefühl sollte den Sänger während einer Aufführung niemals verlassen. Das ist die wahre Stütze für den Ton. Am Anfang wird der Untrainierte sicherlich Muskelkater bekommen. Das ist ein normales Symptom bei ungenutzter Muskulatur und verschwindet mit regelmäßigem Training. Nach einer Weile wird der Rippenkasten nicht nur Deinen Stimmausdruck unterstützen, sondern Dir auch mehr Power im Alltag verleihen. Das ist ein angenehmer Nebeneffekt des Profisänger-Trainings. Vermutlich bekommst Du weniger Erkältungen im Winter und fühlst Dich selbstsicherer. Das dürfte auch zur Karriere positiv beitragen. Oft beobachte ich im

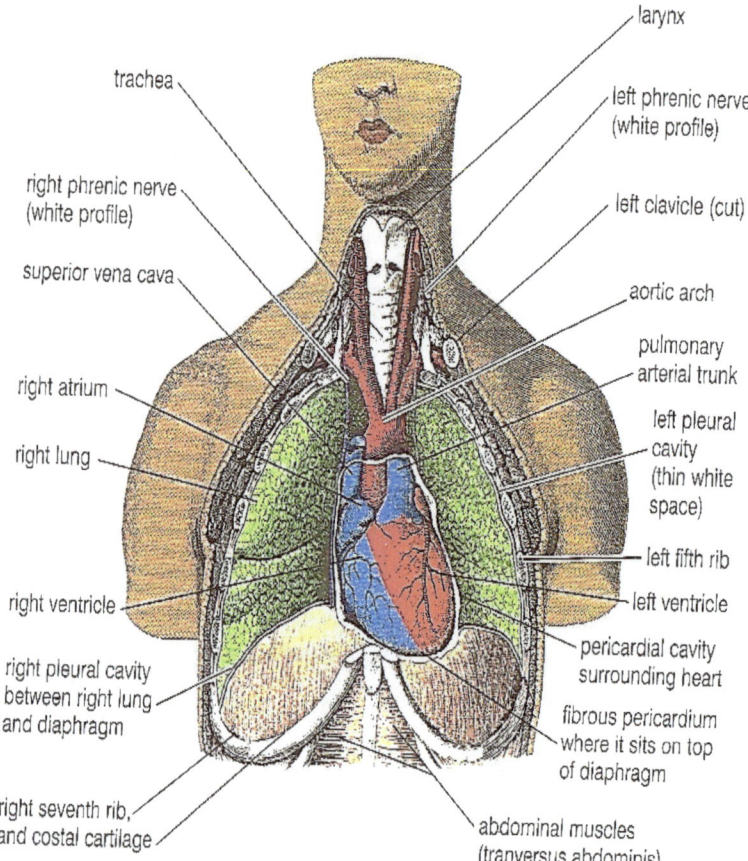

H. David Coulter, p. 77, Anatomy of Yoga

Alltag, dass auch junge Menschen viel zu flach atmen und deswegen einen Energiemangel aufweisen oder extrem nervös und unkoordiniert wirken. Gesang heilt diese Angewohnheiten auf gesunde Art. Die folgende Abbildung von David Coulter aus seinem Buch Yoga

Anatomie zeigt sehr schön, wie der Oberkörper von innen aussieht. So kann man sich die Lungenfunktion besser vorstellen. Wer Interesse hat, die volle Yogaatmung richtig zu lernen, kann sich auf Youtube bei der Amerikanerin YogaYak informieren und die Videos dazu anschauen. Sie erklärt die Funktionen langsam und selbst, wenn man den Text nicht versteht, so helfen die gezeigten Übungen dem Verständnis. Die junge Yogalehrerin erklärt auch sehr schön, wie die Zungenentspannung funktioniert. Die volle Yogaatmung entwickelt sich durch Training über einen längeren Zeitraum. Sie fördert die Symmetrie im Körper, befreit festsitzende Wirbel sanft und beruhigt die Nerven. Sie fördert das Legato für Sänger und Sängerinnen in vollendeter Form.

Gesunde Wirkungen der Yoga-Tiefatmung

Die tiefe Yoga-Atmung verbessert nicht nur die Stimme und die Gesundheit, sondern wirkt sich positiv auf die Körperhaltung und die psychische Stabilität aus. Der Rippenkasten wird angenehm gedehnt, die tief am Knochen ansetzenden Muskeln werden aktiviert. Der Körper kommt in die richtige Balance und der Mensch wird innerlich ruhiger. Das ist für Pianisten ebenso wichtig wie für Sänger und Sängerinnen. Für Sänger/innen, die während der Proben viel stehen müssen, ist diese Balance im Körper eine Hilfe, das Körpergewicht und den Druck von den Knien wegzunehmen. Es ist wichtig, die Knie und Füße stets zu entlasten, da sonst Beschwerden und Abnutzung entstehen können. Am besten übt man die volle Yoga-Atmung im Schneidersitz oder Lotussitz auf dem Boden, doch, wer das nicht beherrscht, kann auch im Liegen mit angezogenen Knien und aufgestellten Füßen trainieren. So ist es erholsamer. Die volle Yoga-Atmung hat nicht nur eine dehnende Wirkung auf die Muskulatur, sondern entspannt auch den Kehlkopf, wenn man sich auf eine lockere Zunge dabei konzentriert. Das Verdoppeln der Ausatmung im Gegensatz zur Einatmung fördert die innere Ruhe und die Kapazität, lange Phrasen zu singen. Wer sich beim Atmen auf den Körper nach innen konzentriert, wird seine Selbstwahrnehmung erweitern und genauer wissen, was beim Singen alles automatisch abläuft. Das ist vor allem auch bei Lampenfieber hilfreich. So arbeiten dann die an der Stimme beteiligten Muskeln alle in einem harmonischen Team zusammen.

Die romantische Hochzeit von Wort und Ton

Sänger/innen sind die einzigen Instrumente, die in Worten erklingen und gefühlsbeladene Botschaften von sich geben. Sie sind der Mittler zwischen Sprechtheater und Instrumentalmusik. Auch verbindet sich beides in der Oper zum Gesamtkunstwerk, wie es Richard Wagner gern nannte. Charismatische Auftritte von Maria Callas zeigen, wie der emotionale Ausdruck, die Leidenschaft im gesungenen Wort durchaus die Klangschönheit überwiegen kann und sich an dramatischen Stellen durchsetzt. Das gesungene Wort ist emotional geladen und hat einen Wahrheitsanspruch, denn der Zuhörer soll genau das mit empfinden, was die Figur auf der Bühne gerade durchmacht. Darin liegt die Faszination der Oper.

Mitreißen in Leid und Freude ist der Auftrag. Maria Callas öffnete sich beim Singen bis ins tiefste Innere und erreichte deswegen die Massen mit ihrem Herzen Trotzdem verließ sie nie ihr Schönheitsideal des vollkommenen runden Tones mit klaren italienischen Vokalen und deutlicher Aussprache. Dabei färbte sie an dramatischen oder tragischen Stellen ihre Stimme dunkel, während sie fröhliche Koloraturen mit silbrig hellem Timbre sang, manchmal sogar fast zwitschernd wie ein Vogel. Natürlich kann Musik alle Facetten der Gefühlsskala hervorlocken und den Zuhörer magisch in seine eigene Gefühlswelt entführen.

Sie entlockt manchem Tränen, der sonst überhaupt nicht weint und bringt oft versteckte Emotionen in Fluss. Dies erlebte ich zum ersten Mal als zehnjähriges Mädchen ohne zu wissen warum. Meine Eltern hatten mich zu einem Liederabend eines Männerchores mitgenommen, der schöne alte deutsche Volkslieder sang. Die Intonation war nicht immer korrekt und das störte mich, doch ein paar tieftraurige Weisen überfluteten mein Herz mit solcher tiefer Traurigkeit, dass ich einfach in Tränen ausbrach. So saß ich neben meinen Eltern, während dicke Tränen über die Backen kullerten und ich die Schluchzer nicht unterdrücken konnte. Ich litt wirklich tierisch. Mein Vater wurde dann etwas unruhig, weil die Sitznachbarn durch die Geräusche auch nicht ruhig zuhören konnten und brachte mich in der Pause zum Auto. Dort hatte ich dann Zeit, meine Fassung wiederzufinden. Einen Männerchor mit sentimentalen Volksliedern kann ich seitdem nur mit größter Überwindung anhören.

Wer unterdrückte Emotionen mit in den Konzertsaal und in das Opernhaus bringt, und da hat jeder Mensch ein gutes Konto davon, wird sich nicht gegen das Aufkommen dieser Gefühle beim Anhören der Musik wehren können. Das ist die therapeutische Funktion der klassischen Musik. Um zu solchen charismatischen Gesangsleistungen fähig zu sein, braucht ein Sänger auf jeden Fall eine stabile Persönlichkeit. Deswegen reicht es keineswegs, im Gesangsunterricht die Stimme auszubilden, vielmehr muss auch die ganze Persönlichkeit in ihrem Zusammenwirken von Körper, Geist und Seele mit der Stimme berücksichtigt werden.

Ein Gesangstrainer ist daher immer auch eine Art von Therapeut. Solange der Schüler zu mehr Selbstvertrauen und Stimmsicherheit findet, ist der Unterricht in Ordnung. Ist das nicht der Fall, muss ein besserer Lehrer gesucht werden. Die Stimmentwicklung bei Opernsängern führt auf jeden Fall zu mehr Selbstbewusstsein für diejenigen, die sich daran gewöhnen, vor dem Spiegel zu üben und sich selbst im Spiegel der Wahrheit kritisch zu betrachten, ohne sich dabei als Mensch abzuwerten. Da das oft nicht ganz einfach ist, muss der Gesanglehrer eine absolut positive Einstellung zu seinen Gesangsschützlingen haben und niemals ein hartes Urteil aussprechen. Selbst wenn jemand vielleicht zu wenig Musikalität mitbringt, so kann doch vieles für den Beruf entsprechend nachgeholt werden durch Training. Selbst wenn das Gehör während der Kinderzeit durch traumatische Erlebnisse nicht genügend ausgebildet wurde, so lässt sich auch das durch geduldiges Training ausgleichen. Ich habe das mit einer Schülerin erlebt, die als Kind Opfer eines familiären Missbrauchs wurde und dadurch einige Jahre von anderen Kindern stark isoliert war. Sie musste erst lernen, die Töne zu hören, die sie als kleines Kind verpasst hatte.

Sprechen, Singen, Deklamieren – was ist für Rezitative und Arien richtig?

Auf diese Frage gibt es verschiedene Antworten. Sie geht auf die Grundfrage, was ist eigentlich Gesang zurück. Meister Lamperti, einer der bekanntesten Belcanto-Lehrer im 19. Jahrhundert, gab seinen Schülern eine brauchbare Beschreibung für Belcanto-Gesang, die er aus tiefstem Herzen in seinem Büchlein „Vocal Wisdom, S. 117" so formuliert hatte: „Intensive Schwingung und entsprechende Energie müssen dem Ton wie einem lebendigen Menschen stets zur Verfügung stehen. Die Obertöne bringen die Klangfarben hinein, der Rhythmus ist sozusagen der Herzschlag, die Resonanz ist der Körper.

Die Vokale sind die Gesten, die Konsonanten seine Hände, die Emotionen sind das Blut in den Adern, die Vorstellungskraft dienen dabei als Augen und Ohren. Gedanken sind die Füße des Tones und das Verlangen seine Schwingen, die Melodien sind seine Sprache. Dabei ist die Seele des Sängers mit dem unterbewussten Selbst verbunden. Das Unterbewusstsein kann jedoch Körper und Verstand nur nutzen, nachdem diese vom bewussten Selbst durch Disziplin dazu vorbereitet wurden." Soweit die Formulierung von Meister Lamperti. Diese ist die spirituellste Definition über Gesang, die mir bei meinen Forschungen begegnet ist. Sie ist für mich noch immer maßgebend, denn als Operngesang zu einer täglichen Gewohnheit wurde, bemerkte ich mehr und mehr, dass ich gar nicht wirklich sang, sondern eigentlich auf die Töne sprach. So gelangen mir die Koloraturarien am besten. Wenn die Musik so schnell vorbeirauscht, gibt es gar keine Zeit zu singen, es bietet sich an, die Töne mühelos schnell und leicht zu sprechen. Schon Ann Reynolds hatte allen Sängerinnen empfohlen, die Stücke mit der Theaterstimme zu deklamieren oder theatralisch auf verschiedene Tonhöhen zu sprechen. In einer der Biographien über Maria Callas fand ich einen Hinweis darauf, dass Maria beim Einstudieren der Arien zuerst die Texte lernte und diese dann in tiefer Lage am Klavier deklamierte. Erst später ging sie dann zum Singen in der Originallage über. So verankerte sie ihre Töne jeweils unterhalb des Passaggio Überganges in der Stimme, um sicherzustellen, dass der Kehlkopf nicht aus der Position geriet. So brauchte sie auch keine wesentlichen Unterschiede zwischen Rezitativ und Arie zu machen. Das ergab sich dann später beim Singen von selbst.

Wer sich intensiv mit Arientexten und Rezitativen befasst, kann den Ansatz diese in Sprechlage zu deklamieren daher für beides nutzen. Je länger jemand über einen Tonraum von mehreren Oktaven singt und spricht, umso mehr gewöhnt sich der Kehlkopf daran, auch in der Sprechlage einen voll klingenden schönen Ton beizubehalten. Vor Jahren sagte mir mein erster Lehrer, James Anderson, ein Tenor an der Bayerischen Staatsoper, oft , ich sollte da singen, wo ich auch spreche. Leider konnte ich das am Anfang überhaupt nicht, denn mein Stimmansatz war aufgrund der Stimmstörung beim Sprechen völlig angestrengt und daher falsch. Ich fragte mich oft, ob es überhaupt für jeden möglich ist und beobachtete intensiv Maria Callas in Interviews und beim Singen. Tatsächlich hatte sie genau diese Übereinstimmung von Sprechen und Singen auf ideale Weise. Sie erscheint mir in dieser Hinsicht als ausgesprochen gutes Vorbild, da sie über ihren gesamten Tonumfang immer mit der Sprechlage und dem Glottis-Schluss einsetzt, wie es auf ihren CDs zu hören ist. Es ist erstaunlich, dass sie trotz des von ihrer Kollegin, Giulietta Simionato berichteten starken Lampenfiebers vor jeder Aufführung, niemals den Tonansatz verlor. Ihre griechische Muttersprache kam ihr dabei sehr entgegen. Die theatralische Deklamation gehörte ganz besonders in Griechenland zu der Tradition der antiken Amphitheater und dort wurde auch in einem gesangähnlichen Ton der Text deklamiert. Auch wird dies der Grund sein, warum es Maria Callas so leicht fiel, große Textpartien in kurzer Zeit einzustudieren. Sie ging dabei vom Sprachgedächtnis aus, denn dieses liegt in einem anderen Gehirnareal als die musikalische Tonerzeugung. So hatte Maria Callas auch nie das Problem vieler Opernstars aus dem germanischen Teil Europas, dass die Sprechstimme die Gesangsstimme aus der richtigen Position bringt. Viele Opernsänger/innen aus nördlichen Gefilden vermeiden es, am Tage einer Aufführung, viel zu sprechen. Das Sprechen ruiniert nämlich den Stimmansatz, wenn die Singstimme nicht mit der Sprechlage übereinstimmt. Sogar Dorothy Caruso berichtet von ihrem Mann, dass er vor Premieren grundsätzlich schwieg. Callas und Gruberova scheinen dieses Problem nie gekannt zu haben, da sie den Stimmansatz für Gesang auf die Sprechstimme korrekt übertragen haben.

Das gefürchtete Stimmwackeln oder Tremolo, dass manche alternden Diven ihre Karriere kostet, kann dann nicht auftreten, da sich die Sprechwerkzeuge am bestmöglichen Stimmansatz orientieren. Überhaupt ist die üble Nachrede bei Maria Callas, sie hätte irgendwann durch starkes Abnehmen und Tabletten oder Depression ihre Stimme verloren, eigentlich eine Lüge. Zwar ist es natürlich, dass sich Depression und Melancholie auf die Stimme auswirken und diese dunkler färben, weil der weiche

Gaumen ebenso wie der Beckenboden dann nicht straff gespannt sind, sondern durchhängen, doch wirkt sich das nicht so extrem verändernd auf eine Stimme aus. Lediglich Selbstzweifel oder Unsicherheit und mangelnde Energie verursachen ein stimmliches Schwanken. Bei Maria Callas ist auf einer dramatischen Aufnahme einige Tage vor ihrem Tod noch die ganze Brillianz ihrer fantastischen Stimme zu hören. Das andere waren eher psychisch bedingte Ausfallerscheinungen, wie sie bei jedem Menschen durch seelische Belastung vorkommen können. In den mittelalterlichen Singspielen waren Sprechen und Singen noch stark vereint, denn die Erzählerpartien wurden gesprochen, während die emotionalen Teile gesungen wurden. So entstand die Kombination aus gesprochenem Rezitativ für das Vorantreiben der Aktion und gesungener Arie, um Empathie beim Publikum zu erzielen.

Während die emotionale Seite der Arien voll ausgelebt werden durfte, wurde in klassischen Arien niemals das Gebot der Ästhetik der Töne verletzt, denn die Töne sollten voll und rund erscheinen, nicht verzerrt oder hässlich. Luisa Tetrazzini, die Bühnenkollegin von Caruso, erwähnt dies deutlich in ihrem kleinen Buch für Sängerinnen, denn selbst im Sterben musste Madame Butterfly noch ihre Arie vollendet zu Ende singen.

Diese Regel wurde erst in der modernen Oper nach 1960 durchbrochen. Sogar in der Verismo Oper, wie in Verdi's La Traviata, wird die Schlussarie, in der die Heldin an Tuberkulose stirbt, zwar nicht mit voller dramatischer Stimme, sondern mit der sogenannten weißen reduzierten Bühnenstimme gesungen, jedoch niemals ohne einen ästhetisch schönen Klang. Die klassische, romantische und spätromantische Oper verzichtet niemals auf das Ideal der schönen Gesangsstimme. Das Herz und das Ohr des Publikums dürfen nie beleidigt werden. Deswegen wird auch bis heute die ovale Form des Mundes in der Opernausbildung in Italien und den slawischen Ländern sehr gepflegt. Erst mit dem Aufkommen des totalen Realismus und der Zwölftonmusik bei Arnold Schönberg findet eine radikale Wende zum dissonanten oder sogar auch abstoßenden Ton statt. Der soziale Realismus von Alban Berg ging später noch weiter in diese Richtung. So erinnere ich mich an ein Lied von Arnold Schönberg, das mir einmal früher im Musikunterricht präsentiert wurde. Es hieß „Herzgewächse" und löste bei mir beim Anhören regelrechte Erstickungsgefühle und Übelkeit aus. Moderne Oper ist daher manchmal schwer verdaulich, während sich die Musical – Tradition mehr am Ideal der schönen sanglichen Melodie orientiert. Perfektionisten an der Oper plädieren für totale Textverständlichkeit, doch je nach Tonhöhe ist das Aussprechen der Vokale nicht immer möglich. Trotzdem wird beim Training auf absolute Textverständlichkeit geachtet, auch, wenn diese aufgrund der Vokalformen teilweise physikalisch fiktiv ist. Die größte Klarheit der Diktion wird erreicht, wenn Zunge und Kiefer völlig entspannt funktionieren und der Legatostrom des Tons niemals unterbrochen wird. Dazu ist es notwendig, alle inneren Resonanzräume des Kopfes und Nackens mit der Brustresonanz zu verbinden und den Körper, vor allem den Nacken so aufzurichten, dass die obersten Töne über dem Scheitelchakra fühlbar sind. Der Brustansatz garantiert dafür, dass die Töne mit dem restlichen Körper verbunden sind. Wenn der ganze Körper wie ein Instrument im Ton mitschwingt, ist der Zuhörer von der Magie der Stimme fasziniert und empfindet einen sinnlich-erotischen Genuss dabei, den auch der Sänger beim Singen empfinden kann. Es wurde nachgewiesen, dass Stimmen die in der Tiefe entspannt sind und dies in die Höhe mitnehmen können, silbrige Obertöne entwickeln, die sogenannten Sängerformanten, die die Herzen besonders bewegen. Darin liegt der Zauber des Gesanges.

Bauchreden und Belcanto sind Zwillinge – das Micky Maus Training

Mit großer Faszination verfolgte ich kürzlich die Präsentationen des deutschen Bauchredners, Sascha Grammel, mit seinen sprechenden großen Puppen. Er brachte das Publikum zum Lachen und durch die sprechende Schildkröte wurde ich neugierig, wie man diese Stimmen erzeugen kann. Dann fand ich heraus, dass der aktuelle Weltmeister, Peter Moreno, in der Lage ist, in zehn verschiedenen Stimmen durch die Puppe oder Blume zu sprechen. Ich sah mir Videos an und bemerkte, dass die Bauchredner den Mund unbewegt lassen, was bei manchen Konsonanten wie B oder den Lippenlauten recht schwierig ist. Doch da gibt es Tricks wie man diese Laute ein wenig umgeht und nach innen verlagert. Da mich die Puppen so faszinierten, nahm ich meinen Bären und eine Krähe zur Hand und probierte das Ganze zur Belustigung meiner Familie gleich mit Publikum aus. Es funktionierte, die Töne durch die fast geschlossenen Lippen ohne Bewegung explodieren zu lassen.

Es machte nicht nur Riesenspaß, mit den Tierstimmen zu experimentieren, sondern ich wurde gewahr, dass der Vordersitz der Stimme dadurch enorm gefördert wird und sowohl die Lockerheit von Kiefer und Zunge, als auch die Resonanz für den Gesang zunehmen. Dann brachte mich das Experiment auf die Idee, es mit der Micky Maus – Stimme zu probieren, um so die hohen Töne aus der Sprechlage heraus zu erreichen, auch das ging mühelos. Nun hatte ich den Schlüssel für die Reparatur gebrochener und heiserer Stimmen gefunden. Es ist der hohe Ansatz der Sprechstimme in der Micky Maus Lage, der solche Stimmen, die wie Hildegard Knef heiser und rauchig klingen, zu heilen. Konsequent angewendet hilft das Bauchreden daher der Opernstimme. Deswegen wunderte es mich auch nicht, bei Peter Moreno in seiner normalen Stimme eine Opernstimme versteckt zu finden. Vermutlich hat er selbst diese noch gar nicht entdeckt.

Während die Operntradition auf die Renaissance um 1600 zurückgeht, ist Bauchreden wesentlich älter. Schon vor 4.000 Jahren in vorbiblischer Zeit wurde diese magische Art zu sprechen von Zauberern und Propheten verwendet. Später, im Mittelalter, geriet diese Technik mehr als komödiantisches Element ins Visier und wurde so auf Jahrmärkten überliefert. So traten Schweine oder Hühner als sprechende Puppen auf. Auch wenn das Bauchreden praktisch der Großvater des Belcanto ist, so muss man zugeben, dass die sprechenden Puppen wesentlich jünger als die Belcanto Tradition der Kastratensänger sind.

Peter Moreno ist ein Könner auf seinem Gebiet und bringt es fertig, sogar den Aufzug unerwartet sprechen zu lassen, sodass Ahnungslose anfangen zu suchen, woher wohl diese Stimme des Aufzug-Services kommt. Das Imitieren von hohen Stimmen oder das tiefe Sprechen wie Yogi Bär sind ein gutes Vortraining für Gesang und fördern die Lockerheit der Sprechwerkzeuge, da die Zunge sich auch schön flach hinlegen muss. Wer diese Technik für seine Arien und Lieder nutzen möchte, kann locker die tiefere Oktave hernehmen oder seine Lieder eine Quinte nach oben transponieren. Es ist vor allem in der Höhe wichtig, den gesamten Stimmapparat entspannt zu lassen und die quietschigen Töne unter der Nase weit vorn anzupeilen. Das Ganze lockert den Ernst des Arienstudiums angenehm auf, denn manchmal bringt es niemand weiter, sich an einer nicht gelungenen Stelle endlos mit Singen aufzuhalten. Es empfiehlt sich eben auch einmal die Micky Maus eine dramatische Arie ausprobieren zu lassen oder mit einer Ente oder einem Brummbären durch eine Stimmübung zu gehen. Hauptsache, es macht Spaß und lockert Stimme und Stimmung. Wer die Micky Maus dann in eine Unterhaltung mit dem Großvater bringen kann, wird sicherlich ein Passaggio Problem leichtfüßig überwinden.

Natürlich soll mit dem Bauchreden für Sänger/innen kein Profi- Bauchredner trainiert werden, denn dazu müssten die Labiallaute alle nach innen verlegt werden, sondern lediglich eine Grundlage für lockeres Funktionieren der Stimme geschaffen werden. Alle Menschen, die gewohnheitsmäßig zuviel Luft durch die Stimmbänder blasen und dadurch heiser werden, profitieren ungemein von diesen lustigen Übungen. Den werdenden Bauchrednern wiederum könnte die von mir empfohlene Stimmübung mit dem Schlüsselanhänger oder einem Bierdeckel zwischen den Lippen helfen, die Unbeweglichkeit der Lippen zu erzeugen, damit die sprechenden Puppen auch glaubhaft wirken.

Messa di Voce – der ultimative Stimmtest

Messa di Voce ist ein Fachbegriff für eine traditionelle Sängerübung, die von leisem Pianissimo zu lautem Forte anschwillt und dann wieder zurückgeht bis zum leisesten Ton, der ohne Abbrechen der Stimme oder Stocken des Atems möglich ist. Wer diese Technik beherrscht, hat auch die Kontrolle über seine Stimme, denn nur mit absolut entspanntem Kiefer, lockerer Zunge und entspannter Kehle ist es möglich, diese Schwellübung zu singen. Domenico Mazzocchi gehört zu den ersten Theoretikern, die diese Übung schon 1638 beschreiben. Der Atemfluss muss dabei konstant sein und das Anschwellen wie beim Radioknopf funktionieren.

Dazu gehört wirklich absolute Körperbeherrschung. Auch setzt die Übung voraus, dass der Stimmansatz mit einem guten Glottis-Schluss erfolgt. Die Resonanzpunkte unter der Nase, am Nasenansatz auf der Stirn und hinter dem Brustbein müssen dabei simultan angesprochen werden. Während die Stimme nicht aus der Balance kommen darf, wird der Muskeldruck vom Körper her verstärkt und so wird der Ton kontinuierlich lauter. Manuel García beschreibt das Anschwellen des Tones als Registerkombination. Man beginnt mit einem leisen Ton im Kopfregister, während nach und nach das Brustregister dazukommt und später wieder weggenommen wird. Dieser technische Ansatz wird durch Frederick Husler später bestätigt, der es so beschreibt, dass die Randstimmenfunktion, der äußere Teil der Stimmbänder im piano alleine schwingt, während im Forte die inneren Stimmbänder mit dazu erklingen. So wird ein Forte ausgelöst. Messa di Voce ist ein guter Test, ob ein Sänger einen langen Ton im legato aushalten kann und weiß, wie man Atem spart. In den Verismo Opern bei Verdi kommt dieser Effekt häufig an dramatischen Stellen vor, wie in der Schicksalsarie der Leonora aus der Oper – die Macht des Schicksals. Dort formuliert Leonora ihre Bitte an Gott um Frieden – pace, pace – mit diesem wirkungsvollen Schwelleffekt.

Stimmbruch, Registerwechsel, Passaggio

Im Märchen vom Wolf und den sieben Geißlein muss der Wolf eine Kreide fressen, damit seine Stimme nicht so rau und heiser wirkt. Die Geißlein würden sonst kaum glauben, dass der verkleidete Wolf sich als ihre Mutter ausgibt. Leider gibt es trotz dieser märchenhaften Empfehlung keinen Trick, der wirklich schnell und sicher weg von der Heiserkeit oder einer angestrengten Stimme führt. Auch kennt fast jeder das Gefühl der Enge, wenn man versucht, aus der Sprechlage in die etwas höhere Singstimme zu wechseln. Als ich an der Reparatur meiner Stimme arbeitete, die im Sprechmodus schlecht funktionierte, beobachtete ich, dass ich nach intensivem Singen kaum mehr meine Sprechlage fand, da sich mein Körper allzu schnell an die Singstimme gewöhnte und ihm diese anscheinend besser bekam. Ich musste dann oft einige Stunden schweigen, bis das Sprechen wieder einigermaßen mühelos ging. Der Stimmbruch trat dann fast schmerzhaft hervor.

Da mich das sehr störte, begann ich nach einer praktischen Übung zu suchen, die diese Anstrengung fernhielt und das Singen und Sprechen mühelos machte. Ich wurde fündig, als ich ausprobierte, mit meinem Schlüsselanhänger, einem flachen Stück Gummi zwischen den Zähnen meine Gesangsübungen und Arien zu singen. So lernte ich mit fast geschlossenem Mund meine Töne und Silben zu produzieren und die Zunge zu entspannen. Dies wirkte sich heilsam auf die gesamte Stimme aus und mein

Vordersitz wurde wesentlich besser. Auch nutzte ich die Textdeklamation auf verschiedenen Tonhöhen, einmal über der Sprechlage und einmal darunter. So konnte ich den Stimmumfang ausdehnen und die Anspannung loslassen. Später lernte ich zum Spaß ein wenig das Bauchreden, da man dabei den Mund unbeweglich hält. So trainiert es sich am besten, das Kinn und den Kiefer und die Zunge weitgehend aus dem Ton herauszuhalten. Diese Fähigkeit beobachtete ich kürzlich in einigen Videos von der jungen Mirella Freni, die mit Pavarotti zusammen studiert hat und war erstaunt, wie deutlich sie die Lippen einfach natürlich und wenig geöffnet behält, es sei denn, wenn es hohe und laute Töne erfordern.

Mathilde Marchesi, die berühmte deutsche Gesanglehrerin in Italien und Frankreich spricht über den Registerwechsel zwischen mi und fa und empfiehlt diesen stimmlichen Wechsel mit Geduld auszubügeln. Dazu kann man chromatische Skalen oder Tonleitern verwenden. Viele ihrer Übungen sind dazu geeignet. Beim Training des Überganges sollte jeder Schüler leise singen, um sich selbst genau zu beobachten. Die Stimmumstellung im Übergangs-register lässt sich besser beim mezzoforte lernen. Die Muskeln können sich nicht bei Höchstbelastung auf Veränderungen einstellen. Mit der Zeit beginnen die Stimmbänder sich durch muskuläre Umformung auf einen fast nahtlosen Übergang einzuschwingen und dann gelingt das Singen über den Passaggio hinweg mühelos. Solange man den Vordersitz der Stimme bei der Nasenspitze behält, ist das ein Signal für die Kehle, die lateralen und transversalen Muskeln zu benutzen und nicht den Thyreohyoid Muskel, der die Kehle anhebt.

Die Tendenz, die Kehle beim Aufwärts Singen anzuheben, muss durch Konzentration auf das Brustbein ausgeglichen werden, sonst entsteht eine hohe Stimme ohne Körperklang. Die italienische Gesangstechnik ist auf diese Mischung spezialisiert und führt jeden Sänger mit ihrer Technik zur richtigen Mischung für seine Stimme. Mit dem Fokus auf die Stirn und den Punkt zwischen den Augen erreicht man, dass beim Singen die inneren Teile der Stimmbänder angeregt werden, die dann der Stimme eine metallische Kraft geben. So entsteht aus der untrainierten Naturstimme eine kraftvolle Opernstimme. Durch das Singen von Skalen wird der Registerwechsel für die Opernstimme ausgeglichen, auch wenn das sogenannte Einheitsregister anatomisch gesehen eine Illusion ist. Das Ohr lässt sich auf diese Illusion gern ein, wenn der Übergang fast unhörbar ist. Passaggio ist mit großer Sorgfalt zu trainieren, da jeder Sänger seinen Weg über den Übergang finden muss, auf den er sich dann auf der Bühne auch verlassen kann. Je nachdem aus welcher Richtung man kommt, funktioniert der Übergang auch etwas anders. Vor allem bei Sängern und Sängerinnen mit großem Stimmumfang erfordern die Übergänge eine sorgfältige Vorbereitung, wenn die Sprechstimme nicht in der korrekten Vordersitzposition angesprochen wird. Sobald das Kinn aus der richtigen Position gleitet oder die Zunge und der Kiefer fest werden, kann der Übergang schon nicht mehr reibungslos funktionieren.

Leider bringt jeder manches ungesunde Stimmmuster von den Eltern mit. Die Muttersprache spielt auch oft eine Rolle, wenn sie nicht Italienisch ist, denn die italienische Vokalfärbung bringt die Töne ganz nach vorn, während andere Sprachen weitaus mehr im hinteren Bereich des Mundraumes sprechen. Es ist daher nützlich, immer Übungen mit italienischem Text zu machen. Bei Stimmfehlern lohnt es sich, einen guten Stimmexperten zu Rate zu ziehen, denn oft ist der Laie gegen die Fehlstellungen machtlos und der Logopäde weiß nicht viel mit einer Gesangsstimme anzufangen oder gar eine Opernstimme wieder in Funktion zu bringen. Vor dem mühelosen Singen kommt das mühelose Stehen und das Aufspannen der Rippen. Wer diese Techniken nicht beherrscht, verliert seine Zeit für die Stimmarbeit vergebens. Das Einheitsregister ist das Ziel und die Übungen sind ein guter Weg, die gesamte Stimme in die richtige Position zu bringen.

Emotionen, Leidenschaft & Charisma im Gesang

Viele Sänger/innen glauben, dass professionelles Singen und Erfolg mit dem Gesang mit gesundem Training und einem guten Lehrer erreicht werden kann. Trotzdem denke ich, dass dies nur 50% des Erfolges ausmacht. Ich glaube vielmehr, dass eine Veranlagung zu emotionaler Leidenschaftlichkeit und eine Veranlagung zu einer großen, kräftigen Stimme manchem Menschen in die Wiege gelegt sein müssen, um in der internationalen Opernszene zu bestehen. Künstler wie Caruso, Carreras, Pavarotti, Freni, Sutherland, Caballé oder Mireille Mathieu, Amy Winehouse, the Beatles, Queen, Chris De Burgh, Elvis Presley, Freddy Mercury oder Michael Jackson und viele andere mehr, hatten eine besondere Ausstrahlung abgesehen von einer individuell berührenden Stimme. Der Erfolg machte einige dieser Sänger so einsam, dass sie aus Angst vor der völligen Isolation sogar zu Drogen oder Alkohol griffen, wie Winehouse und Jackson. Ich habe mich gefragt, wie es dazu kommt. Bedenkt man, dass Sänger extreme emotional sein müssen auf der Bühne und stets Riesenapplaus oder faule Tomaten und Buh zu erwarten haben, kann man sich vorstellen, dass es nicht leicht ist, ständig auf Bühnen zu stehen und präsentieren zu müssen.

Vor allem in der Oper verzeiht das gebildete Publikum keine Schnitzer, selbst wenn es bemerkt, dass ein Künstler an diesem Abend einfach nicht in Bestform ist. Ich erinnere mich an eine Aida- Aufführung in Verona, bei der eine Vertretung singen musste, weil die Hauptdarstellerin erkrankt war. Leider war die Vertreterin, ein dramatischer Sopran völlig überfordert mit der Rolle und hatte auch eine für Gesang ungünstige Körperhaltung, was ihren Mangel an Selbstvertrauen noch unterstrich. Sie hielt ihren oberen Rücken nicht aufrecht und das Brustbein war nicht genug erhoben, um die Resonanz aufrechtzuhalten. Mit jeder Minute wurde sie zusehends nervöser und ihre

Stimmpower nahm gewaltig ab. Sie war offensichtlich nur in den vorderen Reihen überhaupt hörbar. Ich denke, sie hatte totale Panik vor diesem Auftritt und ich fragte mich danach, als sie heftig ausgebuht wurde, warum sie diesen Auftrag angenommen hatte. Zwar konnte ich das temperamentvolle italienische Publikum verstehen, doch empfand ich Mitleid mit dieser Sängerin, da ihr offensichtlich niemand den Zusammenhang von Körperhaltung, Selbstvertrauen und Resonanz erklärt hatte.

Jeder im Publikum und auf der Bühne konnte an diesem Tag lernen, dass man einen Schritt auf die Bühne nur mit 100 % Selbstsicherheit wagen sollte. Deswegen muss man sich rechtzeitig in der Ausbildung überlegen, ob man für diese Strapazen auch psychisch gewappnet ist. Seit die Operndirektoren immer gewagtere Outfits verlangt haben und manche kurvenreiche Diva sich auf der Bühne ausziehen musste für bestimmte Rollen, mussten die Sängerinnen mit Hollywoodstars konkurrieren, was zur Zunahme von Hollywoodfiguren mit mangelnden Stimmen auf manchen Bühnen führte. Ich persönlich fand es peinlich, in Salome am Schluss im Schleiertanz einen nackten Hintern anstarren zu müssen. Die nordische Diva, die das wagte, sah sich Gottlob selber nicht. Emotionaler Stress ist auch ein großes Hindernis für Bühnenkarrieren, deswegen haben berühmte Künstler immer wieder auf die starke Disziplin hingewiesen. Caruso sang am Abend nachdem ihn seine Frau mit den zwei Söhnen ohne Vorwarnung verlassen hatte, den Bajazzo. Er hätte niemals diese Vorstellung absagen können, das hätte ihn den Ruf und ein Vermögen gekostet, denn Solisten haben oft keine Vertretung.

In der Sozialisierungsphase lernt das Kleinkind in den ersten drei Jahren nicht nur sein Ego zu entwickeln und ich zu sagen, sondern auch, gewisse Gefühle immer mehr zu unterdrücken. Der Junge wird sich darüber bewusst, dass ein starker Mann nicht weinerlich ist und ein Mädchen lernt, gewisse Dinge hinzunehmen und diszipliniert zu sein. Jedes Kind wird mit der Unterdrückung von Emotionen konfrontiert oder schon als Säugling auf das Schreien trainiert. Das ist keineswegs gut für die spätere Opernstimme. Dazu gehört auch, dass Kinder von Erwachsenen alle Verhaltensmuster imitieren, mit denen sie gefallen können. So erreichen sie Aufmerksamkeit. So entstehen vielfach körperliche Muster, die nicht genetisch, sondern angelernt sind und später für die Stimmausbildung wieder aufgelöst werden müssen.

Zurückgehaltene Emotionen frieren sozusagen in den Muskeln und Organen ein. Schüchternheit verursacht einen Mangel an Resonanz oder Standfestigkeit, Druck auf die Stimmbänder führt zu Heiserkeit oder kehliger Stimme. In der Jazzmusik, besonders dem schwarzen Jazz, finden wir häufig heisere und kehlig-metallische Stimmen, die einfach die Unterdrückung der schwarzafrikanischen Sklaven ihrer Vorväter in der Stimme haben. Die Misshandlung und Unterdrückung kann sich über Generationen hinweg in der Stimme ausdrücken. Es gibt ein schönes Beispiel dazu mit einem Duett von Pavarotti und James Brown auf einem Video. Dort tritt der Unterschied bei dem Lied – it's a man's world – deutlich hervor. Das Video findet jeder auf youtube. Der Gegensatz einer durchtrainierten Belcanto-Tenor-Stimme zu einer schwarzen Jazzstimme kommt hier besonders faszinierend zum Ausdruck und geht jedem im Publikum zu Herzen.

Menschen, die in Talentshows mit Gesang die Show gewinnen wie Paul Potts und Susan Boyle tragen die Singleidenschaft schon von Geburt an in ihrer Seele, auch wenn sie diese aufgrund der Lebensumstände nicht ausleben konnte. Nur durch die Talentshow haben diese Personen eine Chance bekommen, da sie ansonsten aufgrund ihres durchschnittlichen und unsicheren Auftretens abgewiesen worden wären. Publikumslieblinge werden meist nur solche, die aufrichtiges Charisma mitbringen, die wirklich einfach sie selbst sind und sich darauf nicht viel einbilden, sondern sich aus dem Herzen präsentieren. Auch in Schülerklassen fiel mir auf, dass es viele unentdeckte schlummernde Talente gibt, die eine größere

Bühne verdient hätten. Ich denke, dass unser Schulsystem hier oft nicht genug Selbstvertrauen in künstlerische Aktivitäten fördert, vor allem nicht in den Grundschulen. Da die Erziehung auch so sehr auf die Entwicklung der Kritikfähigkeit und des Wissens ausgerichtet ist, bleibt Herzensbildung und Gefühlsausdruck meistens auf der Strecke. Das ist bedauerlich. Kultur wird bekanntlich immer zuerst gestrichen, wenn das Geld knapp wird.

Die Skala der Emotionen und emotionales Loslassen beim Singen

Emotionen beherrschen unseren Lebensalltag weitaus mehr als wir gern zugeben wollen. 80% der Eheschließungen in westlichen Ländern werden geschieden, meistens sogar nach weniger als 7 Jahren. Scheidungen werden durch emotionale Missverständnisse hervorgerufen. Unterbewusste Emotionen verursachen menschliches Verhalten. Das ist den Kriminologen wohlbekannt und ein Grund, warum Verbrecher eingesperrt werden. Emotionen veranlassen Eltern, ihren hyperaktiven Kindern Medikamente zu geben, obwohl dies keine Krankheit, sondern mangelnde Zuwendung in allerfrühester Kindheit ist.

Mangel an Aufmerksamkeit und Bewegung an frischer Luft verursacht emotionale Störungen bei Kindern. Daraus entwickeln sich später Völlerei, Sucht und Hyperaktivität, oft danach Langeweile und Null Bock auf Schule. Melancholie bis hin zu schweren Depressionen kommen in Schulen nicht selten vor und zwar auf beiden Seiten, bei Lehrern und Schülern.

Viele Reaktionen bei Kindern und Jugendlichen sind Angst getrieben. Freundschaften scheinen seltener zu sein als in weniger luxusorientierten Zeiten oder in armen Ländern. Soziales Zusammenleben ist häufig extrem emotionsarm und wird von Unterhaltungssucht durch TV, PC und Internet übertüncht. Der erzieherische Wert kreativer aktiver Hobbies kann gar nicht hoch genug veranschlagt werden. Sport und musische Aktivitäten sind ein gesunder Weg sich selbst auszudrücken und Leidenschaft für ein Thema zu entwickeln. Die Emotionen werden hier ausführlich dargestellt, da sie für jeden Bühnenkünstler von großer Bedeutung sind. Sänger müssen genau wissen, welche Emotion sich in welcher Arie verbirgt und wie man damit umgeht.

Seit Darwin's Entdeckungen im Jahre 1872 sind 6 Grundemotionen bekannt:

Freude, Überraschung, Trauer, Furcht, Abscheu und Wut. Dies sind die Emotionen, die alle Zweibeiner mit den Tieren gemeinsam haben und, die deutlich im Gesichtsausdruck abzulesen sind. Es sind im wesentlichen Körperreaktionen auf darunter liegende Gefühle, die über die Sinneskanäle ausgelöst wurden. Dieses System basiert auf dem limbischen Teil des Gehirn im Hirnstamm. Dort sind die Basistriebe wie Lustgewinn und Schmerz- oder Angstvermeidung abgespeichert. Sie werden durch Trigger wie Angriff oder Sex in Gang gesetzt. Das Grundbedürfnis nach physischer, sexueller und sozialer Lustbefriedigung treibt jeden Menschen und jedes Tier an. So funktioniert unsere Biologie. Das Karussell der Gefühle dreht sich zwischen Kummer und Freude, so auch die Opern – und Theaterwelt.

Hier liste ich die Skala der Emotionen für Sänger/innen auf, damit alle Gefühle zugeordnet werden können. Zwischen den negativen oder Unlust- Emotionen und den positiven Lustemotionen gibt es auch einen energetischen Unterschied, der von hellfühligen Menschen wahrgenommen wird. Die Energie oder Schwingung in einem hohen positiven Zustand ist völlig anders als die verkrampfte zusammengezogene Angstreaktion.

Leichtigkeit, Intensität, helles Licht und intensive schnelle Schwingung sind mit dem oberen Drittel der Skala verbunden, Schwere, Erdgebundenheit, Dunkelheit, Enge, Atemnot mit Furcht, Trauer und Apathie. Diese Skala bewegt sich zwischen dem „ewigen Leben" der Seelenebene aus spiritueller Sicht und der Verwesung des toten Körpers im Tod. Auch musikalisch ist das in Arien von den Komponisten genial nachgezeichnet worden.

Heiliger Friede - Unerschütterlichkeit - eine Schwingung der Seele

Die höchste Stufe ist der absolute innere Friede, der von spirituellen Lehrern und Meistern mit Präsenz, allumfassende Liebe und Anteilnahme beschrieben wird. Er beinhaltet das Einssein mit allem und die Freiheit von allen Gefühlen und Emotionen wie der Buddhismus und Hinduismus es aussagen. In diesem Zustand, so beschreibt es Lester Levenson, ein moderner amerikanischer erleuchteter Meiser, fühlt man sich mit jedem Wesen und jedem Atom im Universum in Liebe eins und ist völlig frei von jeglichen Bedürfnissen.

Dieser wünschenswerte Zustand scheint extrem fern von unserem Alltag zu sein, doch wenn wir die Liebe zwischen Baby und Mutter oder Partnern im sexuellen Akt nehmen, so gibt es darin eine Ähnlichkeit. In manchen Augenblicken des Aufgehens in einer Aufgabe kann dieser transzendente Zustand spontan eintreten.

Die oberen Stufen der Seelenschwingung entnehme ich den Schriften von Lester Levenson.

Akzeptanz

Ist die zweitoberste Ebene des Seins, wenn ein Mensch in jedem Augenblick voller Zuneigung für alles, was ihn umgibt, ist. In diesem Zustand ist die Welt perfekt und sie wird auch so erlebt. Ein Beurteilen erfolgt nicht und Wahrnehmung der Negativa ebenfalls nicht, da alles sofort auf die Ebene der Vollkommenheit gehoben wird. Dies sollte wohl auch nur einem Meister möglich sein. Wer es versteht, nutzt jeden Tag, sich in dieser Kunst zu trainieren.

Enthusiasmus und Mut oder Tatkraft

Begeisterung, Mut und Tatkraft kennzeichnen den Unternehmer und den Bühnenkünstler. Beide würden ohne Tatkraft nicht ihre Pläne umsetzen. Kleine Kinder bringen sehr viel Power mit, die zu dieser Ebene gehört. Leider wird der blinde Aktionismus oft von den Eltern gebremst. Damit drückt man das Schwingungsniveau herunter.

Interesse

Ist eine nach außen gerichtete offene Anteilnahme, die auch ein gutes Maß an Energie voraussetzt Junge Menschen haben oft mehr davon als ältere, die durch Resignation oder Enttäuschung von der Lebensenergie abgeschnitten sind.

Stolz und Arroganz

Obwohl wir stolze auf Leistungen sein dürfen, ist Stolz doch eine blockierende Energie. Es geht dabei um Gewinnen und sich gegen Konkurrenz durchsetzen. Wer dieses Gefühl hat, ist nicht in der Verbundenheit mit allen Lebewesen, sondern versucht sich zu unterscheiden, besser zu sein oder sich abzusondern. Besonders bei Managern, die täglich im Kampf um Anerkennung stehen, ist Stolz oft eine chronische Emotion, die das freie Fließen von Gefühlen blockiert. Stolz tendiert dazu, sich nach innen zu wenden anstatt weiterhin einfach Ziele zu verfolgen. Arroganz ist die stärkste Blockade auf dem spirituellen Weg. Sie basiert auf dem Gedanken – ich bin besser als Du. Arroganz kann so weit gehen, dass jemand stolz auf seine Kriege, Siege und Leiden oder Verwundungen ist. Das ist ein Opfertrip, der die Heilung verhindert. Arroganz kann sich mit jeder anderen Emotion darunter verbinden und diese zu einem chronischen Zustand machen. Sie wird oft hinter einer freundlichen Maske versteckt und ist dann schwer zu entlarven.

Langeweile (nicht Frustration)

Durch Arroganz fällt die Person danach oft in die Langeweile, denn es besteht der Wunsch danach, einen Zustand festzuhalten, was energetisch gesehen, unnatürlich ist. Langeweile und Null Bock treten dort auf, wo Menschen zu Aktivitäten gezwungen werden oder Zeit absitzen müssen, weil sie nach Zeit und nicht Können bezahlt werden.

Wut, Aufgebracht sein, Hass, Ärger, Rachedurst

Wut ist eine Reaktion auf eine Verletzung, sei es körperlich oder seelisch. Kinder reagieren darauf mit Schreien oder Gegenstände zerstören, was ein Ausagieren der Energie darstellt. Erwachsene verfügen über ein hohes Maß an gespeicherter Wut, die unterbewusst in den Muskeln oder Organen gespeichert ist.

Feindseligkeit und versteckte Feinseligkeit

Wenn eine Person zu ängstlich ist, Wut zuzulassen, oder als Kind keine Akzeptanz erfahren hat, entwickelt sie das Gefühl, nie gut genug zu sein, was auch immer sie tut. Aus dieser Situation entstehen viele ungute Gefühle wie Mangel an Zuneigung, fehlende Anerkennung und unterdrückte Wut. So entwickelt sich eine gehemmte Wut, die sich als versteckte Feindseligkeit äußert bei Menschen, die ins Gesicht lächeln und hinter dem Rücken dann den Angriff starten. Chronische versteckte Feindseligkeit kommt häufiger vor als man denkt und wirkt in Familien absolut zerstörerisch. Auf subtile hintergründige Art wird jeder Erfolg des anderen dann zunichte gemacht, weil man es dem anderen nicht gönnt. Üble Nachrede, Ironie, Lächerlich machen sind ihre Lieblingswaffen. Misstrauen gegen die Umwelt und tiefsitzende Angst vor Enttäuschung beherrschen diese Menschen. Oft ist es schwer, sie zu heilen, weil sie das nicht selbst erkennen. Auch muss man sich im Alltag davon fernhalten, vor allem in Beziehungen, da nichts Konstruktives dabei herauskommt.

Melancholie, Kummer, Depression, Niedergeschlagenheit

Auf der Ebene der Trauer, Melancholie, Depression und des Kummers finden wir starke negative Gefühle, die sich auch in Organen festsetzen. Mein Herz ist schwer, ist eine typische Redensart oder das schlägt mir auf den Magen, auf die Leber....Hier beginnen viele chronische Krankheiten, die mit konstant unterdrückten Gefühlen zusammenhängen. Im Grunde genommen sind alle Krankheiten gefühlsbedingt, wenn man hinter die Kulissen schaut. Dies hat Bradley Nelson mit tausenden von Patienten in seinem Emotionscode und Body Healing Code bewiesen.

Singen und andere künstlerische Aktivitäten sind so hilfreich, weil man hier an unterdrückte Emotionen herankommt und diese zum Fließen und Auflösen bringen kann. Ich hatte zu Beginn meiner Gesangsausbildung bei einem Solisten am Opernhaus Unterricht und war völlig schockiert, als ich in zahlreichen Gesangsstunden schon beim Versuch, eine Mozartarie zu singen, in Tränen ausbrach. Mir war das ungeheuer peinlich, doch der Lehrer erklärte mir, dass es bei jedem Schüler vorkomme und völlig in Ordnung sei. Das Ganze dauerte fast 4 Monate und dann war es erledigt. Gesang und Bühnenauftritte sind sehr hilfreich, um Schüchternheit, Angst und Minderwertigkeitsgefühle zu überwinden. Für junge Menschen finde ich das so wichtig.

Wer die gesamte Gefühlsskala bei sich selbst kennt, kann sie auch künstlerisch authentisch ausdrücken. Es wäre schön, wenn dies an allen Schulen Pflichtfach wäre. Hinter fast jedem Gefühl verbirgt sich eine innere Überzeugung, die in die Form einer Aussage gekleidet ist. Z. B, kann es lauten – was immer ich tue, es ist nie genug - oder immer, wenn ich mich öffne, werde ich abgewiesen.

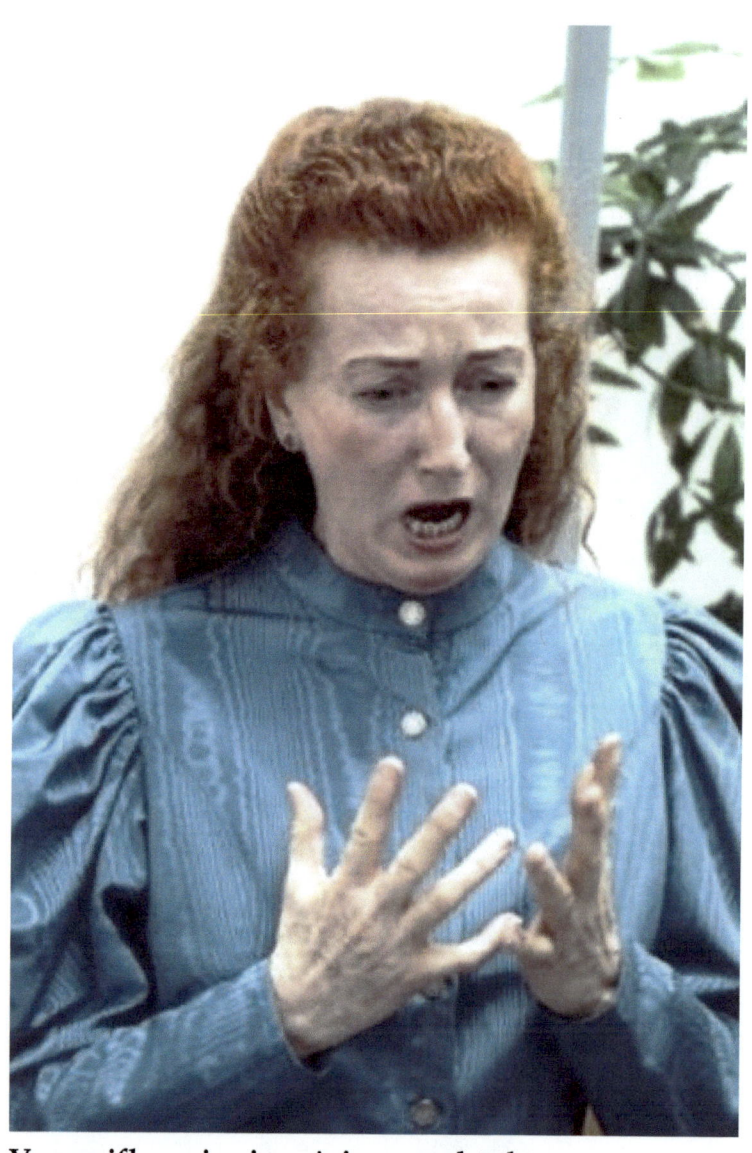
Verzweiflung, in einer Arie ausgedrückt

Solche Erlebnisse haben Überzeugungen geschaffen, die schwer wieder loszulassen sind, weil sie wie unterbewusste Programme ablaufen. Auch Armut und Reichtum sowie Karriere werden davon beeinflusst. Wer sein Licht unter den Scheffel stellt, bekommt natürlich keine Anerkennung. Wir sehen die Häufung solcher negativer Programm oft in den Gesichtern, den Falten und der Körperhaltung älterer Menschen, die vom „Leben" gebeutelt sind.

Aus eigener Beobachtung weiß ich, dass Kinder aus geschiedenen Ehen und Patchwork-Familien viel häufiger schiefe Zähne entwickeln als Kinder aus normalen Familien. Davon abgesehen sind schon Babies in der Lage mit den wildesten Krankheitssymptomen aufzuwarten, nur um fehlende Aufmerksamkeit zu ergattern. Wer durch Selbstbeobachtung und die Aufmerksamkeit für andere beginnt, solche Verhaltensmuster zu durchschauen, wird sich bald wie im spannendsten Hollywoodfilm fühlen. Das totale Drama beherrscht diesen Planeten.

Wer beim Singen auf Gefühle stösst, kann diese mit der Loslasstechnik von Lester Levenson bearbeiten und so für immer verabschieden. Manchmal muss man sehr tief hineintauchen, um an diese heranzukommen.

Widerstand haben oder im Fluss sein

Oft kommt es vor, dass Sänger/innen bei bestimmten Übungen ein Abneigung empfinden. Wer die Korkenübung nicht mag, für den ist diese wahrscheinlich besonders gut, da sie vermutlich ein altes Muster an die Oberfläche bringt. Wer manche Arien ablehnt oder sich gegen Gefühle darin wehren muss, ist auf eine Gefühlsader gestossen. So brach ich z. B. als Kind immer bei dem Lied – sah ein Knab ein Röslein stehn – sofort in Tränen aus und fing an laut zu schreien, meine Mutter solle dieses Lied nicht singen. Natürlich muss man sich dann nicht dazu zwingen, doch der Erwachsene ist schon in der Lage ein wenig hinter die Kulissen zu blicken und an den versteckten Emotionen zu arbeiten. Wenn diese überwunden sind,

sind sie wirklich für immer weg. Das ist ein gutes Gefühl. Vor allem verbergen sich sagenhaft viele Emotionen im Kopfbereich, gerade im Kiefer, im Kiefergelenk beim Zähne zusammenbeißen, auch im Zähneknirschen oder in der verkrampften Zungen oder Zungenwurzel.

Bei vielen Schülerinnen habe ich durch Hypnose und Matrix Behandlung mit den Händen traumatische Blockaden aus dem Kehlkopfbereich aufgelöst, die heftiges Schluchzen zur Folge hatten. Es dauerte 10 Minuten und dann war es vorbei. Danach fühlten sich die Betroffenen viel leichter und entspannter. Die Emotions-Auflöse-Arbeit ist eine hilfreiche Sache.

Emotionen auf der Bühne

Alle großen Opernsänger wie Callas, Caruso, Sutherland, Freni, Pavarotti oder Lisa della Casa sind diesen Weg nach innen gegangen, um mehr von ihrer Stimme zu entdecken und ihre Seele noch besser ausdrücken zu können. So wurden sie immer stärker in Stimmausdruck und Bühnenpräsenz.

Oft habe ich mich gefragt, warum mein persönlicher Weg so lange gedauert hat. Doch wenn ich bedenke, wie früh manche Bühnenkünstler angefangen haben, Maria Callas war mit 13 Jahren schon auf dem Konservatorium und wie lange die Solisten-Ausbildung dauert, so ist es nicht verwunderlich, dass manche den Gipfel spät erreichen. Biographien von LangLang, Rudolf Nurejew, Margot Fonteyn und vielen anderen zeigen, dass Pianisten und Tänzer auch mindestens 7 Jahre Ausbildung brauchen, bis sie Solisten werden können. Viele Weltklasse-Artisten haben schon als 3- 4 jährige Kinder in ihrem Fach angefangen und hatten Eltern und Lehrer zur Betreuung.

Emotionales Feststecken und Fixe Ideen

Wenn eine Emotion sich länger als drei Tage hinzieht, dann handelt es sich um einen Fixierungszustand. Wer chronisch depressiv ist, hat einfach ein unterbewusstes Erlebnis nicht verarbeitet. Wer chronisch wütend ist, kann Rheuma entwickeln und unterdrückt eigentlich eine große Wut. Emotionale Blockaden werden durch traumatische Erlebnisse in Kriegen und Schockzustände ausgelöst. Diese können mit Hypnose und im Alphazustand therapeutisch aufgelöst werden. Sie brauchen einfach eine Behandlung. Jedes körperliche Symptom wie eine wiederkehrende Migräne, Asthma oder Allergien verstecken ein Trauma. Es lohnt sich, danach zu suchen, um es zu lösen.

Vokal-Ausgleich - Bella Italia lässt grüßen!

Wenn ich so über den Vokalausgleich nachdenke, fällt mir eine alte Geschichte mit einem guten Bekannten ein, der mich jedes Mal mit durchdringenden Vokalen begrüßte, sobald ich den Hof betrat. Es war ein großer Maulesel mit wunderschönen tiefbraunen treuen Augen. Nur wenn ich in seine Nähe kam, stieß er ein ohrenbetäubendes IIII- AAAA aus und zwar mindestens dreimal. Ich staunte jedes Mal darüber, wie er auf IIII einatmen konnte, um dann auf AAA auszuatmen. Auch konnte er dieses laute Freudengejohle ziemlich lange ohne Pause durchhalten. Er sang sowohl mein Einatmen als auch beim Ausatmen.

Der Vokalausgleich bezeichnet die Fähigkeit eines Sängers, die Vokale möglichst im gleichen Klangraum zu erzeugen. Lilli Lehmann beschreibt das in ihrem Buch ganz deutlich. Auf der linken Seite der Abbildung sieht man die normale Vokalformung im Mund. Dabei würde das A in den Schlund abrutschen und der Laut wäre nach außen nicht auf Entfernung hörbar. Die Zunge muss daher so eingestellt werden, dass das A hinter den oberen Vorderzähnen angesetzt wird. Das geht nur mit dem offenen italienischen A- Vokal, deswegen eignet sich die italienische Sprache so besonders gut für das Gesangsstudium. Setzt man den Stimmansatz möglichst hoch an, wie es die beiden Pfeile auf der rechten Abbildung zeigen, so resonieren alle Vokale gleichmäßig in den Nebenhöhlen und bringen den Ton in das Echo im Raum. Nur so ist Gesang ohne Mikrofon möglich. Um diese Funktion korrekt zu lernen, muss man seine Aufnahmen möglichst oft abhören. Nur dann erkennt man, ob der Ton korrekt sitzt, ob er nicht zu nasal klingt und ob die Intonation stimmt.

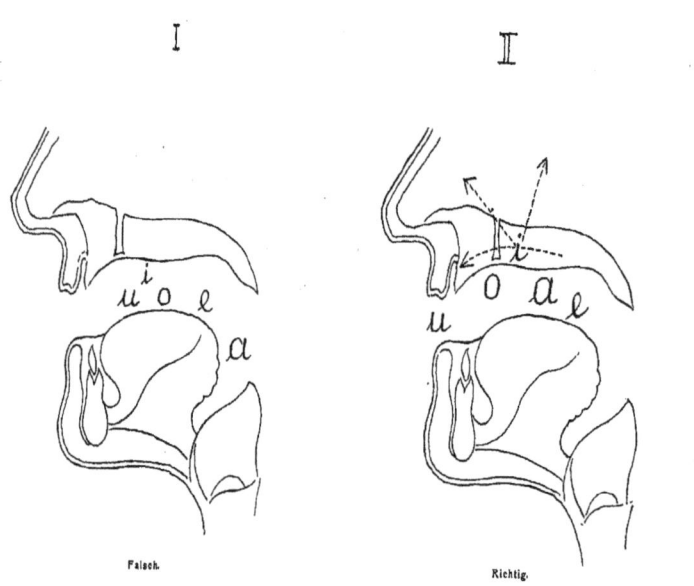

Zu Seite 32

Für Sinusitis Kranke ist das Singen dieser Vokale in kleinen Skalen im Wechsel eine gesunde Sache, denn dabei wird das ganze Gesicht massiert

Beim E ist es hilfreich, die beiden Seiten der Zunge ein wenig zwischen die Backenzähne einzuklemmen, damit die Zunge in der Mitte flachliegt. Beim U und O soll der Mund eine leicht runde Form zeigen, doch braucht man die Vokalform nicht eigens mit den Lippen zu erzeugen, das ist eher störend. Entspannte, leicht aufgeblähte Lippen und eine flache Zunge sind besser.

Bei Vokalisen singt man häufig zwei gegensätzliche Vokale wie A und I oder U und I oder A und E im Wechsel auf Quintskalen oder Tonleitern. Das diese Vokalwechsel in allen italienischen Worten vorkommen, kann man natürlich genauso gut die altitalienischen Arien verwenden. Für den Vordersitz kombiniert man die Vokale mit M davor und konzentriert sich auf die Mitte zwischen Augen und den Ohren dort wo in der Mitte des Kopfes auch der weiche Gaumen beginnt.

Die Lippen können den Ton dunkler oder heller einfärben, auch die Rachenform kann bei beweglichem Kiefergelenk verändert werden. Diese Feinheiten ergeben sich später bei der Bearbeitung der Arien mit den Emotionen automatisch. Es ist hilfreich für viele, deren Oberlippe zu schlaff hängt, diese Oberlippe wie einen kleinen Bogen oder eine Schnute zu spannen, bis man die Dehnung um die Augen herum und innen am Gaumen hinter den Zähnen spürt. So weiß man auch, dass der weiche Gaumen und der Nasenzugriff auf den Ton mit aktiviert ist. Außerdem ist das die beste Art ein natürliches Facelifting zu betreiben. Es hält das Gesicht faltenfrei.

Vibrato, Tremolo oder Wackelpeter

Wenn die Zunge und die Kehle ganz entspannt sind und mühelos die Töne erzeugen, stellt sich ein natürliches Schwingen im Kehlkopf selbst ein, das eine Art kleines

Vibrato produziert. Diese Eigenschwingung der Kehle wird vom Sänger als sehr angenehm empfunden und unterstreicht die silbrigen Obertöne. Auch bilden sich so die Sängerformanten der Stimme besser aus. Diese Eigenschwingung ist individuell verschieden, manche Menschen haben ein sehr schnelles Vibrieren, manche eine langsamer Schwingung. Damit diese Eigenvibration ungehindert auftreten kann, muss die Zunge bis in die Zungenwurzel entspannt flachliegen. Ist das nicht der Fall, wirkt der Ton gerade und stumpf.

Leider gehen viele Gesangsstudenten zu früh an die Bühne und beginnen mit Auftritten, bevor der Körper wirklich alle Anspannungen losgelassen hat. Dann versuchen viele, diese Eigenschwingung durch eine bewusst erzeugte Vibration nachzumachen. Das geht leider nicht und das Publikum lässt sich nur schwer täuschen. Die gesunde Stimme wird als authentisch und klangschön empfunden, alles andere wirkt maskenhaft und künstlich. Aus diesem Grund werden Opern von manchem Menschen abgelehnt, weil es zu viele Opernsänger gibt, die künstlich singen. Das Kinnwackeln oder Zungenvibrieren führt zu einer Anstrengung und Muskelsteife, die sich später sehr ungünstig auf die Stimme auswirkt. Der Kehlkopf wird falsch belastet und der Stimmbandschluss kann darunter leiden. Das Ergebnis ist die Wackelpeter-Stimme, die bei älteren Diven oft zum Ende der Karriere führt. Jedes Tremolo muss daher sofort von Anfang an ausgemerzt und sorgfältig in gesunde Funktionen umgewandelt werden.

Übungen dazu sind das Korkensprechen, das Singen mit dem Schlüsselanhänger aus Gummi oder dem Radiergummi und dem Fingernagelbeißer. Der Motorradbrummer kann auch helfen, das lästige Tremolo kurzfristig abzustellen. Meistens ist der Beckenboden bei diesen Gesangsstudenten nicht aktiv genug. Tremolo kann vom Stimmexperten innerhalb von einigen Wochen wegtrainiert werden. Allerdings muss die individuelle Anleitung genau befolgt werden, da es immer andere Gründe hat.

Charismatische Stimmen: Maria Callas, Aris Christofellis & Iwan Rebroff

Maria Callas und Enrico Caruso hatten beide als Künstler den Anspruch auf Wahrhaftigkeit und authentischen Gefühlsausdruck. Ihre Opernstimmen berührten die Herzen im Publikum rund um die Welt. Die Zuhörer jubelten ihnen zu nach jeder Aufführung. Mein persönlicher Eindruck ist, dass ihre Leistungen ein Seelenpotential offenbarten, das jeden in den Bann schlug und Gefühle erleben ließ, als ob der Zuschauer selbst dort auf der Bühne gerade diese Szene persönlich erlebte. Diese Art Verzauberung und Aufgehen im Einssein mit dem Künstler ist nicht jedem in die Wiege gelegt. Wenn jemand aus dem tiefsten Herzen agiert, dann singt die Seele und der Körper ist das vollkommene Instrument.

Natürlich gehört viel Training und Disziplin dazu, diese magische Fähigkeit zu entwickeln, doch letzten Endes ist es die angeborene Persönlichkeit, die sich für diesen Weg entscheidet. Biographien enthüllen manche kostbaren Einsichten darüber, wie es zu solchen Jahrhundert-Talenten kommt. Maria Callas entschied sich wie Caruso und Tetrazzini sehr früh in ihrer Kindheit für den Gesang. Als sie mit 13 Jahren zu Elvira Hidalgo, einer bekannten spanischen Sopranistin, an das Konservatorium in Athen kam, saß sie sage und schreibe täglich acht Stunden in deren Unterricht. Dies verwunderte Elvira Hidalgo sehr und sie fragte Maria, warum sie denn nicht zum Stimmtraining heimgehe. Maria Callas sagte darauf, sie lerne am meisten von den Fehlern, die bei allen anderen korrigiert würden. Sie besaß eine gute Beobachtungsgabe und ein phänomenales Gedächtnis, sodass sie einfach durch Beobachten lernte. Sie nutzte ein Verfahren aus dem neurolinguistischen Programmieren, genannt „Modelling", das eigentlich erst Jahre später erfunden wurde. Davon abgesehen war sie Perfektionistin und ruhte nicht eher, bis sie ihre gesamte Person auf ihre Idealvorstellung eines Koloratursopran zugeschnitten hatte.

Elvira Hidalgo war ein Wunderkind aus spanischer Familie gewesen, hatte ihr erstes Klavierkonzert mit 12 Jahren gegeben. Erst danach wechselte sie in das Stimmfach und studierte am Konservatorium von Barcelona bei Conchita Bordalba. Später kam sie nach Mailand zu dem berühmten Gesanglehrer, Melchior Vidal, der aus der Sängerschule von Giovanni Battista Lamperti hervorging.

Elvira De Hidalgo war schon mit 16 Jahren als Rosina in Rossini's Oper "Der Barbier von Sevilla" in Neapel aufgetreten und hatte dann eine internationale Karriere in Europa und bis an die Metropolitain Opera gemacht. So war Maria Callas bei ihr in besten Händen, denn sie vertrat die traditionelle italienische Schule des Belcanto. Callas sagte später von ihr, sie sei vermutlich die letzte wahre Vertreterin des Belcanto gewesen.

Sie besaß das dunkle Timbre in der Tiefe und die silbrige Brillianz in der Höhe. Ihr Stimmansatz und der Stimmübergang waren perfekt ausgearbeitet. Aus ihrer Stimme kann ein Profi heraushören, dass ihr die Grundlagen des Singen nach Manuel García vermittelt worden waren, denn García war damals sozusagen Pflichtlektüre an allen europäischen Konservatorien. Elvira Hidalgo beriet Maria Callas auch in Karrierefragen und ermutigte sie, nach Italien zugehen und ihre Heimat zu verlassen, um bekannt zu werden. Als Maria in Verona ein Engagement bekam und den italienischen Geschäftsmann, Giovanni Battista Meneghini, einen reichen Opernliebhaber, heiratete, gab ihr diese väterliche Beziehung mit dem wesentlich älteren Mann, den persönlichen und finanziellen Rückhalt, ihre Karriere zu Weltformat zu entwickeln. Er bestellte für die etwas dickliche und noch kindlich wirkende Diva, Designer für ihre Kleidung und schickte sie zu den wichtigsten Kontakten für die Opernszene. Sie nahm über 35 kg ab und arbeitete an ihrem Spiegelbild nach dem Vorbild von Audrey Hepburn. Schon von Kind an hatte sie ihre ältere

Schwester um deren Eleganz und Schönheit beneidet. Erst durch diese Verwandlung vom hässlichen, übergewichtigen Entlein zum vollendeten schlanken und eleganten Schwan kam der Durchbruch. Aus den täglichen Liebesbriefen, die sie auf ihren Auslandstourneen nach Hause schrieb, ist leicht zu erkennen, dass sie ohne diesen starken Partner hilflos gewesen wäre und niemals einen solchen Durchbruch erreicht hätte. Dass sie in ihrer jugendlichen Naivität mit ihrem griechischen leidenschaftlichen Temperament dann auf Aristoteles Onassis Werben hereinfiel, ist zu verstehen, auch Meneghini's furchtbare Enttäuschung, da er in sie sozusagen alles investiert hatte für seine Liebe.

Maria sang eigentlich ununterbrochen und forderte sogar ihre Umgebung und die Kammerzofe stets zum Mitsingen auf. Dies ist in einer Biographie von ihr letzten Sekretärin lebendig beschrieben. Ihre fast kindliche Naivität blieb auch später ihr Kennzeichen, selbst wenn sie in der zweiten Hälfte ihrer Karriere in der Lage war, ihre Opernverhandlungen selber zu führen. Sie unterschied stets streng zwischen Maria, der Frau und Callas, der Diva. Sie wusste, dass sie dem Publikum diese Qualität schuldig war.

Es wird von verschiedenen Personen und sogar Joan Sutherland in einem Interview behauptet, dass die Callas durch starkes Abnehmen ihre Stimme ruinierte, indem sie sich vom dramatischen Sopran zum agilen Koloratursopran herunterhungerte. Das entspricht nicht den Tatsachen, da sie nach wie vor sogar Mezzo-Rollen wie die Carmen sang und auch vor Isolde nicht zurückscheute. Wie Cornelius L. Reid, der berühmte Gesanglehrer und Gründer der funktionalen Stimmpraxis, glaube ich nicht an die landläufige Kategorisierung in Stimmfächer. Eine grobe Fixierung entspricht niemals dem persönlichen Stimmtyp und dem Seelencharakter einer Stimme. Ich bin überzeugt, dass der authentische Ausdruck der Stimme einzigartig ist und die Rollen diesem inneren Drang entsprechen sollten. Der Erfolg der Callas war ihre authentische Selbstdarstellung, die so von ihr empfunden und gewollt war. Sie blieb sich selbst treu bis zum Schluss, damit riss sie das Publikum mit. In der letzten Aufnahme vor ihrem Tod sang sie noch eine dramatische Arie mit vollendet schöner Stimme. Als ich Arno Stocker, den Klavierflüsterer, kennenlernte, der den Carusoflügel baute, genau auf die Obertöne der Stimmen von Caruso und Callas intoniert, erfuhr ich einiges über den Gesangsunterricht von Maria Callas aus erster Hand. Er bestätigte mir, dass sie genau das demonstrierte, was sie selber auf der Bühne darstellte. Sie forderte von den Teilnehmern eine perfekte italienische Technik und schickte diese erbarmungslos nach Hause, wenn die Technik nicht gegeben war.

Durch ihre unerbittliche Selbstkritik wurde mir klar, dass sie mir in ihren Videos und Aufnahmen durch intensives Beobachten weitaus mehr beibringen konnte, als es jemals all meine Lehrer für Gesang taten. Der Film „Medea" ging mir unter die Haut mit der Intensität ihres Ausdrucks. Ihre Sprechstimme erinnerte mich immer an griechische Tragödien in den großen Amphitheatern. Ihre persönliche Methode, die Texte zuerst in der Sprechlage zu lernen und erst später im Original zu singen, ist der beste Weg, die Rollen zu studieren.

Beim Wechsel zwischen hoch und tief im Sprechton konnte ich meine raue, gebrochene Stimme und die Passaggio Lücke reparieren. Dies funktionierte genauso gut bei Schülern. Sobald ich Anspannung spüre, gehe ich in die tiefere Oktave und arbeite dort weiter. Diese heilsame Methode ist nur bei Callas so überliefert. Der Untergang ihrer großen Karriere und ihr viel zu früher Tod sind auf die Depression zurückzuführen, die sie nach der Abtreibung? oder dem Verlust ihres Kindes von Onassis bekam. Onassis wollte vermutlich keinen Stress wegen eines außerehelichen Kindes und Maria hatte sich für ihre Karriere entschieden angesichts des mangelnden Verständnisses, um unabhängig zu sein. Doch damit hatte sie ihren Herzenwunsch nach Familie und Kindern geopfert. Dies rächt sich immer auf der emotionalen Seite für jede Frau, die dies erleidet. Mit ihrem übergroßen Stimmumfang von 3,5 Oktaven konnte sie im Unterricht sogar Baritonrollen in tiefer Lage mit ihren Studenten singen. In ihrer Karriere war sie absolut kompromisslos mit sich selbst, denn sie hatte großes Lampenfieber zu überwinden, wie von ihrer guten Freundin aus frühen Jahren, Giulietta Simionato, einer internationalen Altistin, berichtet wurde. Von Dirigenten, die gern mit ihr arbeiteten, gaben zu Protokoll, dass sie nicht nur ihren Text kannte, sondern die Worte der Oper insgesamt im Kopf hatte, sodass sie jeden Part hätte mitsingen können. Da sie hervorragend Klavier spielte, konnte sie sich auch selbst begleiten, was zum Einstudieren eine große Hilfe ist.

Als überragende Bühnendarstellerin mit Charisma lebt sie für immer in den Herzen ihrer Fans weiter, auch wenn sie als Lehrerin manche Studenten überforderte. Leider fehlt vielen jungen Opernsängerinnen die Basis der italienischen Stimmtechnik. Auf einer CD aus ihrer Meisterklasse hört man deutlich, wie sie eine Studentin bei der Rolle der Gilda aus Rigoletto zur Verbesserung ihrer Stimmtechnik unverblümt nach Hause schickt. Natürlich ist die junge Sängerin völlig schockiert und weiß nicht einmal, was damit gemeint ist. Künstler sind nicht immer die besten Pädagogen. Manche Pädagogen, die nicht auf der Bühne stehen, bilden bessere Künstler aus, wie Cornelius L. Reid. Maria Callas gehört auch heute zu den besten Vorbildern für die Entwicklung der Stimme und des Bühnenauftritts, da sie ihre Auftritte komplett vor dem Spiegel einstudiert hat. Sie erfüllte alle Voraussetzungen an den Auftritt, stimmliche, sowohl als körperliche und darstellerische. Ihre Angewohnheit, die Texte deklamatorisch in Sprechlage laut zu studieren, ist empfehlenswert, da Text und Musik normalerweise in zwei unterschiedlichen Gehirnarealen gespeichert sind. Die doppelte Memorierfunktion sichert das Ganze für den Bühnenauftritt ab und funktioniert dann auch besser trotz Lampenfieber. Die Sprechgesang-Methode macht die Diktion verständlich und präzise. Das ist das Geheimnis der Belcanto-Technik.

Die griechische Herkunft der Callas hat sicherlich für ihre Stimme und Karriere eine große Rolle gespielt, denn Griechenland blickt wie Rom auf eine antike Theatertradition mit deklamatorischem Gesang zurück. Dies haben Italiener und Griechen irgendwie im Blut. Auch sagte die Callas, dass die Sängerinnen aus den Mittelmeerländern frühreif seien. Man findet besonders in Griechenland erstaunlich hoch gelagerte Männerstimmen und auffallend tief angesiedelte Frauenstimmen. Dies mag auf die antike Theatertradition zurückgehen, bei der Knabenstimmen auf Bühnen eine große Rolle spielten, wie die Kastratensänger in Rom. Frauen erschienen nicht auf Bühnen, sondern wurden von Männern oder Knaben dargestellt. Die pädophilen Traditionen mancher griechischer Städte trugen noch mehr zu dieser Gewohnheit bei.

Es ist auffallend wie noch heute kristallklare Knabensoprane sich über die Pubertät hinaus in die Männerstimme fortsetzen können. Der griechische Sopranist, Aris Christofellis, ist ein solcher ungewöhnlicher Fall. Er singt die traditionellen Kastratenarien mühelos mit seiner makellosen Sopranstimme. 1960 in Athen geboren, studierte er zunächst Klavier und erst später Gesang und Musikwissenschaft. Sicherlich kostete es Mut in seiner gewohnten Umgebung, zu dieser seelischen Veranlagung seiner Gesangsstimme zu stehen, doch heute ist er weltberühmt und hat viele unbekannte Kastratenarien des 18. Und 18. Jahrhunderts ans Licht gebracht. Er singt viele Passagen in Sopranlage in solcher Reinheit, dass der Zuhörer meint, eine Frauenstimme zu hören. Nur selten wird ein Falsetto hörbar, an dem man die Männerstimme erkennt.

Auch in orthodoxen Kirchen durften früher nur Männer singen, so mag es sein, dass diese Tradition in slawischen Ländern ebenfalls Männer veranlasst hat, hohe Tonlagen zu singen. Die russischen Kosakenchöre sind reine Männerchöre und profitieren von dieser Tradition. Iwan Rebroff, der 1931 in Berlin geboren wurde und ursprünglich Hans-Rolf Rippert hieß, brillierte mit einem Stimmumfang von über 4 Oktaven und wurde als einer der wenigen

Ausländer in den berühmten Kosakenchor des Schwarzen Meeres aufgenommen. Sein Lehrer an der Musikhochschule hatte ihm das russische Liedgut empfohlen und so fand er den Zugang. Rebroff faszinierte jeden Zuhörer mit Tönen, die sich zwischen silbrigem Knabensopran und tiefster Basslage bewegten. Seine Gesangstechnik war brilliant und mitreißend, wie ich erleben konnte, als ich ihn durch Zufall während eines Studienaufenthaltes in Frankreich kennenlernte. Er war ein bescheidener Mensch trotz seiner körperlichen Größe. Rebroff hatte eine jüdische Großmutter und behauptete, russische Vorfahren gehabt zu haben, was möglich ist, da viele Juden nach Russland ausgewandert waren. Leider erreichte er nie einen Durchbruch an der Oper. Er lebte später in Griechenland mit seinem Hund als Ehrenbürger auf der Insel Skopelos. Trotz seines Siegs im deutschen Sänger-Wettbewerb 1958 in Berlin, blieb seine Karriere bruchstückhaft. Sein Kosakentum wurde ihm von der Opernszene verübelt, eine kleinbürgerliche Einstellung, denn er hatte auch im Alter noch eine faszinierende Ausstrahlung und Stimme, wie ich selbst aus nächster Nähe als Sprachstudentin in Frankreich erleben durfte.

Bedeutende Gesanglehrer & die Stimmwissenschaft

Heutzutage herrscht große Verwirrung über die authentische Singstimme und die wahre Opernstimme, denn 80 bis 90 % der Sänger/innen an Opernhäusern erreichen nie ihre authentische Stimme, geschweige denn ihr Seelenpotential. Um dies zu erreichen, muss die Balance zwischen Körperausdruck, Singen, Sprechen, Lachen und Weinen hergestellt werden, was im Großen und Ganzen eine therapeutische Aufgabe darstellt. Den meisten jungen Sänger/inne/n fehlt es an Geduld, wenn es um den Stimmaufbau geht, oftmals auch an Geld, um sich langfristigen guten Unterricht zu leisten. Unser ganzes Schulsystem, wie auch die Musikhochschulen sind auf Frühreife und übermäßiges Konzertieren aufgebaut, anstatt den guten Wein in alten Fässern reifen zu lassen, bis er sein natürliches Aroma entfaltet. Nicht jedes Talent ist frühreif wie Maria Callas oder Jackie Evancho heutzutage. Auf die Frage, was den den ungewöhnlichen Erfolg von Maria Callas ausmachte, hatte Elvira de Hidalgo auch keine konkrete Anwort. Sie wies nur auf ihre absolute Disziplin und den Fleiß hin. Auch auf Fragen zur Stimmtechnik wollte sie nicht näher eingehen, indem sie das in den privaten Unterrichtsbereich des Einzelnen verwies. Es schien mir oft so, dass die Belcanto-Gesanglehrer/innen gern ein Geheimnis aus ihrem Unterricht machten bzw. nicht in der Lage waren, klare Antworten zu ihrer Stimmtechnik zu formulieren. Die sogenannte wahre Belcanto-Technik wurde nur von Lehrer zu Schüler fast wie ein Geheimcode weitergegeben. Das macht die Sache schwierig in der Erforschung von schlagenden Kriterien.

Allzu oft habe ich Arroganz und Besserwisserei selbst mit Lehrern erlebt auf dem Weg von der Stimmruine zum Koloratursopran. Sie gaben sich als Koryphäen aus, gaben mir Übungen und demonstrierten ihre Stimme und doch, war nichts davon für mich fruchtbar oder auch nur nachvollziehbar. Gerade deswegen bin ich bei meinen Forschungen über den Zusammenhang von Körper, Stimme und Atem diesen Dingen so intensiv auf den Grund gegangen. Es war ärgerlich, wie viel Geld ich für Halbwissen manchem Opernsänger in den Rachen warf. Selbst die Konservatorien oder Musikhochschulen sind keine Garantie für Unterrichtsqualität. Mir sind zu viele unglückliche Sängerinnen von Musikhochschulen begegnet, die mit vielen Fragezeichen und Stimmverspannungen in Kurse kamen. Es kommt auf den einzelnen Lehrer an, wie gut er die Technik selber kennt, beherrscht und dann auch noch weitergeben kann. Doch gibt es entgegen aller Vermutungen eine klare Belcanto- Unterrichts-Tradition, die aus der Musikgeschichte abzulesen ist und die auch für den praktischen Teil in diesem Buch die Grundlage darstellt. Wer ein gutes Ohr für seine persönlichen Aufnahmen hat, kann damit autodidaktisch lernen und macht nichts falsch.

Wahrer Belcanto – die geheime Verschwörung der Renaissance

Zu Beginn meines Gesangstrainings hörte ich mir viele berühmte Diven des 20. Jahrhunderts in Videos und Aufnahmen an. Ich fragte mich, warum die alten Opernsänger/innen so anders klangen als viele der heutigen. Dann stellte ich fest, dass in jedem Kirchenchor und in jeder Singgruppe die gleiche Frage kursierte: „Was macht eine Stimme charismatisch? Warum haben manche es von Natur aus und ich nicht?" Heute sind wir Einsichten über die Stimmfunktion und den Antworten auf diese Frage viel näher gerückt durch die medizinische Forschung anhand der Computertomographie und Sonogramme als zu der Zeit, als García junior das Laryngoskop zum ersten Mal verwendete, um die Stimmbänder in Aktion zu sehen. Trotzdem müssen wir zu den Wurzeln in der Renaissance zurückkehren, um die wahren Hintergründe der Belcantostimme wirklich zu verstehen. Die Singschulen der Renaissance kannten das Geheimnis, das hinter einer himmlischen Sängerstimme steckte und wussten die magischen Töne aus ihren Knaben herauszulocken. Beim Ausgraben musikwissenschaftlicher Quellen wurde mir schlagartig klar, dass die frühen Theoretiker allesamt Sänger und Kantoren waren und von Kindesbeinen an in der Praxis der Chorschule aufwuchsen. Ihre Einsichten stammten aus der praktischen Erfahrung und waren stets nachvollziehbar, selbst wenn sie vom Innenleben des Kehlkopfes kaum etwas Genaues wussten. Die Traktate dieser Musiker können uns heute noch die Grundlagen lehren, deswegen erwähne ich die wichtigen, die jeder Sänger kennen sollte, hier in chronologischer Reihenfolge.

Ludovico Zacconi, 1555 – 1627, La Prattica di Musica – der Beginn der Belcanto-Lehre

Ludovico Zacconi, ein Augustinermönch, widmete sein Leben der Musik und der Religion und schrieb in seiner Freizeit einen Traktat über Gesangstechnik nieder, der noch für uns wichtige Erkenntnisse liefert.

1575 wurde er nach Venedig berufen, wo der berühmte Opernkomponist und Kirchenkantor an Sankt Markus, Claudio Monteverdi, tätig war. Er studierte Kirchenkomposition bei dem ebenso berühmten Andrea Gabrieli, dem Vater der Doppelchörigkeit und sang natürlich als Schuljunge im Chor der Patres, wie es sich für jeden ordentlichen Schüler gehörte. Später wurde er Kapellmeister der Augustiner in Venedig und stellte seine Schrift "Prattica di Musica" im Jahre 1592 fertig. Dieses berühmte Werk enthält einen Querschnitt durch die musikalische Theorie und Praxis der Renaissance. Es ist eine historische Fundgrube. Die Kirchentonarten und die Regeln der Polyphonie sind als Zeugen der älteren Tradition den Partituren von Opern und Oratorien gegenüber gestellt. Der barocke Stil der kolorierten, verzierten Melodien wird beschrieben und mit den wunderbaren Stimmen der Kastraten in den Kirchenchören in Verbindung gebracht. Dieses Zeitzeugnis brachte Zacconi eine Berufung an den Münchner Hof Wilhelm des V. in München ein, wo auch zu dieser Zeit der berühmte Musiker; Orlando di Lasso, wirkte. Einige Jahre später ging Zacconi nach Wien zu Erzherzog Karl II. Zacconi war der erste Kapellmeister, der klare Aussagen über die Belcantostimme und ihren Ursprung machte. Er wies darauf hin, dass typische Belcantosänger über ein „Chiaro-Oscuro-Timbre" verfügen, der sich aus der Kombination des männlichen Brustregisters in der Sprechlage mit den hohen Tönen im obersten Sopranbereich ergibt. Dabei war es wichtig, diese hohen Töne keineswegs zu falsettieren, sondern mit voller Stimme zu singen. Dazu waren natürlich nur die Knaben mit ihren noch nicht mutierten Stimmen fähig. Sie hatten den metallischen Ton und die silbrigen hohen Töne, die das Ideal dieser Zeit bildeten. So kam es zum Einsatz der Kastraten auch in der päpstlichen Kapelle, da Frauen ohnehin keinen Zutritt zu Kirchenbühnen hatten und auch im weltlichen Bereich eher hinter dem Herd blieben.

Die Mischung aus dunklem und hellem Timbre entsteht durch den festen Glottis-Schluss und den korrekten Vordersitz, der alle Resonanzräume mit der Brustresonanz vereint. Das Publikum war besonderes verzaubert, weil die jungen Männer mit der Stimme ohne Geschlecht trompetenähnliche starke Töne erzeugen konnten, große Lungenkapazität hatten und dazu glockenrein wie Engel in der Höhe sangen. Dieser geschlechtslose Stimmklang war das Renaissanceideal und ist es bis heute im Belcanto geblieben, unabhängig davon ob Frauen oder Männer singen. Auch wenn die Stimme weiblich oder männlich klingt und einen erotischen Charakter hat, so besteht die Faszination der Opernstimme gerade darin, dass sie die männlichen tiefen Anteile mit den hohen weiblichen Tönen in einem einheitlichen Register vereint. Hier in der Renaissance finden wir die Basis dazu.

Bei Knaben, die täglich 4- 6 Stunden an der Stimme arbeiteten und Vokalisen und endlos viele Übungen sangen, konnte natürlich die authentische Stimme in den Jahren der Ausbildung in aller Ruhe entwickelt werden. So entstanden Stimmen, die ebenso wunderbar gemeißelt waren, wie die Statuen von Michelangelo Buonarotti. Sie waren inspiriert von den Göttern und Geistern, die in den Renaissance- Opern und Oratorien als Charaktere auftraten. Hier finden wir auch die Grundlage der später von Frederick Husler untermauerten Sänger- Formanten- Theorie, bei der physikalisch klar wurde, wie bestimmte Tonbereiche in charismatischen Opernstimmen besonders ausgeprägt sind und wie die geschickte Nutzung des Muskelapparates den Körper zum faszinierenden Instrument der Stimme macht. Zacconi's frühe Darstellung der Stimmtheorie betont, dass jeder Ton genau die richtige Mischung an Timbre und den korrekten Stimmsitz haben muss, damit die Stimmqualität wirklich brilliant wirkt. Später kopierten andere Gelehrte und Komponisten die Einsichten von Zacconi vielfach, denn er war eine Autorität auf seinem Gebiet in ganz Europa.

Der Komponist, Giulio Caccini, berief sich um 1600 auf Zacconi und der Traktat wurde kurz darauf von Domenico Pietro Cerone (1556 – 1625) ins Spanische übersetzt und 1619 von dem berühmten deutschen Musiktheoretiker, Michael Praetorius in sein Werk „Syntagma Musicum" übernommen. Auch in den späteren Jahrhunderten taucht der Begriff „chiaro-oscuro" immer wieder bei Musikgelehrten auf, wie z. B. 1774 bei Giovanni Battista Mancini. Der in Frankreich lebende Kastrat und Gesangslehrer, Crescentini (1762- 1846) erwähnt in seinen "Raccolta die esercisi per il canto" d.h. Gesangsübungen die durchdringende und die verschleierte Stimme, womit er sich vermutlich auf die alte Tradition bezieht. Auch bei Garaudé taucht diese Bemerkung noch in seiner „Méthode complète du Chant" auf.

In der Zwischenzeit hatte der Papst offiziell die Kastration als sitten – und religionswidrig verboten. So konnten endlich weibliche Sängerinnen die Szene betreten. Auch sie wurden nach der gleichen Methode ausgebildet. Das Belcanto-Ideal wurde von zahlreichen Operndiven im 18. Jahrhundert in gleicher Weise verkörpert wie zuvor von den Kastraten, denn die Ausbildungstradition der europäischen Konservatorien blieb stets lebendig. Auch flammte das wissenschaftliche Interesse an der Stimme im 18. Jahrhundert noch stärker auf, als der spanische Tenor, Manuel García seine praktische Erfahrung nicht nur an seine Schüler weitergab, sondern seine beiden Töchter zu weltberühmten Opernsängerinnen ausbildete.

Manuel del Pópulo Vicente García I (1775 – 1832) und seine Kinder, die Stimme im Laryngoskop

Kapellmeister Antonio Ripa in Sevilla entdeckte zuerst das Stimmtalent von Manuel García. Mit 15 Jahren trat García dann in die Theatergruppe von José Morales in Cádiz ein und heiratete klammheimlich die Tochter von Morales, die eine berühmte Sängerin, Tänzerin und Schauspielerin war, vor allem um einiges älter als der junge Manuel. Das junge Paar zog nach Madrid und Manuel begann kurze Theaterstücke zu komponieren, die das Ehepaar dann gemeinsam inszenierte. Vermutlich kümmerte sich seine Frau weiterhin um seine Stimmausbildung und gab ihm Tipps. Nachdem sich der heißblütige Manuel mit einer Theaterwache gestritten hatte, musste er eine Weile im Gefängnis bleiben.

Da damals alleinstehende Frauen kaum überleben konnten, kehrte seine Frau in das väterliche Haus zurück. Nach seiner Entlassung fand García eine Anstellung als erster Tenor an der Oper in Málaga. Obwohl er sich nie von Manuela scheiden ließ, zerbrach diese Ehe. 1802 kehrte er als berühmter Tenor und Komponist an die Oper in Madrid zurück, wo er einige Jahre die Direktion übernahm. 1807 verließ er Spanien und ging nach Paris, wo er eine Affäre mit einer Mezzosopranistin begonnen hatte und seine Frau mit zwei Töchtern in Spanien zurückließ. 1811 kam er nach Italien und nahm Unterricht bei dem berühmten Tenor, Giovanni Anzani, um seine Stimmtechnik zu perfektionieren. 1812 trat er am San Carlo Theater in Neapel auf. Seine zweite Frau und er standen dort mit der späteren Frau von Gioacchino Rossini, der berühmten Isabel Colibran, einer spanischen Mezzosopranistin, auf der Bühne. Obwohl Rossini ihm die Rolle des Almaviva in seinem Barbier von Sevilla zugedacht hatte, ging García 1816 zurück nach Paris, wo er in seiner eigenen Oper „der Kalif von Bagdad", gefeiert wurde.

Erst 1825 begann er eine große zweijährige USA Tournée und präsentierte dort seine junge Tochter Maria als Koloratursopran auf den Opernbühnen der neuen Welt. Maria wurde schnell zum Publikumsliebling und gewann das Herz von Eugène Malibran, den sie gegen den Willen des Vaters heiratete. Obwohl sie später geschieden wurde, behielt sie den Nachnamen Malibran und wurde unter diesem Namen weltberühmt. Nach der frühen Heirat von Maria nahm García seinen jungen Sohn Manuel und seine zweite Tochter Pauline zu einer Tournee durch Mexiko mit, doch 1828 verließen sie das Land wegen politischer Unruhen und kehrten 1829 nach Paris zurück.

Der alternde García wurde dort aufgrund mangelnder Gesundheit mehr zum Lehrer und verließ die Bühne. Schon in den 1820er Jahren hatte er zwei Gesangsschulen in Paris und London gegründet und war als Sänger, Komponist, Bühnendarsteller und Gesanglehrer hoch angesehen. Zugleich war sein Traktat über die Ausbildung der Gesangsstimme 1824 zum ersten Mal mit dem Titel „Übungen und Methode für Gesang" veröffentlicht worden. Garcías Traktat wird bis heute noch für die Ausbildung der Singstimme benutzt. Er war eine Jahrhunderterscheinung wie Caruso in seinem Fach. Er besaß nicht nur die Gabe der charismatischen Persönlichkeit, sondern war einfach ein fantastischer Lehrer, wie die Karrieren seiner drei Kinder bewiesen.

Manuel Patricio García (II) (1805-1906), der einzige Sohn des berühmten García senior, wuchs unter besten Bedingungen auf und hätte ebenfalls ein Opernstar werden können, doch er schien nicht die Bühnenausstrahlung seines Vaters zu besitzen und widmete sich der Lehrtätigkeit. Die beiden älteren Schwestern, Maria Malibran (1808 – 1836, Koloratursopran) und Pauline Viardot (1821-1910, Mezzosopran) wurden international gefeierte Sängerinnen. Maria wuchs in mehreren Ländern auf und sprach fließend Spanisch, Italienisch, Französisch und Englisch. Sie begann ihre Karriere in London mit 16 Jahren mit der schwierigen Koloratur-Arie aus „Aschenputtel" von Rossini und wurde im Nu zum Publikumsliebling. Ihre frühe Heirat mit Eugène Malibran entfernte sie von ihrem Vater. Sie starb leider viel zu früh als Folge eines Reitunfalls in England 1836.

Pauline war ein Nachkömmling aus der Verbindung Garcías mit Joaquína Briones. Sie begleitete ihre Eltern nach New York und Mexiko, wo ihre Schwester Maria groß gefeiert wurde. Als sie 8 Jahre alt war, sang sie für Rossini, der ihr die gleiche fantastische Karriere wie die ihrer älteren Schwester voraussagte. Nach dem Tod von García senior wurde Pauline von ihrem Bruder und ihrer Mutter weiter ausgebildet. Genauso vielseitig begabt wie ihr Vater, studierte sie Komposition bei dem bekannten Lehrer, Antonin Reicha und Piano bei Franz Liszt. Ihre Debut auf der Opernbühne machte sie 1839 als Desdemona in Rossini's Othello in London. 1840 heiratete sie Louis Viardot, einen französischen Schriftsteller. Sie wurde eine international anerkannte Opernsängerin und hatte vier Kinder. Berühmt wurde sie vor allem durch Gluck's Orpheus.

Manuel junior bekam erst 1814 den ersten Musikunterricht von seinem Vater und Giovanni Ansani. Er studierte Komposition bei Niccoló Zingarelli und später bei Francois-Josèphe Fétis in Paris. Trotz seines Auftritts als Figaro im Barbier wurde er als Bariton nicht vom Publikum angenommen und fühlte sich unsicher auf der Bühne. Er hatte anscheinend auch einige stimmliche Probleme und verließ daher die Bühne wieder. Er verdiente mit Unterrichten sein Geld. Da er schon früh den Vater im Unterricht mit Begleiten unterstützt hatte, kannte er die Methode in und auswendig und war besonders an der Anatomie der Kehle interessiert. Nach einer kurzen Episode beim Militär und einem Aufenthalt im Militärkrankenhaus setzte er seinen Unterricht fort. Nach dem Tod des Vaters übernahm er dessen Stimmforschungen und die Schüler und wurde durch deren Bühnenerfolge berühmt als Gesangslehrer. Aus seinem Schülerkreis kam nicht nur seine Schwester Pauline, sondern auch Jenny Lind, ein Sopran aus

Schweden, die deutsche Mathilde Marchesi, die Nichte von Richard Wagner, Johanna Wagner sowie Julius Stockhausen und viele andere mehr. Das erste Unterrichtswerk von García junior erschien 1840 in französisch, danach weitere. Aufgrund seines Aufenthaltes in einem Militärkrankenhaus war er mit dem Laryngoskop in Berührung gekommen und untersuchte als erster die Gesangsstimme mit diesem kleinen Spiegel, den heute noch die HNO-Ärzte benutzen. Er besaß die wissenschaftliche Neugier seines Vaters. Er ist der Vater der Stimmforschung im Operngesang und blieb zeitlebens ein international geschätzter Belcantolehrer.

Er bemühte sich die große Kunst des Belcanto, die sich in den romantischen Opern von Rossini, Donizetti and Bellini fortsetzte und später auch bei Richard Wagner und den französischen Komponisten Meyerbeer, Gounod und Bizet, in klare Definitionen und eine präzise Methode zu fassen, um das Erbe der berühmten Kastraten Senesino, Farinelli, Caffarelli and Bernacchi zu bewahren, da die Kastration natürlich längst offiziell verboten war. Allerdings starb der letzte Kastrat, Alesandro Moreschi, von dem es eine alte Tonaufnahme gibt, erst 1922.

García junior konnte mit dem angewärmten Spiegel des Laryngoskops und einer gerichteten Lichtquelle die Stimmbänder in Aktion beobachten und damit beweisen, dass die Methode, die sein Vater an das Pariser Konservatorium gebracht hatte, die richtige war. Das am meisten diskutierte und in Frage gestellte Element dieser Methode ist der Glottis-Verschluss. Darüber ist im Kapitel „Attacca" bereits grundlegend berichtet worden und die Fortsetzung ist später im Abschnitt über die Forschungen von Professor Frederick Husler nachzulesen. Aus heutiger Sicht sind die Erkenntnisse der beiden Garcías absolut korrekt und das Training entspricht dem modernen Standard in der Opernausbildung. Dieses praktische Wissen wurde vom Schülerkreis García juniors über Mathilde Marchesi mit kleinen anatomischen Zeichnungen weitergegeben.

Mathilde Marchesi übernahm den Studentenkreis von García als er zu alt zum Unterrichten war.

Hier wird so ausführlich über beide Traditionen, sowohl die spanische, die durch die Garcías überliefert ist, als auch die italienische Schule, wie sie die Kastratenkunst hinterlassen hat, berichtet, weil diese Strömungen in eine einzige Stimmtechnik münden, die diesem Buch zugrunde liegt. Wo auch immer wir eine Tradition finden, die Opernstimme zu entwickeln, liegen ihr diese Erkenntnisse zugrunde. Auch im slawischen Raum hat sich die italienische Gesangstechnik weit verbreitet und ist in Russland teilweise präziser überliefert worden als in europäischen Ländern. Spanien war politisch lange Zeit mit Neapel verbunden und pflegte lebhaften kulturellen Austausch mit dem Nachbarland. García senior brachte dieBelcanto-Tradition nach Paris an das Konservatorium und nach London an die Royal Academy of Music, an der später der bekannte Giovanni Battista Lamperti unterrichtete. Von Lamperti führen die Spuren der guten alten italienischen Schule des Gesanges über seine Schüler bis in das 19. Jahrhundert.

Francesco Lamperti senior (1813?-1892) und sein Sohn, Giovanni Battista (1839 – 1910) –die italienische Belcanto Schule

Francesco Lamperti stammte aus Savona und wurde als anerkannter Gesangslehrer des Mailänder Konservatoriums erwähnt. Er schrieb um die Mitte des 19. Jahrhunderts mehrere Anleitungen zur Entwicklung der Singstimme und hinterließ eine theoretische Abhandlung über die Bravour von Sopranstimmen. Als Leiter des Theaters von Lodi hatte er genügend praktische Erfahrung als Künstler und Sänger, sowie auch als Regisseur und Lehrer. Ihm wird eine gute Tenorstimme nachgesagt. Er lehrte bis ca. 1875 in Mailand und hatte später noch private Schüler.

Sein Sohn Giovanni war Mitglied des Knabenchores am Mailänder Dom. Natürlich lernte er Klavier und Gesang bei seinem Vater. Als junger Mann begleitete er die Sänger im Unterricht seines Vaters. Er wurde zum Marketingmanager für Gesang in ganz Europa, da er nicht nur in Dresden und Berlin unterrichtete, sondern auch die berühmten Sängerinnen, Marcella Sembrich und Helene Hastreiter, ausbildetet. Lamperti war auch als Kompositionslehrer am Konservatorium di Sta. Cecilia in Rom anerkannt. Dort schrieb er Vokalisen für Sänger. Erst 1905 kam sein Buch "Technique de Bel Canto" in Deutschland und Österreich heraus. Sein Schüler, Earl Brown, legte es neu auf und erweiterte es um Fragen und Antworten für Sänger/innen. Obwohl Giovanni Lamperti mit seinem Vater nie auf gutem Fuß stand, da dieser berühmter war als der Sohn, scheint er doch die gleichen Anlagen gehabt zu haben. Auch er stand im Schatten des berühmten Vaters wie der Sohn von García. Da er von seinem Vater als nicht talentiert für die Bühne bezeichnet wurde, rächte er sich, indem er sagte, er werde jedoch wenigstens nicht so arm sterben wie sein Vater und als Stimmtrainer berühmt. Damit sollte Recht behalten.

Lamperti wies darauf hin, dass die Erkenntnisse seines Vaters von dem berühmten Kastraten Bernacchi, einem begnadeten Sänger und Lehrer stammten, doch konnte Antonio Bernacchi (1685-1756) wohl kaum Francesco Lamperti persönlich getroffen haben, da er 100 Jahre vorher lebte und 1736 pensioniert war. Dies war wohl eher als Marketing Trick zu sehen, da Bernacchi nichts mit dem Mailänder Konservatorium zu tun hatte, das erst 1807 durch einen Erlass von Napoleon begründet wurde. Natürlich war auch Lamperti senior in der Tradition der Kastraten aufgewachsen, wie sie überall in Italien im Gesang gepflegt wurde. Francesco Lamperti, der Vater war als Vocal Coach zu seiner Zeit ungeheuer beliebt. Er unterstützte Emma Albani, Marie Van Zandt und Herbert Witherspoon. Sein Grundlagenbuch über die „Theorie und Praxis des Singens" kam 1864 heraus. Darauf baute das Wissen seines Sohnes Giovanni Battista später auf.

Lamperti trat in die Fußstapfen seines Vaters am Mailänder Konservatorium und wurde von dort aus nach Paris berufen, wo der berühmte Tenor Manuel García bereits die italienische Stimmtechnik eingeführt hatte. Lamperti junior kann mit seinen Erkenntnissen über die Stimme und den Bemerkungen über die Balance von Stimme und Körper mit genialen Erfindern der späteren Körpertherapien, Moshe Feldenkrais und Frederick Alexander verglichen werden. Seine Regeln erinnern mich immer an die Empfehlungen, die ich aus Körpertherapien kenne. Auch Carusos Bemerkungen über die Stimme gehen im Wesentlichen auf Lamperti zurück. Seine Hinweise zu Stimme, Atem und Körper sind für jeden verständlich und kurz formuliert so wie hier zur Atmung:

1. Atme geräuschlos durch die Nase ein.
2. Halte den Atem mit dem aufgespannten Zwerchfell und den Zwischenrippenmuskeln
3. Nutze die Beckenbodenmuskeln zur Stütze für den Ton

Diese drei Schritte sind die Grundlage für freischingende Töne und entspanntes Singen, ganz einfach. Auch für den Toneinsatz oder den Stimmansatz gibt er klare verständliche Hinweise:

Regeln für die Attacke des Tones:

1. Konzentriere Dich auf den Ton so hoch wie möglich vor Deinem Gesicht, keinesfalls auf die Stimmbänder oder die Kehle.
2. Beginne den Ton mit fast geschlossenem Mund und Lippen und ende ihn auch so.
3. Öffne den Mund im hinteren Bereich zum Nacken hin mit einem Gähnen, während Du die Zunge flach und locker hinter den unteren Zähnen liegen lässt.

Seine Aussage - "Du kannst nicht mit offenem Mund singen, wenn es Dir auch nicht mit geschlossenem Mund möglich ist!" ist zutreffend und sorgt für einen einwandfreien Vordersitz des Tones. Leider bestreiten das viele Studenten heute. Zu diesem Thema gibt es die Übung mit dem Bierdeckel oder einem gefalteten Papier zwischen den Lippen. Zusammen mit dem Motorradbrummer wird diese Übung für die Stimme Wunder wirken.

Auch über das häufige Stimmwackeln bei überanstrengten Stimmen berichtet Lamperti. Er kommentiert, dass viele Sänger mit leichter Stimme gern ein dramatisches Organ hätten und daher ihre Stimme durch Forcieren überlasten. So werden die Stimmbänder durch Pressen angestrengt und verlieren die Fähigkeit mühelos zu schließen. Wenn Luft hörbar durch die Stimmbänder bläst, müssen vor allem Frauen die Beckenbodenregion trainieren.

An dieser Stelle ist noch auf eine traditionelle Gewohnheit hinzuweisen, die besagt, dass Operndiven nicht am Tag der Menstruation auftreten sollen. Dies hat den Grund, dass an solchen Tagen die Stimme anders klingt und die Schleimhäute durch hormonelle Veränderunge stärker mit Flüssigkeit gefüllt sind. Übungen für den Beckenboden sind auf jeden Fall hilfreich für die Stimme und sorgen auch für gute Laune.

Lamperti gibt viele nützliche Tipps, so den Rat, niemals eine andere Stimme nachzuahmen oder wie jemand anders klingen zu wollen. Selbstbeobachtung beim Singen ist die wertvollste Lernmethode. Auch wenn er nicht den heute modernen Begriff – awareness – erwähnt , so meint er doch genau das Gleiche. Selbstbeobachtung ist auch nach meiner Ansicht das beste Werkzeug für Gelingen. Nur wer sich des Körpers als Instrument bewusst bedient, kann auch Meister der Stimme sein und schließlich die Emotionen beherrschen. Künstlerische Leidenschaft fördert den Ausdruck und Stimmbeherrschung wird den

Sänger befreien, wie einen „Adler, der über den Berggipfeln kreist".

Lamperti beschwert sich in seiner kleinen Schrift auch über den Verfall der Belcanto-Technik. Dies mag mit der Erfindung der Mikrofone zusammenhängen und auch mit der Verwirrung, die heute über die richtige Gesangstechnik herrscht. In primitiven Kulturen wie bei den Beduinen Afrikas und Arabiens wird die kraftvolle Nutzung der menschlichen Stimme über große Entfernungen gepflegt, da sie weit auseinander wohnen. Diese Stimmen haben eine besondere Faszination, vor allem auch in ihren Gesängen und verfügen von Natur aus über einen weittragenden metallischen Klang. Die Magie der Naturstimme wird deswegen nie aussterben.

Mathilde Graumann Marchesi, 1821 – 1913 - gesundes Stimmtraining

Die nächste bekannte Gesangstrainerin für Opernstimmen ist Mathilde Graumann, die später den italienischen Bariton, Salvatore Marchesi, heiratete und daher mit italienischem Namen bekannt wurde. Als deutsche Mezzosopranistin verließ sie ihre Eltern, um mit 22 Jahren in Wien bei Nicolai zu studieren. Als sie von Manuel García und seinem Unterrichtswerk erfuhr, reiste sie nach Paris, um bei ihm zu lernen. Sie muss eine ausgezeichnete Schülerin gewesen sein, da sie vier Jahre dort als seine Assistentin blieb. Sie begleitete ihn auf Reisen, bevor sie ihrer eigenen Berufung folgte. Mathilde hatte nur eine kurze Bühnenkarriere trotz ihrer schönen Stimme und wurde deswegen gern mit Luisa Tetrazzini verglichen. Trotzdem wurde sie mehr als Belcanto Lehrerin bekannt. Schon früh übernahm sie den Unterricht Garcías, dann gründete sie ihre eigene Schule für Gesang in Paris. Sie hatte eine Spürnase für Talente und brachte große Diven heraus wie Nellie Melba, Emma Calvé, Frances Alda, Ellen Gulbranson, Selma Kurz und Emma Eames. Zu ihren besten Schülerinnen gehörte ihre Tochter Blanche, eine Altistin, die schon früh auf der Bühne debütierte und später in Covent Garden sang.

Mathilde war kompromisslos, wenn es um die Stimmtechnik ging. Für sie gab es italienischen Belcanto nach der klassischen Tradition oder schlechte Technik, sonst nichts. So fanatisch sie auch klang, so einfühlsam war sie bei den Übungen, die sie erfand. Ihr schmales Notenbuch besteht hauptsächlich aus Übungen, der theoretische Teil ist kurz, jedoch reich an guten Hinweisen. Sie erzog die Schüler zur Selbstbeobachtung und wies auf notwendige Stimmpausen hin. Nur so würde man müheloses Singen erreichen können. Jeder Sänger sollte nur eine Aufgabe auf einmal lösen und nicht an allen Seiten beginnen. Das ist sehr vernünftig, weil es um Muskelentspannung und die Auflösung falscher Körpermuster geht. Sie weist darauf hin, dass die Stimme sich mit geduldigem Training am besten entwickelt. Natürlich atmen ist die Basis und ein natürliches Gesicht mit einer knappen Öffnung des Mundes. Es wäre gut, wenn manche Chorleiter und Gruppentrainer ihre Regeln durchlesen würden, um Chöre von weitaufgerissenem Mund mit Zahnpastalächeln zu befreien und das übertriebene Gähnen aus den Übungen herauszunehmen. Natürliche Funktion ist die Grundlage für alles.

Emma Diruf Seiler, 1821 – 1886, Wissenschaftlerin der Stimme

Emma Diruf, die spätere Frau Seiler, wuchs in Würzburg auf als Tochter des Hofarztes beim Bayerischen König. Aufgrund ihrer privilegierten Umgebung bekam sie früh Musikunterricht und fühlte sich auch sehr zur Wissenschaft, vor allem der Akustik und der Medizin, hingezogen. Emma war ein aufgewecktes Kind mit einer wunderschönen Stimme und sie spielte auch gut Klavier.

Mit 22 Jahren heiratete sie in die Schweiz und ihre Ehe endete mit einem finanziellen Desaster, da ihr Gatte stets über seine Verhältnisse lebte. Sie kam in einen regelrechten Überlebenskampf, um ihre beiden Kinder Marie und Carl ernähren zu können. Während der durch schlechte Ernten bedingten Hungersnot in der Schweiz 1847 und Exportproblemen mit Frankreich, stellte Emma großzügig ihr Heim für Bedürftige als Asyl zur Verfügung. Sie versorgte bis zu 300 Personen mit Nahrung, meistens Kinder, gründete einen sozialen Frauenclub, die stickten und häkelten und so einen kleinen Unterhalt verdienten. So schuf sie eine Art ländlichen Handwerks, bis sogar ausländische Länder auf ihre Aktivitäten aufmerksam wurden und ihr Einladungen sandten. Daneben sang sie Konzerte und unterrichtete Gesang und Klavier. Trotz dieser Erfolge verließ sie heimlich 1851 die Schweiz und ließ sich scheiden. Sie folgte dann ihrer Berufung als Sängerin und Stimmtrainerin und musste fliehen, da ihr Gatte ihr die Kinder entziehen und mit in die USA nehmen wollte.

Sie bemerkte, dass ihr Wissen über die Stimmfunktion unvollständig war, als ihre Stimme eine schwache Phase hatte und begann mit dem Laryngoskop die Funktionen zu analysieren. Dies war sogar noch vor García. So sah sie, dass sie ihre Stimmbänder überfordert hatte und gönnte sich Ruhe. Später studierte sie Gesang mit Ferdinand Böhme in Dresden und Klavier mit Friedrich Wieck, dem Schwiegervater von Robert Schumann. Als sie nach Heidelberg übersiedelte, wurden ihre Klavierstunden weitaus weniger bezahlt als Gesang und so beschloss sie, sich im Gesang noch weiterzubilden. Nachts sezierte sie zusammen mit einem Medizinstudenten menschliche Kehlköpfe, um die Funktion zu verstehen. Sie hatte Kontakte zu den gebildetsten Köpfen ihrer Zeit und studierte nach 1856 bei Hermann Helmholtz, einem Physiker, der die musikalische Akustik um wichtige Erkenntnisse bereicherte. Er schrieb auch das Vorwort zu ihrem Buch – Die Singstimme, das 1861 erschien. Die englische Ausgabe von 1868 war dann später weit verbreitet. Sie gab die

Arbeit an ihrer Singstimme nie auf und entwickelte sich zu einer Expertin für Stimmbildung. 1866 siedelte sie in die USA über nach Philadelphia und verließ das kriselnde Deutschland. Ihre Bücher über Gesang erschienen dort und sie wurde das erste weibliche Mitglied der Amerikanischen Gesellschaft für Filosofie. Sie beschrieb fünf Register der menschlichen Stimme, die unterschiedlich funktionieren. Das tiefe Brustregister, das Brustregister, das tiefe Falsett, das hohe Falsett und die Kopfstimme. Sie erkannte, dass der Kehlkopf sich wie eine Schaukel auf und ab oder vorwärts und rückwärts bewegen kann und, dass die Stimmbänder und Muskeln ringsherum zusammen arbeiten. Ihre größte Erkenntnis war die Tatsache, dass die Stimmbänder teilweise oder insgesamt schwingen können und, dass dies verschiedene Effekte verursacht.

Manche ihrer Tipps sind ganz wichtig für jeden Sänger. Das obere Register sollte in das darunterliegende hineingeführt werden, nicht umgekehrt, um die Stimme zu entspannen. Sie empfiehlt jedem, immer das Singen in der Bruststimme zu beginnen, dort wo die Sprechstimme sitzt. Das ist genau das, was Maria Callas stets beachtet hat. Das obere Register ist von dort aus vorsichtig auszubauen. Für praktische Zwecke reicht es aus, wenn man sich der drei Register bewusst ist und den Übergang spürt. Niemand muss die Stimme wissenschaftlich theoretisch zum Singen beherrschen. Trotzdem ist es nützlich, ein wenig mehr über die Funktionen und Hintergründe des Stimmapparates zu wissen.

John Franklin Botume, 1855-1917: Belcanto ohne Methode

Durch Emma Diruf Seiler kam die italienische Gesangstechnik in die USA und verbreitete sich schnell. Einer ihrer Nachfolger war John Franklin Botume.

Botume kam aus Boston, Massachusetts und studierte zunächst Jura an der Harvard Bsuiness School bis 1876.

Obwohl er mit einem Titel in Rechtswissenschaften abschloss, widmete er sein Leben dem Gesang, nachdem er nur wenige Jahre als Anwalt praktiziert hatte. Er hatte zunächst im Hobby begonnen, bei dem bekannten Stimmlehrer, Vincenzo Cirillo, Unterricht zu nehmen. 1885 veröffentlichte Botume sein Buch „Modern Singing Methods" und schloss die Anwaltspraxis. Er wurde ein begehrter Gesanglehrer in seiner Heimat und New York. Sein Unterricht kam von Herzen und er besaß gute Kenntnisse der Anatomie. Auch war er mit der Praxis von Manuel García vertraut. Er zitierte ihn oft und schwor darauf, dass der Stimmbandschluss leicht und natürlich produziert werden sollte, um die Stimme nicht zu strapazieren. Sein Hinweis ist sehr wichtig, da genau dieser Punkt später oft bei García missverstanden wurde. Er berief sich auch auf Emma Seiler und die fünf Register. Seine Beschreibung über die Stimmfunktionen ist die Grundlage, auf der später Frederick Husler die anatomische Betrachtung der Stimme fortführt.

1. Die Stimmbänder vibrieren über die gesamte Länge und zugleich ihre Breite, wenn der arytenoid Muskel und der pyramid Muskel wie eine Schere schließen. So funktioniert das tiefe Brustregister um die Lungenspitzen herum.
2. Der arytenoid Muskel bleibt geschlossen, während die Stimmbänder voll vibrieren. So funktioniert das mittlere Brustregister zwischen dem Magen und dem Kehlkopf.
3. Nur die inneren Teile der Stimmbänder vibrieren, sobald die arytenoid Muskeln aktiviert werden. Das bezeichnet er als Nackenregister.
4. Die inneren Teile der Stimmbänder können auch ohne Beteiligung der Arytenoid Muskulatur schwingen. Dann ist das Kopfregister in Aktion. Die Töne kommen dann aus dem Kopf, nicht dem Mund.
5. Wenn die Arytenoid Muskeln geschlossen sind und die Stimmbänder ebenfalls über die Hälfte ihrer

Länge, wobei an den Enden eine winzige Öffnung gebildet wird, so handelt es sich um das Pfeifregister der ganz hohen Töne. Das ist die Resonanz der Stirn- und Nebenhöhlen.

Caruso weist besonders auf die Kombination der vorderen Resonanzen mit dem Nacken hin, damit die volle Opernstimme zum Tragen kommt. Wer dies Resonanzräume verbinden will, kann hier nach Botume die einzelnen Funktionen kombinieren und muss den Körper zwischen den Resonanzräumen im der Schwerkraft aufgerichtet behalten, ohne starr zu werden. So funktioniert es am besten. Es reicht dann auch, wenn man die Passaggiotöne von oben her angeglichen hat und weiß, wie der Übergang zu nehmen ist.

Botume's kleines Handbuch ist eine gute Zusammenfassung der italienischen Stimmschule. Er glaubte nicht an eine Methode, sondern war wie sein Nachfolger Frederick Husler der Überzeugung, dass die Intuition das hilfreichste Werkzeug des Stimmtrainers ist. Er behauptet zu Recht, dass die Wissenschaft bei der Praxis endet, da jede Stimme individuell trainiert werden muss. Meine persönliche Reise zur authentischen Stimme, die noch immer andauert, hat mir das bewiesen.

Nur, wer selber Pilger ist, kann anderen den Weg weisen. Wissenschaftliche Forschung nützt weniger als gutes Einfühlungsvermögen in den gesunden Stimmgebrauch, damit störende Stimm-Muster aufgelöst werden können. Die beteiligten Muskeln müssen ununterbrochen ausbalanciert und in die Mitte gebracht werden. Der spätere Schweizer Stimmforscher, Professor Frederick Husler, schließt genau an diese Tradition an. Er ging dabei noch einen Schritt weiter und untersuchte charismatische Stimmen in seiner Stimmtrainerpraxis und analysierte Tonaufzeichnungen, um die Stimmtechnik für die Nachwelt zu erhalten.

Frederick Husler, 1889-1969 und die moderne Stimmforschung

Frederick Husler kam in Utah zur Welt als Sohn einer deutschen Mutter und eines Schweizer Vaters. Im Alter von 8 Jahren, nach dem Tod seines Vaters, kam er mit seiner Mutter nach München. Erst als Teenager stieß er auf seine Singleidenschaft, da er so wenig Talent dafür besaß. Er versuchte, sein Tongehör zu schärfen. Mit akribischer Hingabe bildete er sich selber autodidaktisch zu einem Sänger aus und widmete sein Leben der Stimmforschung. 1914 wollte Bruno Walter ihn als 25 Jahre alten Sänger für die Titelrolle in Verdi's Othello für eine Welttournee engagieren. 1922 wurde ihm die Leitung des Isaac Stern Konservatoriums in Berlin angeboten. Er hatte darüber hinaus viele Privatschüler in seiner Heimatstadt München. Sein Ruf als begabter Gesanglehrer wuchs stetig. Otto Klemperer übergab ihm sein Ensemble an der Kroll Oper zur Betreuung und Furtwängler und Karajan baten ihn oft um Rat, wenn es um ihre Gesangssolisten ging. Einige Jahre später wurde Professor Husler Mitbegründer der Musikakademie von Detmold und bekam eine Professur dort. Allein 60 seiner Schüler hatten eine internationale Karriere von Rang. 1961 ließ er sich in der Schweiz nieder und eröffnete ein privates Gesangsstudio mit seiner Schülerin Yvonne Rodd-Marling zusammen. 1970 erschien sein Buch „das vollkommene Instrument" mit einem Vorwort von Carl Zuckmayer, der Husler eine gerade-zu magische Intuition zuschrieb und behauptete, Husler fände immer ein winziges Detail, was fehle, um aus jeder Stimme eine charismatische hervorzuzaubern.

Sein Forscherdrang war ganz gewiss seine Seelenaufgabe. Seine wichtigsten Erkenntnisse zu Anatomie und Funktion der Singstimme gebe ich hier weiter, da dieses Wissen dem Stimmschüler die Einsicht vermittelt, warum welche Übungen so ungeheuer wichtig sind. Ich bedaure es, diesen faszinierenden Mann selber nicht persönlich gekannt zu haben, obwohl ich durch Zufall indirekt in den Genuss seiner Stimmtechnik kam, da einer meiner Lehrer bei ihm seine persönlich Ausbildung zum Heldentenor absolviert hatte. Der bedeutendste Teil von Husler's Buch zeigt die Muskelarbeit des Kehlkopfes und wie diese zusammenwirken. Wenn man diese verstanden hat, ist es leichter, sich die Gesangsstimme korrekt vorzustellen.

Der Kehlkopf hängt wie eine Schaukel im Zentrum des Halses and fünf Seilen oder Muskelbändern, die sich in vier Richtungen bewegen können, vorwärts, rückwärts, seitwärts und auf und ab. Fast jeder Muskel hat einen direkten Antagonisten. Hier sind die medizinischen Namen und die Aufgabe skizziert, wie es dann in der Zeichnung aus Huslers Buch zu sehen ist. (vgl. S. 50)

- a) Musculus thyreo-hyoideus: er hält die Kehle aufrecht.
- b) M. palato-laryngeus zieht den Gaumen zusammen
- c) M. stylo-pharyngeus hält den Schlund offen und weitet den Rachen
- d) M. sterno-thyreoideus holds the voice box in downward position
- e) M. cricopharyngeus bewegt die Kehle nach unten und rückwärts zum Rachen hin.

Es gibt zwei weitere Muskeln, die hinten befestigt sind, zwischen dem Zungenbein und der Schulter, sowie deren Zwillingsbruder zwischen dem Zungenbein und dem Brustbein. Der rechte heißt M. omo-hyoideus und der linke M. sterno-hyoideus. Diese Muskeln bewirken, dass der Kehlkopf zwischen der Vorderseite und der Rückseite des Halses zentriert bleibt in entspannter Position, leicht nach hinten geneigt. Er betont, dass dies für die hohen Töne enorm wichtig ist, doch ich glaube, dass die Zentrierung auch für die Kombination von Höhe und Tiefe sehr wichtig ist, vor allem für das sogenannte Einheitsregister. Diese Muskelbänder wirken alle elastisch zusammen und sorgen dafür, dass der Kehlkopf, zentriert im Hals frei schwingt.

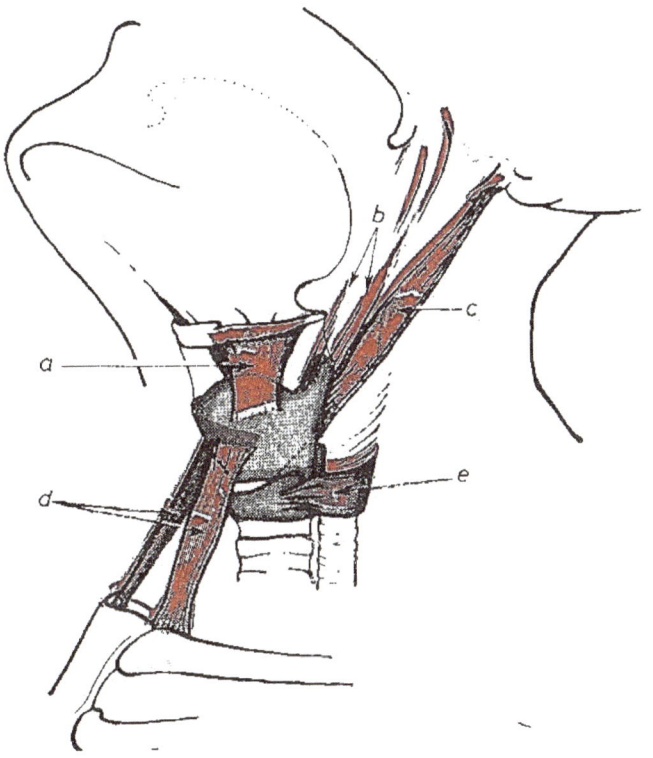

So wird verständlich, warum jeder Singende darauf achten muss, dass die Kehle immer zentriert bleibt. Durch die Beibehaltung der Mitte können die Resonanzräume der Nebenhöhlen, im Rachen, am Gaumen und im Nacken, sowie unter dem Kinn und hinter dem Brustbein bis hin zum Nabel beim Singen über den gesamten Tonumfang gleichmäßig in Anspruch genommen werden. Deswegen ist die Körperhaltung bei Opernauftritten so wichtig für den Stimmansatz. Durch den hohen Tonansatz in Kombination mit dem locker hängenden Kehlkopf und der entspannt liegenden Zunge, werden die Stimmbänder sanft mobilisiert und das falsche Anheben der Kehle mit dem Musculus thyreo-hyoideus mit gleichzeitigem Verschließen der Nase wird verhindert, den so entsteht der Stimmfehler der weißen Stimme, die bei vielen Sopranen, besonders im Chor verbreitet ist und keinen Körper hat. Fehlende Brustresonanz und eine körperlose Stimme sind die Folge davon. Wenn die Stimmbänder vom Brustbein aus angesprochen werden, schließen sie korrekt, die Kehle bleibt in der tiefen entspannten Position durch den Musculus Sterno-hyoideus. So kann sich die volle Brustresonanz für den gesamten Stimmumfang entwickeln. Diese Technik ist Voraussetzung, um ein Opernhaus mit der Stimme ohne Mikrofon zu füllen. Sobald die Stimmritze durch die Stimmbänder fester schließt, verstärkt sich der Klang und die Lippen desMundes ziehen sich unwillkürlich auch in die Breite, da Muskeln im Team arbeiten und sich gegenseitig unterstützen. Diese lächelnde Oberlippe oder der Schmollmund sind oft bei Kleinkindern zu sehen, wenn sie an der Mutterbrust saugen.

Lilli Lehmann nennt diese Lippenform die eiserne Oberlippe der Sängerinnen, da so der Stimmansatz oben hinter den oberen Zähnen gehalten wird. Die Schnute ist zum Training für viele Studenten geeignet, deren Oberlippe zu sehr angespannt ist, muss jedoch später einer natürlichen, nicht aktivierten Lippenform weichen, die dem Belcanto-Ideal entspricht. Viele Singende neigen dazu, den Gaumen und die Nase innen mit der Lippe zusammen zu aktivieren, was unnötig ist.

Die natürliche entspannte Lippenform ist gut Mirella Freni zu sehen. Auf einer Jugendaufnah, me singt sie aus Verdi's Falstaff – sul fil d'un soffio etesio. Freni behält die Mundform fast konstant mit lockeren Lippen und leicht geöffnetem Mund bei. Sie versucht nicht, die Vokale mit den Lippen zu formen, sondern erlaubt der Zunge, dies zu übernehmen. Das ist traditionelle italienische Technik wie Freni und Pavarotti sie in ihrer Kindheit in Modena vermutlich beide bei Arrigo Pola gelernt haben.

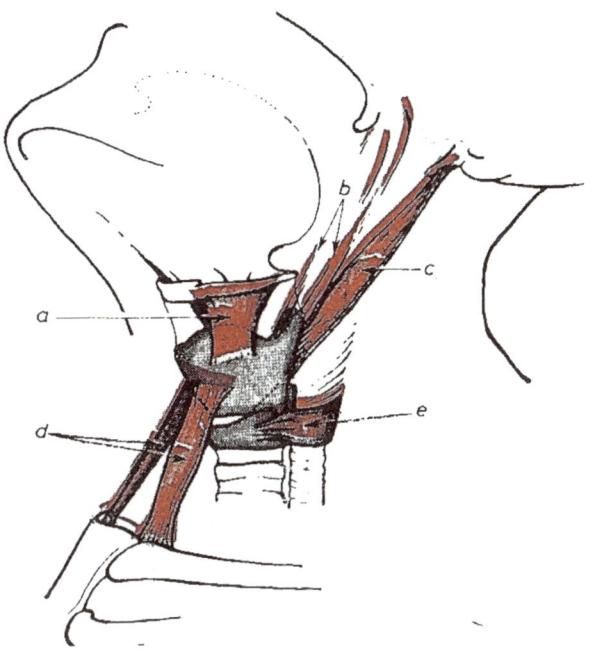

So ist die Tonbildung korrekt. Der Tonansatz wird von der Nasenwurzel her in die Vorstellung genommen, dann aktiviert er die inneren Teile der Stimmbänder und bringt die Stimmfalten dazu sich zu dehnen. Das ist notwendig um unhörbare Übergänge zwischen den Tönen zu schaffen. Die Randschwingung lässt sich gut durch den Punkt unter der Nase bzw. hinter den oberen Zähnen aktivieren, indem man seine Konzentration darauf richtet. Dann reagiert auch die Oberlippe entsprechend mit.

Trotzdem arbeiten einige Muskeln um die Stimmbänder herum noch ganz anders, sobald der Ton aus der Mitte des Schädels und vom weichen Gaumen her angesprochen wird. Der Musculus sterno-thyroideus ist der Kehlsenker und dier der Musculus palato-laryngeus hält die Kehle nach hinten. Während dies geschieht, hören die inneren Stimmbänder auf zu arbeiten, doch die Nasenresonanz öffnet sich und der Kehldeckel hebt sich. Das geht Hand in Hand mit den zur Schnute geformten Lippen, wie jeder mit der Übung des Motorradbrummers für sich ausprobieren kann. So wird der Stimmklang voll in den Kopf integriert. Das Ergebnis ist die volle Stimme im Falsettregister.

Diese Technik muss entwickelt werden, um das An- und Abschwellen von Tönen aus dem piano bis zum starken forte zu erlernen. Es braucht ein wenig Übung, um dabei die Stimme immer am entspannten Platz zu halten. Husler hat sich besonders mit charismatischen Stimmen beschäftigt und schreibt über Carusos Fähigkeit, die Kehle in Tiefstellung zu halten und ein dunkles Timbre wie ein Bariton zu erzeugen. Aus diesem Grund spricht Caruso auch in seiner Anleitung für Sänger oft von der Nackenresonanz. Er konnte seinen Kehlkopf in die Nähe der Speiseröhre bringen und vermutlich sogar die Schwingungen in diesem Hohlraum nutzen. Dabei ist der Musculus cricopharyngeus dafür verantwortlich, die Kehle in tiefer Position zu halten. Die Stimmlippen formen dabei eine schmale elliptische Öffnung. Der Stimmansatz vom Nacken her bringt die Kopfstimme in Aktion ohne die Brustresonanz dabei zu verlieren.

Professor Husler warnt alle Sänger und Sängerinnen davor, sich zu sehr auf einen festen Stimmansatz zu fixieren, da nur der Wechsel zwischen den möglichen Stimmfunktionen, den Kehlkopf auf Dauer in die beste Mittellage bringt. Diese Idee entspricht auch den Erkenntnissen von Frederick M. Alexander in seiner Körpertherapie. Um das zu trainieren, muss man Selbstbeobachtung, den Spiegel und viel Abhören einsetzen. Husler warnt auch vor dem Training isolierter Stimmübungen. Er empfiehlt mit dem Repertoire zu wachsen und immer wieder den Stimmansatz zu verändern, um dynamisch zu bleiben.

Da ich selber von einem Lehrer gezwungen wurde, zwei Jahre lang nur Stimmübungen zu singen und schließlich einen ganzen Zoo voller Tierstimmen und Laute, jedoch keine einzige Arie korrekt singen konnte, stimme ich dieser Ansicht voll zu, denn nur durch Lieder lernt man singen und durch Text sprechen das Deklamieren. Jedes einzelne Stück kann bereits als eine Stimmübung für den Trainierenden aktiviert werden. Es gehört nur ein wenig Fantasie dazu. Aus diesem Grund fange ich sofort bei jedem Schüler mit Repertoire an zu arbeiten und konzentriere mich auf die Ziele, die die Schüler gern erreichen wollen. Sollte etwas noch nicht gehen, kann man immer noch ein anderes Stück aussuchen. Manchmal muss eine Arie auch in der Ruhepause wachsen und man wendet sich für eine Weile einer neuen Arie zu. Das Arientraining mit der Konzentration auf die Resonanzplätze in Körper und Kopf kann sich wie eine Meditation mit Fokus nach innen anfühlen und ist dann eine beruhigende Technik, die einen mit jedem Schritt näher zur eigenen Seele und Awareness bringt – eine faszinierenden Sache.

Belcanto – von der Theorie zur Praxis

Nach vielen theoretischen Erklärungen und Definitionen aus der Wissenschaft des Belcanto in der Musikgeschichte, kommen wir jetzt zu einigen typischen Fragen, die in der Praxis immer wieder auftauchen. Leider haben die Professoren an den Universitäten oft nicht die Zeit, im Unterricht auf wiederkehrende Fragen zur Stimme einzugehen, da sie das Repertoire unterrichten müssen. Oft fehlt ihnen auch das Verständnis, wenn sie selber nicht die gleichen Probleme hatten. Aus persönlicher Praxis will ich hier auf die wichtigsten und häufigsten Fragen eingehen. Einige gute Tipps können so manchem Stimmanfänger eine Menge Zeit und Geld ersparen. Ich habe so viel „Lehrgeld" für meine Ausbildung bezahlt, dass ich mir vornahm, anderen durch meine Bücher und meinen Unterricht viel Zeit und Geld einsparen zu helfen.

Meisterklassen - Katalysator für Karriere oder Folterinstrument?

Nachdem ich mehrfach Meisterklassen für junge Sänger besuchte, fiel mir auf, dass die unüberlegte Teilnahme manchmal mehr Schaden anrichten kann als sie Vorteile hat. Natürlich ist es positiv, andere Sänger/innen kennenzulernen und sich auszutauschen und auch andere Lehrer zu erleben, doch solange die eigene Stimme noch in der Aufbauphase ist, sollte man sehr vorsichtig mit Experimenten sein. Ich habe oft miterlebt, wie noch unentwickelte Stimmen dramatisch herausgefordert wurden und ein Repertoire gesungen wurde, das die Stimme überfordert hat. Es war für die Studenten zwar ein aufregender Versuch, doch letzten Endes blieb der wahre Lerneffekt auf der Strecke.

Mein Rat besteht darin, sich erst an die Teilnahme von Wettbewerben oder Meisterklassen zu wagen, wenn man sich seiner Stimmtechnik sicher ist. Auch sollte man die Betreuung durch einen guten Stimmtrainer nicht unbedingt verlassen, sondern mit ihm die Experimente abstimmen und auch die Unzufriedenheit, wenn der Unterricht nicht so läuft wie gewünscht ansprechen. Oft lohnt es sich eher einen anderen Stimmtrainer für eine Probestunde aufzusuchen und sich eine weitere Meinung einzuholen, als an Auftritten vorzeitig teilzunehmen. Das sehe ich ähnlich wie bei Krankheiten und Ärzten. Nur wenn Meisterklassen von ausgezeichneten Stimmkennern geführt werden und Stimmverbesserungen konkret gezeigt und Problemlösungen zusammen mit dem Meister erarbeitet werden, sind diese wirklich sinnvoll. Dann profitiert wirklich jeder von der Teilnahme. Leider habe ich zu oft erlebt, dass Halbwissen verbreitet wird. Gute Stimmlehrer sind dazu fast so selten wie Diamanten unter den Edelsteinen. Stattdessen kann man sich wunderbar im Internet Hilfe holen und dort Meisterklassen von guten Sängern mitverfolgen auf youtube. Joyce DIDonato ist dort vertreten,

Pavarotti's vergangene Meisterklassen sind zu finden und auch Joan Sutherland, Maria Callas und viele andere Unterrichtsmitschnitte findet man dort. Für Anfänger im Gesang lohnt es sich, ein wenig in die Youtube- Videos des Kanadiers Eric Arceneaux hineinzuschauen, denn er gibt sehr gute Anleitungen mit Anfängerübungen, die man einfach mitmachen kann. Auch Kathrin Sadolin ist mit ihrem Programm für modernen Gesang vertreten. Durch den Vergleich solcher Rubriken bekommt jeder Singfreudige einen Eindruck, was es alles gibt und lernt für die Wahl eines guten Gesanglehrers, worauf geachtet werden sollte.

Stimmfächer und Dramatische Stimmwechsel

Kürzlich las ich in Cornelius L. Reid's Buch über Belcanto Prinzipien und Praxis, dass er der Ansicht ist, dass die meisten Mezzosoprane und Baritonstimmen falsch positioniert sind. Das hat mich nicht erstaunt, denn ich persönlich habe mich nie in ein Stimmfach pressen lassen. Ich habe bei jeder Gruppenveranstaltung immer wieder die Frage gehört – bin ich Mezzo oder Sopran? Bin ich Tenor oder Bariton? Dazu kann ich nur sagen, das muss sich in der Gesangsausbildung allmählich herausstellen, was der eigenen Stimme und dem persönlichen Charakter am meisten entspricht. Niemand kann behaupten, dass ein Stimmfach nur von der Stimmveranlagung abhöngt, dann gäbe es keine Sänger, die Sopranisten sind wie Christofellis oder Greg Pritchard, der von der Sprechstimme her ein Bariton ist, jedoch auch Sopranlage wie ein Kastrat singt. Dann wäre auch ein Tenor immer ziemlich klein und untersetzt und ein Bass jeweils groß und breit. Auch diese Verallgemeinerung stimmt einfach nicht. Das Stimmfach entwickelt sich im Lauf der Ausbildung durch die persönlichen Vorlieben für bestimmte Rollen. Ich wurde am Anfang als Mezzo eingeschätzt und empfinde mich als Koloratursopran. Die berühmte Christa Ludwig begann unter der Anleitung ihrer Mutter zu singen und war zunächst Sopran. Später wechselte sie ins das Mezzofach über und heute ist sie eine ungewöhnliche Altstimme, was eigentlich selten vorkommt.

Die Stimmklassifizierung in Sopran, Soubrette, dramatischen Sopran, Spinto, Mezzo, Tenor, Heldentenor, Bariton, Bassbariton und Bass ist wenig hilfreich für Sänger und Sängerinnen in der Ausbildung. Jede Stimme ist individuell und hat einen ganz eigenen Stimmklang. Selbst die Callas hat sich nach dem Start als dramatischer Sopran in das Koloraturfach entwickelt und war dort zuhause, obwohl sie auch dann noch die Carmen gesungen hat oder Isoldes Liebestod. Am Anfang würde ich mich niemals auf ein Fach festlegen und ruhig nach Geschmack einmal Arien aus einem anderen Fach singen. Mit der Zeit wird sich ohnehin eine Vorliebe für bestimmte Rollen entwickeln. Mozart's Opern sind ein besonders gutes Beispiel dafür, dass Mozart überhaupt nicht an Stimmfächer glaubt. Er schreibt grundsätzlich für einen Sopran mit besonders großem Umfang wie z. B. Aloisia Weber, deren Stimmumfang wirklich ungewöhnlich war. Das beste Beispiel ist die Konstanze aus der Entführung aus dem Serail, die in der Höhe viele Koloraturen hat, jedoch auch in der Tiefe fast bis in die Altlage herunterreicht. Eigentlich hat Mozart seine Rollen für bestimmte Sängerinnen, nicht für Stimmfächer konzipiert, was früher auch bei Rossini, Donizetti und Bellini durchaus üblich war. Auch Verdi hatte seine Lieblingssängerinnen und hat deren Stimmfacetten berücksichtigt. Die Fachwahl ist also keine solche Festlegung wie das allgemein an Hochschulen dargestellt wird. Auch in der Barockmusik spielt die Stimmlage nicht so eine große Rolle, da ein heller Klang bevorzugt wird.

Selbst Bizet schrieb seine Carmen-Oper für eine Sopranstimme und trotzdem wird diese Rolle heute immer von Mezzos mit viel zu dunklem Timbre gesungen. Die ideale Carmen ist für mich Grace Bumbry, mit der Karajan den wunderschönen Opernfilm in den 70er Jahren gemacht hat. Sie ist eine interessante Ausnahmeerscheinung in bezug auf das Stimmfach. Deswegen lohnt es sich, ihre Geschichte hier mitzuteilen. Grace Bumbry hat als Mezzosopran eine großartige Karriere gemacht. Sie wurde von Lilli Lehmann ausgebildet.

Auf dem Höhepunkt ihrer Karriere empfand sie, dass ihre Stimme eigentlich Sopranrollen singen sollte und besprach das auch mit ihrer Lehrerin. Beide gewannen die Überzeugung, dass ein Fachwechsel einfach ausprobiert werden sollte. Der Ehemann von Grace Bumbry befürchtete, dass sie damit ihre Karriere ruinieren würde und bekämpfte diese Idee nach Kräften. Sie trennte sich schließlich von ihm und folgte dem Ruf ihrer Seele. Ihre zweite Karriere als Sopran gab ihr völlig Recht. Hier kann ich nur auf Cornelius Reid's Bemerkung verweisen, dass die meisten Mezzo und Baritonstimmen falsch positioniert sind. Es scheint von Natur aus so zu sein, dass tiefe Frauenstimmen seltener als hohe vorkommen und der Bariton eine Art unentdeckter tiefer Tenor oder hoher Bass ist.

Kürzlich lernte ich einen Hobbysänger kennen, der ein jüdischer Kantor ist und jahrelang als Bassbariton seine Kirchenmusik gesungen hat. Als ich seine Heldentenor-Arien hörte, war ich begeistert von der brillanten Höhe und dem Vordersitz. Daraufhin spielte er mir eine alte Aufnahme von vor 5 Jahren mit seiner Bassbariton – Stimme vor. Ich war völlig schockiert. Auch Dimitrij Hvorostovski berichtete von einem seiner russischen Professoren, dass er mit über 70 Jahren plötzlich vom Bariton in die Tenorlage übergegangen sei und infolgedessen aus Begeisterung jeden seiner Schüler auch zum Tenor gemacht habe. Das ist kein Einzelfall. Im persönlichen Training ist mir aufgefallen, dass die Stimmbänder wie bei Ivan Rebroff zu umfangreichen Tönen sowohl in der Höhe als auch in der Tiefe fähig sind. Es erfordert wirklich eine Introspektion in die eigene Seele, um herauszufinden, was man letzten Endes wirklich ist. Hvorostovskij hat sich jedenfalls als junger Student trotzdem nicht von seiner Baritonstimme abbringen lassen und das halte ich für absolut überzeugend. Auch Waltraud Meier hat sich vom leichteren Sopran zum dramatischen entwickelt, obwohl ich persönlich das für ihre Stimme nicht so überzeugend finde. Ich denke, dass es eher aus ihrem Temperament und dem Hang zu dramatischen Rollen kommt. Viele Stimmen haben Stimmfehler, die sie trotz langer Ausbildung nie überwinden, weil sie niemand darauf hinweist. So nehmen sie ihre kleinen Anspannungen in die Karriere mit.

Cecilia Bartoli zum Beispiel hat ein relativ dunkles Mezzo-Timbre, das manchmal künstlich abgedunkelt wirkt und nicht wirklich ihrer Stimm-Natur entspricht. Wenn sie ihre barocken Arien mit überladenen, rasend schnellen Koloraturen singt, fällt ein ausgeprägtes meckerndes Vibrato auf, das auf eine falsche Anspannung der Zungenwurzel zurückgeht. So beeindruckend ihre Koloratur-Kaskaden sein mögen, für Stimmkenner ist dieses Ziegengemecker wirklich störend. Würde sie diesen Makel auf Dauer überwinden, wäre sie vermutlich eher ein richtiger Sopran und hätte noch mehr Potential für weitere Rollen. Trotzdem ist sie natürlich auch jetzt auf der Bühne eine zauberhafte Künstlerin mit wunderbarem Stimmpotential und schauspielerischem Talent.

Keine Stimme lässt sich in eine Schablone pressen. Das Stimmfach ergibt sich mit der Zeit und der persönlichen Entwicklung von selbst. Als Anfänger sollte man sich auf keinen Fall beschränken oder sich hindern lassen, „falsche" Rollen zu singen. Auch die Aussage, dass man sich durch dramatische Rollen übernimmt, ist nur teilweise korrekt, denn, wer die Stimme gesund in Aktion bringt, kann sich nicht überanstrengen. Die Anstrengung bei dramatischen Rollen beruht eher auf der emotional-körperlichen Herausforderung.

Tägliche Stimmpraxis - ein paar Tipps und Grundregeln

Es gibt drei wichtige Regeln, die beim Training der Gesangsstimme zu beachten sind.

1. Entspanne den Körper für 10 Minuten

Jedes Stimmtraining sollte mit 10 Minuten Körperentspannung und Stretching beginnen. Alle Übungen aus dem ersten Teil dieses Buches sind gut für den Einstieg in das Stimmtraining. Wer viel bei seiner Arbeit sitzt, sollte sich ein paar Minuten entweder zu Bauchtanzmusik oder anderen Klängen intensiv bewegen und dabei, den Rücken und die Gliedmaßen lockern. Danach können Übungen im Liegen folgen wie der Nabellift und die Kerze, der Pflug oder auch Schaukelübungen auf dem Rücken. Sobald man sich locker fühlt, kann man noch ein wenig im Liegen Töne produzieren und dann im Stehen weitertrainieren.

Wer eine Unsicherheit der Stimme hat oder eine falsche Funktion ändern möchte, tut gut daran, sich für einige Wochen im Liegen mit aufgestellten Füßen und leicht angezogenen Knien durch seine Stimmübungen zu bewegen. Diese Lage hilft, die Zunge und den Kiefer am besten zu entspannen und neue Muskeleinstellungen zu finden. Danach kann auch der Hocksitz genutzt werden, wenn man nicht einen starken Senkfuß hat. Beim Stehen ist es wichtig, zu lernen, nicht die Knie durchzudrücken, sondern weich zu stehen, die Gelenke zu entlasten und den Kopf so über dem Körper zu balancieren, dass er kein spürbares Gewicht aufweist. Es muss sich so anfühlen, als ob der Kopf über dem Körper schweben würde. Dann ist es richtig. Auch sollten die Schultern und der Nacken gut entspannt sein. Das Hohlkreuz ist mit dem Nabellift einzurollen, sodaß der Rücken möglichst lang und gerade ist, wie wir es von den Affen her kennen.

2. Verlängerung der Ausatmung für 5 Minuten

Nimm Dir im Liegen die Zeit, den Atem zu vertiefen und die volle Yogaatmung oder die Chi Fu Übung für einige Minuten zu machen. Wer mit Atemnot oder Verengung der Bronchien zu tun hat, sollte sich mehrfach täglich auf die Buteyko Atmung konzentrieren. Sie führt zur Befreiung der Nase und zum Abschwellen der Schleimhäute. Das ist Voraussetzung dafür, dass die sängerische schnelle Nasenatmung funktioniert. Die CHI FU Atmung kann man unbemerkt immer tagsüber während der Wartezeiten, in öffentlichen Verkehrsmitteln oder in den Pausen machen. Eine weitere Atemübung hilft die hinteren Lungenflügel zu aktivieren. Man senkt im Sitzen den Oberkörper auf die Oberschenkel und lässt den Kopf bequem zwischen den Knien herunterhängen. IN dieser entspannten Position atmet man tief in den unteren Rücken hinein. Diese Atmung wird die Sauerstoffaufnahme vermehren und eine Erholung sein. Danach geht das Singen viel leichter.

3. Vom Text zur Arie

Der Text einer Arie ist am leichtesten durch lautes Sprechen des Textes bzw. Deklamieren auf Tönen zu erlernen. Beim Sprechen wird auch der Teil des Gehirns aktiviert, in dem sich das Sprachgedächtnis befindet. Es lohnt sich, in der normalen Lage der Sprechstimme oder noch etwas tiefer die Korkenübung oder die Übung mit der Fingerkuppe zwischen den Zähnen mit dem Sprechen zu kombinieren. So schlägt man zwei Fliegen mit einer Klappe: das Texttraining und die Kiefer- und Zungenlockerung. Sobald die Sprechübung klappt, geht man zur theatralischen Deklamation über und bearbeitet die Arie in der richtigen Melodie, jedoch etwas tiefer als im Original und dann erst in der höheren Lage. Sollte man im Passaggio Bereich Anspannung empfinden, trainiert man das Gleiche etwas darüber und dann etwas darunter. So gleicht man den Übergang mühelos aus. Sobald der Text dann bearbeitet ist, kann man auch die Melodie auf den Motorradbrummer üben, um die Resonanzräume anzusprechen und die Lippen zu lockern. Nach Meister Lamperti startet jeder Ton von der Idee des Ansummens mit geschlossenen Lippen aus und endet auch wieder so. Halte beim Sprechen die Lippen leicht geschürzt wie eine kleine Schnute nach vorne und plustere sie ein wenig auf. Das entspannt die Partie um den Mund herum. Bleib immer mit dem Tonansatz auf dem Nasenbalkon oder noch höher, lautet die Grundregel.

Stimmtraining zur Änderung alter Stimmfehler - 15 Minuten täglich

Wer bei sich eine Tendenz beobachtet, beim Singen oder bei Chorproben heiser zu werden oder die Stimme zu verlieren, kann sicher sein, dass alte Stimmprägungen hier am Werke sind. Da das Sprechen im ersten Lebensjahr vorbereitet wird, ist sich natürlich niemand dessen bewusst, wie viele verkrampfte Muskelreaktionen wir von den Eltern und Vorbildern übernehmen. Dazu kommt, dass Stress und Sorgen sich auch körperlich auf die Muskeln und deren Verhalten auswirken, ohne dass man das bewusst registriert. Sollte sich Anspannung und Heiserkeit einstellen, ist es höchste Zeit, etwas zu unternehmen, um den Alltag lockerer zu gestalten. Es nützt nichts, etwas um jeden Preis zu wollen, beim Singen funktioniert das nie. Es ist wichtig, das Korrekte oder Richtige durch tiefe Entspannung zuzulassen. Meditation, Gedankenstille, Selbstbeobachtung und bewusstes Hineinspüren in die Verspannungen ist besonders hilfreich für alle, die auf Bühnen sprechen, singen und agieren wollen. Als Sänger kann man sich kurz auf den Boden ausstrecken, die Wirbelsäule dehnen und die CHI FU Tiefatmung aus dem Atemübungs-Teil dieses Buches machen. Oft hilft es auch, ein anderes Stück zu singen, damit sich die Muskulatur aus der Fixierung befreit. Häufig stößt man durch intensives Trainieren auf unterbewusste Muskelfixierungen in der Zunge, im Kiefer oder in der Kehle. Dahinter verstecken sich blockierte Gefühle, die natürlich ihren Kummer nicht freiwillig entladen möchten. Blockierte Emotionen können nicht nur Verkrampfung auslösen, sondern ganze Muskeln lahmlegen oder den Kiefer zu einer Fehlstellung der Zähne bringen.

Die Zunge enthält besonders viele emotionale Hindernisse, da wir als Babies und Kinder bereits viel emotionalen Stress dort „abgelegt haben!" Versuche nicht, mit Gewalt durch den Ozean der Anspannung zu steuern, sondern mache Loslass-Übungen, körperliche, seelische und nutze den Emotionscode oder Matrix Energetics oder sonstige Verfahren, mit denen man versteckte krankmachende Muster im Körper auflösen kann. Oft hilft es viel mehr, eine Arie beiseite zu legen für ein paar Tage, wenn man sie „übertrainiert" hat oder ein Nickerchen zu machen, eine Tiefatmung für einige Minuten oder etwas ganz anderes zu tun wie Spazierengehen, ein Bad nehmen oder Sport treiben. Das Stimmtraining für die Veränderung alter Muster beinhaltet alle Zungenübungen, vor allem die Übung mit dem Taschentuch, der Zungenmassage und der Kiefergelenkmassage. Alle hier gezeigten Übungen mit den Fingern und dem Ertasten von Muskelarbeit bei der Stimmerzeugung sind äußerst hilfreich, um störende Muster ausfindig zu machen und sanft zu verändern.

Vokalausgleich & Registerwechsel: 15 Minuten

Kleine Skalen, die auf wechselnde Vokale gesungen werden oder auf kurze Silben sind hilfreich, um am Passaggio zu arbeiten. Passaggio sollte immer von oben nach unten eingefädelt und zunächst in Quinten erarbeitet werden. Die Zunge ist in ihrer Flachstellung zu beobachten und kann teilweise auf den unteren Vorderzähnen liegen, wenn sie die Gewohnheit hat, sich laufend zurückzuziehen. Der Unterkiefer muss entspannt hängen und darf sich auch nicht aus der entspannten Position nach hinten bewegen. Dies kann man mit den Fingern vor dem Spiegel gut überprüfen. Silben wie MA, ME, MI, MO, MU sind geeignet, um den Vordersitz des Tones für die Vokale zu erhalten. Starte die Übungen über dem Registerwechsel also für Sopran und Tenor über dem F und lass die Tonreihen herab- und wieder nach oben gleiten. Entwickle kleine kreative Übungen selbst und nutze Teile aus Deinen Arien dazu. Es lohnt sich an besonders hartnäckigen Stellen des Repertoires solche Passaggio-Übungen einzuführen. Das wird den Übergang mit der Zeit immer mehr „glattbügeln." Passggio-Stimmarbeit ist wirklich wie Bügeln, es braucht Geduld und ist nötig, mit mehreren Strichen immer über die gleiche Stelle zu fahren.

Resonanzplätze in Körper und Kopf stimmlich verbinden – 10 Minuten

Im Liegen gelingt es für Anfänger am besten, die Resonanzen zu entdecken. Mit angezogenen Knien und aufgestellten Fußsohlen, legt man sich ein oder zwei Taschenbücher unter den Hinterkopf, um die Wirbelsäulenkrümmung, die bei jedem unterschiedlich ausgeprägt ist, auszugleichen. Der Nacken muss aufgerichtet, lang und entspannt sein. Das Kinn sollte nicht nach hinten rutschen, der Biss der Zähne möglichst übereinander sein. Mit dem Nabellift fährt man das Becken bis zum Waschbrett ein paar Mal auf und ab, sodass man die Beckenbodenmuskulatur besser spürt. Dann beginnt die Stimmübung, indem man durch die Nase einatmet, gleichzeitig den Nabel einrollte, das Becken leicht anhebt, nur ein paar Zentimeter und das Zwerchfell mit der gefüllten Lunge in aufgespannter Position behält. Das ist die Bojenübung. Man fühlt sich prall gefüllt mit Luft und schwebt mit dem Becken über dem Boden. Ein Einatmungsstopp ist der Auftakt zur Stimmübung. Dann singt man kleine Quintenskalen auf Vokale oder Tonsilben und beendet diese bewusst, bevor der nächste Impuls zum Einatmen einsetzt. Der Mund wird geschlossen und die Einatmung erfolgt immer durch die Nase.

Dies wiederholt man für einige Minuten. Nun kann man sich selbst beobachten und hineinspüren, ob die Resonanz hinter dem Brustbein durch Vibration spürbar ist, dann spürt man in die Nebenhöhlen hinein, ob dort die Resonanz spürbar, dann in die Stirnhöhle und in den Kopf, sowie in den Nacken. Es ist wichtig, sich der Reihe nach alle Resonanzorte bewusst zu machen. Mit geradem Rücken und aufgerichtetem Brustbein ist das in der Liegeposition wesentlich leichter als im Stehen. Im zweiten Schritt kann man zu Vokalwechsel mit A-I, O-E, U-I übergehen und dann ein paar Arien jeweils Phrase für Phrase auf diese Weise singen.

Tips für Anfänger im Gesang – 5 Minuten Handpuppentraining

Stimmtechnik kann jeder wunderbar an Kinderliedern lernen. Kinderlieder haben einfache Melodien, die oft im Quintraum verlaufen. Manchmal haben sie kleine Rufmotive wie Kuckuck oder Tonleitern wie – ein Männlein steht im Walde. Auch nutzen sie Tonmalerei wie – summ, summ, summ, Bienche summ' herum. Diese ursprünglichen Liedmuster eignen sich ideal als Stimmtraining und machen Spaß. Mit Kindern, die Sprechschwierigkeiten haben, kann man auf diese Lieder die Korkenübung zur Belustigung machen oder die Micky Maus oder Tiere wie Bär und Krähe oder das Krokodil mit der Handpuppe sprechen lassen. All dies sind wertvolle Stimmübungen, die den ganzen Menschen von Anspannung befreien.

Wie erarbeitet der Sänger ein Repertoire? Was ist sinnvoll?

Die klassische italienische Gesangsmethode stützt sich im Unterricht auf Sammlungen von altitalienischen Arien aus dem 17. und 18. Jahrhundert. Diese Arien sind opernhaft vom Stil her und gefühlsbetont. Da die italienische Sprache vokalreich ist, lohnt es sich, diese Stücke im Original zu studieren. Es gibt Sammlungen mit altitalienischen Arien für hohe, mittlere und tiefe Stimme. Solange jemand sich nicht sicher ist, ob die hohe Lage ihm liegt, kann man die Mittellage nutzen und am Registerübergang damit arbeiten. Die meisten Ausgaben besitzen eine CD dazu, auf der sowohl die Klavierbegleitung als auch Stimmbeispiele von Profis mit weiblicher und männlicher Stimme aufgenommen sind. So kann man diese Sammlungen auch autodidaktisch nutzen.

Neben den Arien ist es gut, die Ausgabe von Nicola Vaccai heranzuziehen, in der er alle grundlegenden Themen für den Sänger in einem Band mit Beispielarien bearbeitet hat. Auch dieser Band ist mit einer CD zum Üben erhältlich. Vaccai war ein gefeierter Opernkomponist zu seiner Zeit und dazu ein herausragender Gesangspädagoge. Diese Arien sind relativ kurz und die Texte in mehreren europäischen Sprachen dazu angegeben. So kann man sich auch daran gewöhnen, in der Muttersprache zu singen. Der Gesangsstimmen-Experte, Professor Frederick Husler empfiehlt, im Unterricht nie die Zeit mit zuvielen Übungen zu vergeuden, sondern das musikalische Repertoire selbst für die Stimmausbildung zu nutzen. Das ist meines Erachtens der schnellste Weg zur Profistimme, da die meisten Opernkomponisten entweder mit Sängerinnen verheiratet waren oder selber eine Gesangsausbildung hatten oder aber, durch die Praxis mit großen Sängern viel von der Gesangstechnik verstanden. Mit dem Repertoire entwickelt man sich daher am besten weiter. Darüber hinaus spielt auch die emotionale Beteiligung beim

Singen eine große Rolle. Begeisterung ist notwendig, um die Stimme von Muskelanspannungen und gewohnheitsmäßigen Blockaden zu befreien. Fast keine Stimme ist von Natur 100 % frei und natürlich.

Für viele Sänger/innen ist das Singen von Mozartliedern und Mozartarien ebenfalls ein guter Zugang zur Stimme. Es gibt gute Mozartaufnahmen von Lucia Popp und auch einiges von Edita Gruberova. Ich habe zu Beginn fast nur Mozart gesungen, weil mich das innerlich befreit hat. Das klassische 4 oder 8 Takt Schema ermöglicht auch einen regelmäßigen Atemfluss für die Phrasen und lehrt den Sänger seinen Atem zu beherrschen. Für das Sopranfach nutzt Mozart einen umfangreichen Stimmumfang. Es bietet sich an, die Koloraturarien in Abschnitten zu studieren und sich die großen Skalen stückweise anzueignen.

Mozartarien sind eine große Hilfe, wenn man diese mit dem Motorradbrummer durchtrainiert oder mit dem Fingernagelbeißer übt, um den Vordersitz zu erhalten. So wird der Körper mit dem Beckenboden in die Tonbildung eingebunden. Auch für die tiefen Männerstimmen ist Mozart ein guter Einstieg. Hier ist Dimitri Hvorostovskij stimmlich ein gutes Beispiel oder auch Nicolai Gedda aus der älteren Generation. Die tiefen Frauenstimmen können bei Joyce DiDonato viele Erkenntnisse für die eigene Stimme mitnehmen. Selbst wer als Sänger für Musical, Operette, Pop oder Rock trainiert, sollte als Erholung für die Stimme ein paar altitalienische Arien oder neapolitanische Volkslieder und einige Stücke von Mozart einstudieren, um eine gesunde Basis für seine Stimme zu entwickeln. Stimmliche Gesundheit ist gerade für Musikrichtungen, die die Stimme durch Belting oder heiseres Singen oder sogar Schreien im Brustregister belasten besonders wichtig. Wer ein wenig fortgeschritten ist, kann sich dann mit barocker Musik beschäftigen. Durch Arien von J. S. Bach und G. F. Händel wird die Stimme zur Beweglichkeit trainiert. Die barocken Triller und Koloraturen bereiten jede Stimme gut auf große Koloraturarien vor und machen Freude, da hier auch englische und deutsche Texte gesungen werden können. Allerdings darf die Herausforderung der barocken Musik nicht unterschätzt werden. Sie klingt oft so leichtfüßig und ist doch nicht so ohne Aufwand zu erlernen. Für Arien von Bach ist Magdalena Kozena ein gutes Vorbild.

Dr. Karin Wettig

Karin.wettig@gmx.de

www.personalitystyling.com

Buchtipps mit Kurzrezensionen

Ingrid Amon: Die Macht der Stimme, 2000
Ein praktisches Buch für die Sprechstimme, das auf alle Aspekte der Stimme eingeht und einige gute Übungen anbietet.

Richard Brünner: Gesangstechnik, 1993
Ein winziges Buch voller Profisängertipps mit lustigen Zeichnungen, die das Gesagte besser illustriere als viele Worte. Kurz, prägnant und sehr aufschlussreich für fortgeschrittene Sänger. Das Buch enthält lauter Zitate von berühmten Profis.

Caruso and Tetrazzini on the Art of Singing:
Nachdruck des Originals von 1909, für Opernsänger/innen eine unerläßliche Lektüre, die viele Einsichten in Stimmprozesse bringt.

Manuel García and Beate García: *Hints on Singing*, Ascherberg 1894, ist eine kurze Zusammenfassung des Stimmverständnisses eines berühmten historischen Lehrers für Gesang von internationalem Rang.

Gabriela Kaintoch: Wunderbares Phänomen Stimme, 1996
Eine praktisch brauchbare, kurze Zusammenfassung aller Stimmprozesse, verständlich und übersichtlich dargestellt mit kleinen Zeichnungen zur Anatomie von einer Juristin, die den Bayreuther Stimmwettbewerb vor 1990 gewann. Das Buch verliert sich jedoch überwiegend in der Theorie und dem Abwägen von anderen Meinungen und bringt keine Übungen für die Praxis. Es ist nur als Hintergrundinformation interessant.

Hans Josef Kasper: Stimmphysiologie & Stimmpsychologie für Sänger, 1992 und 2005

Dieses handliche Buch enthält alle Probleme, die Sängern in der Praxis begegnen und ist aus dem Verständnis eines bühnenerfahrenen Sängers geschrieben, der seit Jahren unterrichtet und mit bebilderten Übungen aufwartet. Ich persönlich mag sein erstes Buch am liebsten, weil es kurz und einleuchtend ist und noch nicht so sehr auf das Singen und die Flugzeuge pocht, einen physikalischen Effekt, der für das Verständnis des Singens nicht unbedingt notwendig ist. Die psychologische Seite ist hier gut erfasst.

Günther Habermann: Stimme und Sprache, 1985

Hier findet man alles zur Anatomie der Stimme mit wissenschaftlichem Hintergrund, ein handliches Nachschlagewerk, das hilfreich ist.

Frederick Husler/Yvonne Rodd-Marling: Singen, die physische Natur des Stimmorgans, 1965, 2006

Die neue Auflage des Buches von Professor Husler enthält sehr gute Zeichnungen, die präzise erläutert sind. Der Band ist mit einer CD versehen, auf der historische Aufnahmen von Caruso und anderen berühmten Sängern analysiert werden. Das Buch ist die umfassendste und für Profis genaueste Darstellung der Operngesangsfunktion der Stimme. Wer sich mit der Stimme für die Bühne auseinandersetzt, kommt um dieses Buch nicht herum. Die Zeichnungen helfen dabei, die einzelnen Muskeln in ihren Funktionen besser zu verstehen. Auch klärt Husler den Sänger über viele Missverständnisse auf.

Giovanni Battista Lamperti: *The Teachings of Belcanto*. Ein

Neudruck der Auflage von 1923. Das Buch ist in einfachem Englisch verfasst und lesenswert.

Lilli Lehmann: Die Kunst zu singen 1924

Das schmale Bändchen enthält Expertenwissen für Profis mit einigen guten Zeichnungen. Die Vokalbildung und der Tonsitz sind sehr gut dargestellt. Für Anfänger ist das Büchlein ungeeignet.

Paul Lohmann: Stimmfehler und Stimmberatung, 1958

Ein kleines Buch mit kompaktem Inhalt über Stimmfehler. Wer Stimmprobleme hat, kann sich hier sehr gut Rat holen. Das Buch hat Antworten auf viele häufige Sängerfragen.

Franziska Martienssen-Lohmann: Ausbildung der Gesangsstimme, 1957

Ein zierlicher Band voller guter Ratschläge für Sänger/innen. Die Lehrerin von Paul Lohmann, die seine Frau wurde und Professorin an der Musikhochschule war, hat mehrere kleine Bände über die Gesangsstimme herausgebracht und ein größeres Sängerlexikon. Das Lexikon gehört zu den Standardwerken über Gesang. Die kleinen Bände aus der Praxis sind Kostbarkeiten mit wertvollen Ratschlägen zum Gesangsunterricht. Hier werden auch viele Fehler des Unterrichtes besprochen und viele Fragen beantwortet, absolut lesenswert, wenn auch ein wenig altmodisch formuliert.

James Stark: Belcanto – *A History of Vocal Pedagogy*, Toronto 1938

Dieses englische Buch nenne ich hier, weil es eine wertvolle Forschungsarbeit über die Gesangsstimme ist. Selbst moderne Dissertationen haben die Erkenntnisse von Stark noch nicht überholt. Es ist nicht nur für praktische Sänger, sondern vor allem für Stimmforscher eine reichhaltige Wissensquelle.

Luisa Tetrazzini: Singen, 1923. Dieses kleine Buch enthält eine gute Zeichnung der Vokalformung und eine Darstellung für den Tonsitz. Der Text ist für Anfänger oft schwer verständlich, für Profis eine Goldgrube.

Hubert Ortkemper: Engel wider Willen. Die Welt der Kastraten, 1995 Eine gelungene, spannend zu lesende historische Darstellung dieses Renaissance- und Barockphänomens. Das Buch ist besonders für Countertenöre und Sopranisten interessant.

Esther Salaman: Die befreite Stimme. Methodik und Aspekte der Gesangskunst. 1989

Die Autorin, Professorin an der Guildhall School of Music in London, ist Spezialistin für italienische Gesangstechnik und kann dies in ihrem Buch sehr gut vermitteln. Das Buch enthält einige gut erläuterte Tonbeispiele und Schwarzweißfotos mit einleuchtenden Erklärungen.

Wolfram Seidner: ABC des Singens. Stimmbildung, Gesang, Stimmgesundheit, 2007

In Psychologie, Physiologie und Akustik eingeteilt ist dieses Buch wissenschaftlich systematisch aufgebaut und vermittelt umfangreiches Wissen mit sehr sorgfältigen Illustrationen. Es ist ein Nachschlagewerk für die Stimme und Gesang, warum es ABC heißt ist unklar, da es nicht durchgehend alfabetisch vorgeht. Leider sind die Formulierungen langatmig und für die Sängerpraxis bietet das Buch rein gar nichts. Es ist mehr oder weniger reine Theorie.

Leopold Tesarek, Kleine Kulturgeschichte der Singstimme von der Antike bis heute. 1997

Dieses historische Buch bringt die Geschichte der Stimme auf spannende Weise und geht auch auf die Vorstellungen über Belcanto ein. Es liest sich sehr angenehm und bietet einen ausgezeichneten Überblick über die gesamte Stimmgeschichte.

Karin Wettig: Sänger ABC – Belcanto, singen kann doch jeder. 2007 Mein Sängerlexikon erschien zufällig im gleichen Jahr wie das ABC von Wolfram Seidner. Mein Buch enthält in alfabetischer Reihenfolge kurze Kapitel über die Fachbegriffe der klassischen italienischen Gesangstechnik für Belcanto. Dazu bringt jedes Kapitel zu jedem Begriff Hinweise und Erklärungen für die Praxis, die von jedem Profi und Laien nachvollzogen werden können. Das Buch enthält keine Notenbeispiele, jedoch viele praktische Übungen. Es wendet sich an alle, die gern singen mit einfachen Mitteln.

Karin Wettig, 12 Vocal Basics. 2009 ist die Fortsetzung vom Sänger ABC – Belcanto. Es enthält 12 tägliche Übungen für Körperhaltung, Stimme und Atem. Das kleine Buch erklärt kurz die Theorie und bringt in der zweiten Hälfte dazu die Praxis.

Singen wie Callas und Caruso!   Dr. Karin Wettig

Stimmanalyse für die Sing- und Sprechstimme!
Stimmumfang, Stimmansatz, Passaggio
Stimmfehler diagnostizieren und reparieren

Selbstsicherheit für den Auftritt
Korrektes Stehen, Gehen, Sitzen für Gesang;
Die richtige Atmung für Sänger und Sängerinnen;
die Gesangsstimme optimieren, mehr Ausdruck

Coaching für das weitere Vorgehen.
Trainings-Empfehlungen für die Stimmbalance und die Aufbauarbeit an der persönlichen Stimme für jeden
Email – karin.wettig@gmx.de
Anmeldung für ein Skype- Schnupper-Training

Gutschein für 1 Schnuppertraining

www.ingramcontent.com/pod-product-compliance
Lightning Source LLC
Chambersburg PA
CBHW042054290426
44111CB00001B/5